Língua Portuguesa e Redação Oficial

O GEN | Grupo Editorial Nacional – maior plataforma editorial brasileira no segmento científico, técnico e profissional – publica conteúdos nas áreas de concursos, ciências jurídicas, humanas, exatas, da saúde e sociais aplicadas, além de prover serviços direcionados à educação continuada.

As editoras que integram o GEN, das mais respeitadas no mercado editorial, construíram catálogos inigualáveis, com obras decisivas para a formação acadêmica e o aperfeiçoamento de várias gerações de profissionais e estudantes, tendo se tornado sinônimo de qualidade e seriedade.

A missão do GEN e dos núcleos de conteúdo que o compõem é prover a melhor informação científica e distribuí-la de maneira flexível e conveniente, a preços justos, gerando benefícios e servindo a autores, docentes, livreiros, funcionários, colaboradores e acionistas.

Nosso comportamento ético incondicional e nossa responsabilidade social e ambiental são reforçados pela natureza educacional de nossa atividade e dão sustentabilidade ao crescimento contínuo e à rentabilidade do grupo.

Andre Ben **Noach**

COORDENAÇÃO
Renee do Ó **Souza**

Língua Portuguesa e Redação Oficial

2ª EDIÇÃO REVISTA, ATUALIZADA E REFORMULADA

■ O autor deste livro e a editora empenharam seus melhores esforços para assegurar que as informações e os procedimentos apresentados no texto estejam em acordo com os padrões aceitos à época da publicação, e todos os dados foram atualizados pelo autor até a data de fechamento do livro. Entretanto, tendo em conta a evolução das ciências, as atualizações legislativas, as mudanças regulamentares governamentais e o constante fluxo de novas informações sobre os temas que constam do livro, recomendamos enfaticamente que os leitores consultem sempre outras fontes fidedignas, de modo a se certificarem de que as informações contidas no texto estão corretas e de que não houve alterações nas recomendações ou na legislação regulamentadora.

■ Fechamento desta edição: 11.07.2022

■ O autor e a editora se empenharam para citar adequadamente e dar o devido crédito a todos os detentores de direitos autorais de qualquer material utilizado neste livro, dispondo-se a possíveis acertos posteriores caso, inadvertida e involuntariamente, a identificação de algum deles tenha sido omitida.

■ **Atendimento ao cliente: (11) 5080-0751 | faleconosco@grupogen.com.br**

■ Direitos exclusivos para a língua portuguesa
Copyright © 2022 by
Editora Forense Ltda.
Uma editora integrante do GEN | Grupo Editorial Nacional
Travessa do Ouvidor, 11 – Térreo e 6º andar
Rio de Janeiro – RJ – 20040-040
www.grupogen.com.br

■ Reservados todos os direitos. É proibida a duplicação ou reprodução deste volume, no todo ou em parte, em quaisquer formas ou por quaisquer meios (eletrônico, mecânico, gravação, fotocópia, distribuição pela Internet ou outros), sem permissão, por escrito, da Editora Forense Ltda.

■ Esta obra passou a ser publicada pela Editora Método | Grupo GEN a partir da 2ª edição.

■ Esta obra, anteriormente designada "Resumo de Português Jurídico e Redação Oficial", passou a ser intitulada "Língua Portuguesa e Redação Oficial" a partir da 2ª edição.

■ Capa: Bruno Sales Zorzetto

■ **CIP – BRASIL. CATALOGAÇÃO NA PUBLICAÇÃO.**
SINDICATO NACIONAL DOS EDITORES DE LIVROS, RJ.

N662L
2. ed.

Noach, Andre Ben
Língua portuguesa e redação oficial / Andre Ben Noach; coordenação Renee do Ó Souza. – 2. ed. – Rio de Janeiro: Método, 2022.
400 p.; 21cm (Método essencial)

Inclui bibliografia
ISBN 978-65-5964-569-5

1. Língua portuguesa – Composição e exercícios. 2. Comunicação escrita 3. Redação oficial. 4. Serviço público – Brasil – Concursos. I. Souza, Renee do Ó. II. Título. III. Série.

22-78358	CDU: 808.066
	CDU: 808.1

Meri Gleice Rodrigues de Souza – Bibliotecária – CRB-7/6439

Dedicatória

Esta obra é dedicada à memória de minha mãe, Professora de Língua Portuguesa e de Língua Francesa – uma guerreira que não pôde dedicar-se como gostaria às Letras. Mãe, obrigado, e esteja bem!

Minha Carolina, esposa e amiga de todas as horas, tem-me sido luz em todas as batalhas e todas as guerras que já lutamos. Dela posso dizer – uma vez mais – como Machado de Assis disse da Carolina dele (e para ela):

Tu pertences ao pequeno número de mulheres que ainda sabem amar, sentir e pensar. Como te não amaria eu?

Carol, vamos até depois do sempre: a conexão entre duas pessoas, terceiros jamais entenderão.

Agradecimentos

Não se faz um trabalho como este que você tem em mãos sem a ajuda – direta e indireta – de muita gente.

Minha sincera gratidão:

- Ao Prof. Dr. Renee do Ó Souza, pelo convite para fazer parte de um time tão insigne, esse dos autores da Coleção Método Essencial.
- Ao Prof. Dr. Roberto Lota, amigo de muitos anos e muitas jornadas. Valeu, irmão, pela força de sempre!
- Aos meus alunos de todos os segmentos e de todos os tempos: este trabalho é (também) fruto de nossas experiências!

Prefácio à 2ª edição

Para os operadores do Direito, a escrita e a fala são instrumentos fundamentais de seu trabalho diário, tal qual é o bisturi para o cirurgião ou o giz para o professor. Mesmo assim, por causa da agitação da rotina de trabalho, que inadvertidamente nos leva à desatenção com as normas cultas, não raro cometemos graves ofensas despercebidas à Língua Portuguesa, que podem prejudicar o trabalho final e até mesmo comprometê-lo.

Por consequência o estudo da Língua Portuguesa é tão importante para o profissional do Direito, e por este motivo a obra do professor Andre Ben Noach é tão necessária e bem-vinda. Além do ensino de excelência das normas gramaticais, a obra explora as expressões vocabulares mais comuns nas lides forenses, sempre preocupada com a didática e a clareza necessárias para conquistar o leitor e fazê-lo se encantar com a beleza da nossa Língua Portuguesa.

A continuidade dos estudos da gramática, assim como o estudo de uma nova lei recém-aprovada, é uma importante medida de aperfeiçoamento do profissional do Direito. Este é um objetivo claro deste livro: levar o leitor à atualização e domínio da norma culta, capazes de lhe proporcionar uma carreira de sucesso.

Além da proposta de ensinar a Língua Portuguesa para os profissionais em geral, esta obra se habilita como importante ferramenta de estudo para aqueles que estão em busca do sonho da aprovação em concurso público, já que o conhecimento da norma culta da língua pode ser uma fronteira a ser ultrapassada para tanto.

Dra. Alessandra Varrone de Almeida Prado Souza

Especialista em Direito Médico e autora do livro *Direito Médico*, da Editora Método.

Prefácio à 1ª edição

Os alunos que se preparam para as carreiras jurídicas já se acostumaram a encontrar diversas obras que apresentam e destrincham os temas do Direito. Entretanto, quando a busca é pela Língua Portuguesa, sentem-se deslocados, porque, diante das variadas gramáticas que lhes são apresentadas, nem sempre conseguem identificar aquilo que precisam verdadeiramente apre(e)nder, o que torna a aquisição desses materiais menos proveitosa, e o estudo, mais desafiador. Algumas dessas obras, inclusive, padecem de outros problemas: ou não possuem uma abordagem didática e clara para o público não especialista em Língua Portuguesa ou não conhecem a particularidade da disciplina Português para as provas da carreira pública, não atendendo aos objetivos que alegam alcançar.

É diante dessa realidade que Andre Ben Noach assume uma missão primordial: apresentar uma obra que destrinche, com clareza e profundidade, a Língua Portuguesa, tendo como referencial os principais concursos jurídicos de todo o país. A obra que agora você tem em mãos é o resultado de anos de pesquisa e experiência compartilhados com todo aquele que busca compreender a realidade dos concursos jurídicos em sua essência. Contudo, não espere encontrar um texto hermético ou difícil. Em realidade, o autor – experiente professor que é – vale-se de uma linguagem acessível, agradável, quase como uma conversa, em que se apresentam os tópicos gramaticais de forma leve, reflexiva, mas, ao mesmo tempo, densa e adequada à realização dos certames.

Assim, todo aquele que, dialogando com o autor, caminhar por estas páginas encontrará no fim, sem nenhuma dúvida, seu maior objetivo: a aprovação!

Prof. Roberto de Andrade Lota

Mestre e Doutor em Letras pela UFRJ

Coordenador de Português/Literatura da Rede de Ensino Elite-RJ

Apresentação

Este livro tem um único objetivo: fazer você, estudante da Língua Portuguesa, ter contato com o que há de mais importante para que esteja preparado para qualquer batalha, pois, de fato, qualquer concurso público é, atualmente, uma verdadeira batalha que se trava em busca do que não tem preço: uma vaga no serviço público – civil ou militar.

Dividi a obra em duas partes fundamentais, totalizando *apenas* 12 capítulos, mas que abrangem tudo, sim, *tudo*, o que você precisa saber para conseguir sua tão almejada vaga na carreira pública, pois minha abordagem contempla *todos* os conteúdos mais cobrados por variadas bancas, fruto da experiência de quase 20 anos de sala de aula em preparatórios para os mais distintos processos seletivos do país. Tive o cuidado de analisar provas de diversos certames – de concursos para técnico (nível médio), passando por seleções diversas para analista (níveis médio e superior), concursos militares em geral (níveis médio e superior), processos seletivos para a magistratura de diversos estados e, ainda, as provas para o insigne Instituto Rio Branco.

Toda a base teórica para o seu sucesso está nas próximas páginas, pode confiar. Optei ainda por empregar uma linguagem bem simples, direta e objetiva – como se estivéssemos conversando – para que, à vontade, você pudesse aprender e apreender de forma suave todas as explanações, porque, se existe uma verdade em processos de aprendizagem, é aquela que diz que, confortáveis, rendemos e produzimos mais e melhor; por isso, seja bem-vindo(a), leitor(a)! Sinta-se em casa!

Se, por um lado, a síntese dos conteúdos da norma culta foi-me laboriosa, há nela um desafio para você, leitor: exercitar o que você aprender. Tenha plena consciência de que, sem a prática, você não conseguirá internalizar a exposição que lerá a seguir. Minha sugestão é que você treine em provas anteriores de nível similar ao cargo para o qual concorrerá, fazendo o máximo possível de exercícios.

Dito isso, vamos ao que interessa, com a determinação dos vitoriosos! Saiba, meu/minha nobre, que o primeiro passo para conquistar sua aprovação acaba de ser dado: você adquiriu um material conciso, mas que reúne exatamente aquilo de que você precisa para a conquista de seu objetivo.

Quero que saiba ainda que você pode contar comigo: caso queira enviar dúvidas, sugestões, críticas construtivas ou mesmo apenas dizer o quanto esse material foi importante para a sua aprovação, não hesite em me enviar um *e-mail*: profandrebennoach@gmail.com, terei imenso prazer em atender a todos e todas, combinado?

Encerro esta nota com uma máxima que me foi muito útil ao longo de minhas jornadas: *A vitória é dos que mais a perseguem e acreditam nela.* A frase, atribuída ao General James Doolittle, pode parecer clichê de autoajuda, mas, creia, é uma verdade.

Bons estudos! Sucesso sempre!

Prof. Andre Ben Noach

Nota à 2ª edição

Certamente você, leitor(a), sabe que uma obra cujo objetivo seja a síntese de um assunto tão vasto e denso não tem o condão de 'reinventar a roda'. Por isso, não posso deixar de dizer que há, nos muitos trabalhos dos bons autores que consultei, um aprofundamento valioso para os que quiserem ir mais além no estudo de nossa língua.

As perguntas que não querem calar são: você ***precisa*** ir mais além para conseguir sua vaga na carreira pública do universo jurídico brasileiro? **Precisa**, de fato, aprofundar mais para conseguir estar entre os classificados de seu concurso público civil ou militar? Digo sem qualquer receio que ***não***. Este volume da coleção ***Método Essencial*** que você tem em mãos contempla ***todos*** os assuntos que podem ser cobrados sobre a norma culta da Língua Portuguesa nesses certames, pelo menos dos que foram realizados até o presente momento, abril de 2022, quando revisei esta edição. Entretanto, mais uma vez, não posso deixar de alertar: você precisa ***exercitar*** a teoria que expus nesta obra.

Apesar de eu não ser *exatamente* um cidadão do *Reino Digital Global*, costumo atender diversos candidatos, de todas as partes do país, em aulas *on-line* de exercícios e aprofundamento; assim, caso você tenha interesse em entrar em contato comigo, não hesite: profandrebennoach@gmail.com – mande um *e-mail*, e vamos conversar!

No mais, desejo todo o sucesso do mundo a você, meu/minha nobre!

Prof. Andre Ben Noach

Outono do ano de 5782/2022

Sumário

Parte I

O ESSENCIAL DA LÍNGUA PORTUGUESA 1

Capítulo 1

Compreensão e interpretação de textos. Tipologia textual 3

1.1 Mas, afinal, o que é um texto? 3

1.2 Quais são os tipos de texto? 5

1.3 Coesão e coerência do texto 13

   1.3.1 Tipos de coesão 17

1.4 O que é compreender e o que é interpretar? 25

1.5 Exemplo de análise de um texto 35

Capítulo 2

Ortografia oficial. Acentuação gráfica 41

2.1 O que é ortografia oficial? 41

2.2 Aspectos da ortografia oficial e acentuação gráfica 43

   2.2.1 O alfabeto 43

   2.2.2 Emprego de letras e dígrafos 44

   2.2.3 Acentuação gráfica 49

   2.2.4 Emprego do hífen 58

      2.2.4.1 Palavras com prefixo terminado em vogal 59

      2.2.4.2 Palavras com prefixo terminado em consoante 60

      2.2.4.3 Algumas observações importantes 60

2.3 Noções de fonética e fonologia 62

   2.3.1 Ortoepia e prosódia 63

Capítulo 3

Morfologia e flexão nominal 81

3.1 Estrutura e processo de formação de palavras 81
3.2 O que são classes de palavras? 89
3.3 Substantivo 90
3.4 Adjetivo 96
3.5 Artigo 103
3.6 Numeral 106
3.7 Pronome 109

Capítulo 4

Morfologia II e domínio da estrutura morfossintática do
período – I 135

4.1 Preposição 135
4.2 Advérbio 142
4.3 Conjunção 149
4.4 Interjeição 160
4.5 Verbo 162

Capítulo 5

Domínio da estrutura morfossintática do período – II 167

5.1 Emprego dos tempos e modos verbais 167
  5.1.1 O modo indicativo 167
  5.1.2 O modo subjuntivo 174
  5.1.3 O modo imperativo 177
5.2 Correlação verbal 178
5.3 Emprego das formas nominais 181

Capítulo 6

Domínio da estrutura morfossintática do período – III:
vozes verbais e Sintaxe I 189

6.1 Vozes verbais 189

6.2 As relações de sintaxe e o verbo 193

6.3 Enunciados da língua portuguesa e o verbo 196

Capítulo 7

Sintaxe II – Relações de coordenação e subordinação entre termos de uma oração 201

7.1 Sintaxe do período simples 201

7.2 Termos essenciais da oração 201

7.3 Termos integrantes da oração 215

7.4 Termos acessórios da oração 220

Capítulo 8

Sintaxe III – Relações de coordenação e subordinação entre orações 229

8.1 Sintaxe do período composto 229

8.2 Período composto por coordenação 229

8.3 Período composto por subordinação 234

8.4 A palavra COMO 249

8.5 Orações reduzidas 252

8.6 Período composto por coordenação e subordinação 253

8.7 Orações intercaladas/interferentes (de narrador) 254

Capítulo 9

Emprego dos sinais de pontuação. Concordâncias verbal e nominal 255

9.1 Pontuação 255

9.1.1 A vírgula 255

9.1.2 O ponto e vírgula 259

9.1.3 Os dois-pontos 260

9.1.4 O travessão 261

9.1.5 Os parênteses 263

9.1.6 As aspas 265

9.2 Concordâncias verbal e nominal 266

xx Língua Portuguesa e Redação Oficial

9.2.1 Concordância verbal 267
9.2.1.1 Concordância para o sujeito composto 269
9.2.1.2 Casos especiais de concordância verbal 271
9.2.2 Concordância nominal 275
9.2.2.1 Casos especiais de concordância nominal 276

Capítulo 10

Regências verbal e nominal. Emprego do acento grave indicativo de crase 279

10.1 O que é regência? 279
10.2 Regência nominal 285
10.3 Regência verbal 290
10.4 A crase 306

Capítulo 11

Sínclise pronominal: colocação dos pronomes oblíquos átonos 317

11.1 Colocação pronominal 317
11.2 A próclise 318
11.3 A ênclise 319
11.4 A mesóclise 320
11.5 Casos facultativos 321
11.6 Colocação pronominal nas locuções verbais 323

Capítulo 12

Reescrita de frases e parágrafos. Reescrita de textos de diferentes gêneros e níveis de formalidade 327

12.1 O que são questões de reescritura? 327
12.2 Reescrita e correção na prática 328
12.2.1 Verificando as reescrituras. Revisando os conteúdos 336

Parte II

FUNDAMENTOS DE REDAÇÃO OFICIAL 349

Capítulo 13

Correspondência Oficial.. 351

13.1 O que é Correspondência Oficial?.. 351
13.2 Características da Correspondência Oficial......................... 352
13.3 Emprego de pronomes e vocativos..................................... 353
    13.3.1 Concordância dos pronomes de tratamento................. 353
13.4 Considerações gerais 355
13.5 Tipos de documentos da Correspondência Oficial 358

Referências.. 375

Parte I

O ESSENCIAL DA LÍNGUA PORTUGUESA

1

Compreensão e interpretação de textos. Tipologia textual

1.1 Mas, afinal, o que é um texto?

Sempre que ouvia essa pergunta de meus alunos, fossem de ensino regular ou de cursinho, começava minha resposta por aquilo que um texto **não é**: "um texto não é um acidente". Ou seja, ele **não é** um acaso do percurso linguístico, uma coincidência vocabular ou um monte de frases reunidas aleatoriamente. **Um texto é um conjunto de enunciados que "conversam" entre si, firmando relações de sentido**. Para que o texto possa ter o direito de ser chamado de "texto", ele precisa ter integralidade, e é justamente sua totalidade que nos interessa; é exatamente isso que será abordado em provas e concursos, pois, quando dele se extraem fragmentos e frases soltas, geralmente o que se quer cobrar do candidato é se ele percebe as ambiguidades e/ou interpretações equivocadas. É o que normalmente acontece, por exemplo, nas questões de reescritura. Para exemplificar, pense comigo num breve diálogo entre namorados, como o que proponho a seguir:

– Moça, você me ama?

– Não...

Se a conversa parasse por aqui, poderíamos dizer que o namorado ficaria muito triste, certo? Afinal, a moça em questão estaria *dando um toco* gigantesco no rapaz. Porém..., para alegria do nosso fictício apaixonado, o texto ainda não está terminado:

– Moça, você me ama?

– Não... existo longe de você, moço.

E agora? O rapaz fica com a cara daquele *emoji* com os olhos em forma de coração, não é mesmo?

Em outras palavras, se tomássemos isoladamente o texto "Não..." chegaríamos a uma conclusão diferente da que chegamos agora, pois as partes de um texto, mesmo que curto, ao serem dissociadas, podem dar (e dão!) interpretações que não se sustentam ao se analisar o todo.

É por isso, meu amigo/minha amiga, que **o melhor leitor de um texto é aquele que não se apega a partes do texto, mas que observa o todo**, incluindo aí o famoso **contexto**. Vale eu dizer que qualquer texto, no momento de sua produção, leva em consideração a visão de mundo do autor, sua bagagem histórico-cultural e seu contexto social, e, portanto, para que possamos ler e compreender bem, devemos ter isso em mente.

Ao conjunto de características que constituem um texto dá-se o nome de *textualidade*. Tais particularidades são, a cada parágrafo, reveladas, e assim podemos perceber o início, meio e fim. Todo texto bem escrito e fundamentado mostra lógica e direcionamento, a fim de que se atinja seu objetivo discursivo, pois todo autor escreve com a intenção de ser lido e compreendido. Por isso, para que você domine a arte da leitura de um texto, é necessário, fundamentalmente, observar o disposto neste parágrafo, ok?

Eu mesmo, quando leio um texto – de qualquer assunto –, observo parágrafo por parágrafo e até faço pequenas anotações ou comentários daquilo que o parágrafo aborda; os livros que leio são todos rabiscados! Aconselho você a fazer o mesmo! Ainda neste capítulo darei dicas de como fazer isso, *tranquilo*?

1.2 Quais são os tipos de texto?

O passo inicial para se compreender bem um texto é saber o "como" e o "porquê" de o autor ter redigido seu texto da maneira que fez. Para isso, precisamos entender os tipos de texto que existem, assim, com muita calma, venha comigo nessa viagem pela *tipologia textual*:

Descrição – tipo de texto em que se faz uma imagem por escrito de uma paisagem, uma cidade, uma pessoa, um animal, um pensamento, uma emoção, um utensílio qualquer, uma ação etc. A descrição pode ser, portanto, *objetiva* ou *subjetiva*.

Características:

■ Os recursos linguísticos mais encontrados são os de função adjetiva (adjetivo, locução adjetiva e oração adjetiva), por sua função qualificadora/caracterizadora/especificadora.

■ O tempo normalmente é estático, ou seja, é parado.

■ Normalmente usam-se verbos relacionais, isto é, os chamados verbos de ligação.

■ Pode ocorrer descrição dentro de outros tipos de textos, mais comumente, nas narrações.

Exemplo:

Uma [das árvores] tinha folhas verde-escuras, que na parte de baixo eram como prata brilhante; e de cada uma de suas inúmeras flores caía sem cessar um orvalho de luz prateada; e a terra sob sua copa era manchada pelas sombras de suas folhas esvoaçantes. A outra [árvore] apresentava folhas de um verde viçoso, como o da faia recém-aberta, orladas de um dourado cintilante. As flores balançavam nos galhos em cachos de um amarelo flamejante, cada um na forma de uma cornucópia brilhante, derramando no chão uma chuva dourada. E da flor daquela árvore, emanavam calor e uma luz esplêndida. (TOLKIEN, J. R. R. *O Silmarillion*. 4. ed. *São Paulo*: Editora WMF Martins Fontes, 2009.)

Narração/Relato – modalidade textual em que se conta uma história – que pode ser ficcional ou não – em que há explicitados o lugar onde a história acontece, o tempo quando aconteceu e os personagens que participam da história; todo texto narrativo tem um enredo que vai encadeando os fatos, podendo o encadeamento seguir um curso linear ("começar no início" e "terminar no fim") ou seguir trajetória que interseciona momentos distintos da narrativa.

Características:

- Os verbos geralmente estão no pretérito.
- Alguns textos de gênero narrativo: conto, novela, romance, crônica, parábola.
- Os principais elementos são narrador, personagens, espaço, tempo e enredo.
- O foco narrativo pode ser em 1ª pessoa (quando o narrador é partícipe da história) ou em 3ª pessoa (o narrador não participa da história); classificam-se como narrador onipresente e onisciente, respectivamente.
- Os textos narrativos podem ser em prosa ou em verso.

■ Há tipos de discurso distintos na narração (direto, indireto e indireto livre).

Exemplo:

Foi então que ocorreu a primeira cisão dos elfos. Pois os familiares de Ingwë, e a maior parte dos familiares de Finwë e Elwë, foram influenciados pelas palavras de seus senhores e se dispuseram a partir e acompanhar Oromë. E esses ficaram conhecidos para sempre como os eldar, nome que Oromë deu aos elfos no início, em sua própria língua. (TOLKIEN, J. R. R. *O Silmarillion*. 4ª ed. *São Paulo*: Editora WMF Martins Fontes, 2009.)

Dissertação – há dois tipos de textos: dissertativo-expositivo e dissertativo-argumentativo.

O texto **dissertativo-expositivo** tem viés **explicativo**, abordando temas que não geram polêmica ou controvérsia; o assunto é tratado de maneira atemporal com o fito de esclarecê-lo; nele não há intenção de convencer o leitor de nada ou mesmo de suscitar debates.

O texto **dissertativo-argumentativo** tem viés **opinativo**, e seu objetivo é o de convencer o leitor da **validade** de um ou mais pontos de vista; é o tipo de texto mais comum nas provas discursivas do seu tipo de concurso – é um estilo de texto com posicionamentos bem definidos, muitas vezes de cunho pessoal (por isso opinativo); a evolução do texto obedece a uma lógica progressivo-temática, com estrita observância aos princípios de coesão e coerência; um *artigo de opinião* ou uma *apreciação crítica de cinema ou de música*, ou mesmo uma *resenha crítica* ao final de um jogo de futebol, por exemplo, exigem a elaboração de um texto argumentativo bem estruturado e, sobretudo, (muito) bem **fundamentado**.

8 Língua Portuguesa e Redação Oficial

Características:

■ Estrutura-se basicamente em *introdução* – momento em que o autor apresenta seu ponto de vista principal (tese); *desenvolvimento* – parte do texto em que são apresentados os pontos de vista de apoio com argumentos que sustentam a tese; e *conclusão* – trecho no qual o autor faz o fechamento do texto, revisando a tese e os argumentos e apresentando uma ou mais possibilidades de solução para o tema-problema.

■ Via de regra, é um texto com elevado grau de impessoalidade e, por isso, emprega verbos flexionados na 3ª pessoa do presente do indicativo, uma vez que é preciso indicar uma atemporalidade e conferir validade ao que está sendo abordado.

■ Há textos argumentativos que, por serem mais informais, empregam verbos flexionados na 1ª pessoa do presente do indicativo, mas *fique ligado* que, na maioria das redações de concursos, o que deve prevalecer é a impessoalidade.

■ Observância do registro formal da língua.

■ Normalmente o emprego de modalizadores discursivos deixa a argumentação mais clara, definida, incisiva.

Observe este excerto argumentativo:

Nunca houve guerra mais fácil de impedir do que esta que acaba de destroçar o que restava do mundo após o conflito anterior; isso porque, após o término da Guerra Mundial de 1914, imperou profunda convicção e uma esperança quase universal de que reinaria a paz no mundo. Esse ardente desejo de todos os povos poderia ter sido facilmente satisfeito houvera firmeza nas convicções justas e um bom senso e uma prudência razoáveis. (...)

Mas o futuro vinha carregado de maus presságios. A população francesa era menos de dois terços da população alemã. Mostrava-se estacionária, enquanto a alemã aumentava. Dentro de uma década, ou menos, a torrente anual da juventude alemã que chegava à idade do serviço militar deveria corresponder ao dobro da francesa. A Alemanha havia combatido quase o mundo inteiro, quase sozinha, e quase vencera. Os mais informados sabiam muito bem das diversas ocasiões em que o desfecho da Grande Guerra oscilara na balança, bem como dos acidentes e acasos que tinham invertido o equilíbrio fatal. (...) A Rússia estava em ruínas e em convulsão, irreconhecivelmente transformada para muito longe de qualquer semelhança com o passado. A Itália bem poderia ficar do lado oposto. A Inglaterra e os Estados Unidos eram separados da Europa por mares ou oceanos. O próprio Império Britânico parecia unido por laços que ninguém, exceto seus cidadãos, era capaz de entender.

As disposições territoriais do Tratado de Versalhes deixaram a Alemanha praticamente intacta, e ela continuou a ser o maior bloco racial homogêneo da Europa. Quando o marechal francês Ferdinand Foch, líder máximo dos Aliados vitoriosos, tomou conhecimento da assinatura do Tratado de Paz de Versalhes, comentou com singular agudeza: "Isso não é Paz. É um Armistício de vinte anos." As cláusulas econômicas do Tratado foram malévolas e tolas, a tal ponto que se tornaram obviamente inúteis. A Alemanha foi condenada a pagar indenizações de guerra numa escala fabulosa. Essas exigências expressaram a raiva dos vencedores e a incapacidade de seus povos de compreenderem que nenhuma nação ou comunidade derrotada pode jamais pagar tributo em escala equiparável ao custo da guerra moderna.

Os vencedores impuseram aos alemães todos os ideais longamente ansiados pelas nações liberais do Ocidente. Foi-lhes retirado o fardo do serviço militar compulsório e da necessidade de ter armamentos pesados. Imensos empréstimos americanos logo lhes foram insistentemente oferecidos, embora eles não tivessem crédito. Uma constituição democrática, pautada nos mais recentes aperfeiçoamentos, foi instaurada em Weimar. Afastados os imperadores, elegeu-se gente sem qualquer projeção. Por baixo desse tecido delicado campeavam as paixões da nação alemã, poderosa e derrotada, mas essencialmente intacta.

O preconceito dos americanos contra a monarquia havia deixado claro ao império vencido que receberia um tratamento melhor dos aliados como república do que na condição de monarquia. Uma política sensata teria coroado e fortalecido a República de Weimar com um soberano constitucional, na pessoa de um neto ainda menino do Kaiser, sob a gestão de um conselho de regentes. Em vez disso, abriu-se um vazio imenso na vida nacional do povo alemão (...) e, nesse vazio, após uma pausa, apareceu um maníaco de índole feroz, repositório e expressão dos mais virulentos ódios que jamais corroeram o coração humano – Adolf Hitler.

A Liga das Nações, mal tinha sido criada, recebeu um golpe quase mortal. Os Estados Unidos abandonaram a cria do presidente Wilson. O próprio presidente, disposto a batalhar por seus ideais, sofreu um derrame paralisante no momento em que iniciava sua campanha e, a partir de então, arrastou-se como um destroço inútil durante uma grande parte de dois anos longos e vitais, no final dos quais seu partido e sua política foram varridos de cena pela vitória presidencial republicana de 1920. Após o despontar do sucesso republicano, as concepções isolacionistas prevaleceram do outro lado do Atlântico. (...)

Era uma providência simples manter a Alemanha desarmada e os vencedores adequadamente armados durante trinta anos e, nesse meio-tempo, ainda que não fosse possível chegar a uma reconciliação com a Alemanha, construir cada vez mais solidamente uma verdadeira Liga das Nações, capaz de se certificar de que tratados fossem cumpridos, ou só fossem alterados mediante discussão e acordo.

(Winston Spencer Churchill, Chartwell, Westerham, Kent, março de 1948 – In: *Memoirs of the Second World War* – The Madness of the Winners. Tradução Vera Ribeiro, tradução revista Gleuber Vieira. 1. ed. Rio de Janeiro: HarperCollins, 2017, com adaptações.)

Perceba, meu/minha nobre, os pontos essenciais desse tipo de texto: ele apresenta um ponto de vista principal explícito, uma **tese**, expressa logo no início: "**Nunca houve guerra mais fácil de impedir do que esta que acaba de destroçar o que restava do mundo após o conflito anterior**"; essa tese está competentemente **justificada**, ou seja, o autor apresenta um porquê para sua opinião: "**isso porque após o término da Guerra Mundial de 1914, imperou profunda convicção e uma esperança quase universal de que reinaria a paz no mundo**". Com a progressão textual, o autor emprega **evidências de provas** para **fundamentar** seus argumentos de apoio à sua tese, como nesses trechos: "A população francesa era menos de dois terços da população alemã", "Afastados os imperadores, elegeu-se gente sem qualquer projeção", "Em vez disso, abriu-se um vazio imenso na vida nacional do povo alemão (...) e, nesse vazio, após uma pausa, apareceu um maníaco de índole feroz, repositório e expressão dos mais virulentos ódios que jamais corroeram o coração humano – Adolf Hitler", "A Liga das Nações, mal tinha sido criada, recebeu um golpe quase mortal. Os Estados Unidos abandonaram a cria do presidente Wilson". E, por fim, o autor apresenta sua **conclusão**: "Era uma providência simples manter a Alemanha desarmada e os vencedores adequadamente armados durante trinta anos e, nesse meio-tempo, ainda que não fosse possível chegar a uma reconciliação com a Alemanha, construir cada vez mais solidamente uma verdadeira Liga das Nações, capaz de se certificar de que tratados fossem cumpridos, ou só fossem alterados mediante discussão e acordo".

Fiz questão de "dissecar" esse tipo de texto por ter certeza de que você se encontrará com ele em algum momento de sua jornada rumo à vaga que almeja; seja de forma objetiva, ou tendo de redigir um texto argumentativo, você tem um encontro marcado com a argumentação, por isso, não se esqueça: para ser dissertação argumentativa é necessário apresentar: **tese justificada, argumentos fundamentados em evidências de provas** e uma **conclusão** consistente.

Injunção – é o texto "instrucional" que ordena, aconselha ou pede, essencialmente imperativo.

Características:

- É objetivo, apresentando verbos flexionados no modo *imperativo*; em alguns textos de ordenamentos jurídicos diversos há uso de formas verbais no futuro do presente.
- Vê-se esse tipo de texto em manuais de instrução, leis, livros de culinária (receitas), tutoriais etc.
- Marcas de interlocução: vocativo, verbos e pronomes de 2ª pessoa ou 1ª pessoa do plural, perguntas reflexivas etc.

Exemplo: Código de Processo Penal (Art. 1°)

Art. 1° O processo penal reger-se-á, em todo o território brasileiro, por este Código, ressalvados:

I – os tratados, as convenções e regras de direito internacional;

II – as prerrogativas constitucionais do Presidente da República, dos ministros de Estado, nos crimes conexos com os do Presidente da República, e dos ministros do Supremo Tribunal Federal, nos crimes de responsabilidade;

III – os processos da competência da Justiça Militar;

IV – os processos da competência do tribunal especial;

V – os processos por crimes de imprensa.

Parágrafo único. Aplicar-se-á, entretanto, este Código aos processos referidos nos n°s IV e V, quando as leis especiais que os regulam não dispuserem de modo diverso.

1.3 Coesão e coerência do texto

O conceito de coesão textual trata da perfeita conexão entre os elementos constituintes de um texto, a partir dos conectivos que relacionam palavras e orações dentro do texto. Não é que não se possa entender um texto sem que haja coesão; há textos que são redigidos com o fim específico de não serem coesos – mas isso é por força de estilística e/ou objetivo discursivo, como veremos mais à frente – entretanto, na maior parte das vezes, é quase impossível entender plenamente um texto que não esteja em conformidade com os princípios de coesão.

Para que você compreenda melhor, observe o excerto abaixo:

Até aqui, de fato, podemos verificar que os inúmeros casos de corrupção com seus detalhes sórdidos, contados por jornais e revistas, emendados uns aos outros, parecem histórias das mil e uma noites brasileiras. Precisamos, a partir daqui, ir ao cerne da questão.

A denúncia da imprensa é o instrumento mais importante de que dispõe a democracia para combater a corrupção e saber o que acontece por trás dos bastidores. O caso Watergate foi o resultado de exaustivas investigações dos jornalistas do Washington Post. Eles coletaram dados, levaram até o fim as suas suspeitas e correram o risco das suas acusações, para que não se dissesse depois que foram notícias baseadas em diz-que-diz ou espalhadas por adversários políticos. Fica, pois, evidente, que notícias divulgadas sem investigação jornalística mais profunda acabam sendo banalizadas, e é por isso que se deve primar para que haja nelas o compromisso com a verdade e com a isenção.

(ALVES, Coselle. Mil e Uma Noites. Folha de S. Paulo, 12 jul. 1991, com adaptações.)

14   Língua Portuguesa e Redação Oficial

Agora venha comigo e analise os termos que destaquei no texto citado.

- *Até aqui*: esta expressão demonstra que, anteriormente ao trecho que a ela se segue, houve mais texto.
- *seus*: faz referência a "casos".
- *a partir daqui*: diz ao leitor que o texto irá continuar com novas informações/abordagens.
- *que*: faz referência e substitui o termo "instrumento" completando o sentido do verbo "dispor" (quem dispõe, dispõe de algo ou de alguém).
- *que*: retoma o termo anterior "o".
- *Eles*: este pronome faz referência a "jornalistas".
- *suas*: faz referência a "Eles" (Eles... levaram até o fim as suspeitas que tinham).
- *suas*: faz referência a "Eles" (Eles... correram o risco das acusações que faziam).
- *para que*: dá prosseguimento ao texto indicando nexo semântico de finalidade.
- *pois*: dá prosseguimento ao texto indicando nexo semântico de conclusão.
- *isso*: retoma todo o conteúdo do período conclusivo iniciado com o verbo "ficar".
- *(n)elas*: faz referência à palavra "notícias".

Bem, você deve ter se dado conta do quanto a coesão textual é importante para qualquer prova de concurso público, certo? Vejamos a seguir um aspecto tão importante quanto.

Muitos me perguntam: "Professor, qual é a diferença entre coesão e coerência?". A pergunta é muito comum, e já a escutei em todos os segmentos em que trabalhei ao longo dos anos; a melhor resposta é essa: ***coerência textual*** se es-

Compreensão e interpretação de textos. Tipologia textual   15

tabelece a partir da relação entre os diversos segmentos do texto, tendo como objetivo dar unidade de sentido a ele; em outras palavras, a coerência está intimamente ligada à compreensão, à possibilidade de interpretação do que se lê ou daquilo que se ouve. A *coesão* trata do correto emprego dos conectivos do texto, da competente sequenciação de expressões e enunciados e auxilia significativamente o processo de intelecção.

Infelizmente, com o advento das redes sociais digitais, vejo muitos *youtubers*, *instagramers* e *facebookers* aventureiros, que se dizem professores, ensinarem que não há coerência sem coesão. Isso *não* é verdade; acompanhe comigo que não há coerência, apesar de haver coesão no trecho abaixo:

> Os políticos prometem representar seus eleitores de forma honesta, proba e idônea, *conquanto* eles, normalmente – com poucas e honradas exceções –, traem a confiança *daqueles* que, por sua vez, se esquecem com facilidade dos compromissos assumidos por *estes*.

Pus em destaque os elementos coesivos, e aí podemos perguntar: o texto trata de...? O "conquanto" estabelece uma relação de concessão com o quê? O "daqueles" referencia quem? E o "estes"?

Fica evidente que, embora o texto se apresente coeso – não há desconexão sintática – não podemos entendê-lo plenamente, uma vez que não houve coerência. Lembra que anteriormente eu disse que a coesão *auxilia* no processo de compreensão? Pois é.

Preciso dizer ainda que pode, *sim*, haver coerência sem coesão. Quer ver? Leia este texto de Ricardo Ramos:

16   Língua Portuguesa e Redação Oficial

Circuito Fechado

Chinelos, vaso, descarga. Pia, sabonete. Água. Escova, creme dental, água, espuma, creme de barbear, pincel, espuma, gilete, água, cortina, sabonete, água fria, água quente, toalha. Creme para cabelo; pente. Cueca, camisa, abotoaduras, calça, meias, sapatos, gravata, paletó. Carteira, níqueis, documentos, caneta, chaves, lenço, relógio, maços de cigarros, caixa de fósforos. Jornal. Mesa, cadeiras, xícara e pires, prato, bule, talheres, guardanapos. Quadros. Pasta, carro. Cigarro, fósforo. Mesa e poltrona, cadeira, cinzeiro, papéis, telefone, agenda, copo com lápis, canetas, blocos de notas, espátula, pastas, caixas de entrada, de saída, vaso com plantas, quadros, Pasta, carro. Cigarro, fósforo. Mesa e poltrona, cadeira, cinzeiro, papéis, telefone, agenda, copo com lápis, canetas, blocos de notas, espátula, pastas, caixas de entrada, de saída, vaso com plantas, quadros, papéis, cigarro, fósforo. Bandeja, xícara pequena. Cigarro e fósforo. Papéis, telefone, relatórios, cartas, notas, vales, cheques, memorandos, bilhetes, telefone, papéis. Relógio. Mesa, cavalete, cinzeiros, cadeiras, esboços de anúncios, fotos, cigarro, fósforo, bloco de papel, caneta, projetos de filmes, xícara, cartaz, lápis, cigarro, fósforo, quadro-negro, giz, papel. Mictório, pia, água. Táxi. Mesa, toalha, cadeiras, copos, pratos, talheres, garrafa, guardanapo, xícara. Maço de cigarros, caixa de fósforos. Escova de dentes, pasta, água. Mesa e poltrona, papéis, telefone, revista, copo de papel, cigarro, fósforo, telefone interno, externo, papéis, prova de anúncio, caneta e papel, relógio, papel, pasta, cigarro, fósforo, papel e caneta, telefone, caneta e papel, telefone, papéis, folheto, xícara, jornal, cigarro, fósforo, papel e caneta. Carro. Maço de cigarros, caixa de fósforos. Paletó, gravata. Poltrona, copo, revista. Quadros. Mesa, cadeiras, pratos, talheres, copos, guardanapo. Xícaras, cigarro e fósforo. Poltrona, livro. Cigarro e fósforo. Televisor, poltrona. Cigarro e fósforo. Abotoaduras, camisa, sapatos, meias, calça, cueca, pijama, espuma, água. Chinelos. Escova, creme dental, toalha. Coberta, cama, travesseiro.

Compreensão e interpretação de textos. Tipologia textual **17**

Perceba que não houve nenhum elemento conectando as frases; esse magistral texto é, apenas, uma genial sequência de substantivos, ou seja, realmente não houve coesão, mas houve total coerência, pois as frases mantêm relações de sentido bem típicas de um homem atarefado que vive numa mesma rotina diária – o que se coaduna com o título dado ao texto "Circuito Fechado". O fato de não haver coesão, e a ausência de elementos coesivos, não prejudicou o sentido do texto, ou seja, a coerência.

1.3.1 Tipos de coesão

Em minha experiência de sala de aula, pude observar que o que dá mais "dor de cabeça" aos alunos é, justamente, perceber adequações (ou inadequações) de estruturas frasais, pelo simples fato de, ao fim do Ensino Médio, não conseguirem perceber as relações de coesão entre os enunciados e, mormente, as ideias que tais relações expressam. Isso vale, obviamente, para a produção de texto, ou seja, quem precisa redigir uma questão discursiva ou fazer uma redação também se vê atravessando essa *via crucis*. No entanto, se é esse o seu caso, não desanime! Coesão não mais será um problema para você! Venha comigo e dê sua total atenção à minha explicação.

▪ *Coesão referencial*

O objetivo principal é evitar repetições desnecessárias nos textos e, para isso, substitui termos oracionais por *pronomes* (pessoais, possessivos, indefinidos, interrogativos, demonstrativos e relativos), *numerais, advérbios, verbos vicários* (verbos *fazer* e *ser* usados para substituir outros verbos), *substantivos* (ou expressões substantivas), *elipses* (omissão de um termo) e *abreviações*; a referenciação pode ser *anafórica* ou *catafórica* se substitui um termo *antecedente* ou *consequente* no texto. Observe os exemplos:

Carolina queria cursar engenharia no ITA e, para isso, *ela* estudou com afinco mesmo durante a pandemia.

Ela não gosta de ser contrariada, por isso *a criança* chorou quando não ganhou o que pediu.

Fábio foi morar na Alemanha; *o irmão de Andressa* realizou o sonho de sair do Brasil para trabalhar na Europa.

Minha esposa ganhou o prêmio; não que tenha me surpreendido, pois sempre acreditei que *Carolina* seria uma engenheira de sucesso.

Apenas *isto* basta para me fazer feliz: *seu amor por mim*.

Carol sempre agiu *assim*: *vigorosa e inteligentemente*.

Nos *EUA* há muito preconceito. Nunca moraria *lá*.

O cientista *explicou* bem sua teoria, já o político não *fez* o mesmo.

O Instituto Tecnológico da Aeronáutica é uma das melhores escolas tecnológicas do mundo e * conta com ótimos professores-doutores. (* *marca a elipse de "O Instituto Tecnológico da Aeronáutica".*)

- **Coesão recorrencial**

Ocorre pela recorrência de estruturas, termos ou enunciados a fim de que o fluxo informacional progrida e seja – no mais das vezes – ratificado com o emprego de *repetições de vocábulos, paralelismos (sintático ou morfológico), paráfrases* (espécie de paralelismo semântico cujo conteúdo é semelhante, normalmente introduzido por *ou seja, isto é, quer dizer...*) e *recursos fonológicos*. Observe um exemplo de cada, na ordem em que citei.

Viver bem é **viver** ao lado de quem se quer **bem**.

"Permite que feche os meus olhos,
Pois é muito longe e tão tarde! (...)
Permite que agora emudeça:

Que me conforme em ser sozinha. (...)
Permite que volte o meu rosto
Para um céu maior que este mundo. (...)" (Cecília Meireles, Viagem Vaga Música)

A sociedade precisa ter acesso a fatos que a convençam, não a denúncias feitas sem provas, *ou seja, deve receber da imprensa conteúdos com o máximo possível de provas, não apenas insinuações vagas sem fatos.*

"No meio das tabas de amenos verdores,
Cercadas de troncos – cobertos de flores,
Alteiam-se os tetos de altiva nação." (Gonçalves Dias, *I Juca Pirama*)

Observe, meu/minha nobre, que neste último exemplo, o recurso fonológico de recorrência do fonema [t] tem por objetivo ratificar, reiterar, chamar a atenção do leitor para a altivez da nação indígena retratada no poema.

■ *Coesão sequencial*

É o tipo de coesão em que se verifica a maior incidência de questões de concursos, isso porque seus mecanismos são responsáveis pela articulação de frases, orações, períodos e trechos do texto. Além da progressão das partes do texto, os mecanismos de **coesão sequencial** contribuem para o desenvolvimento do tema. Ocorre quando se usam os chamados *operadores argumentativos/discursivos* (conjunções, locuções conjuntivas, preposições, locuções prepositivas) que estabelecem relações de sentido. É imprescindível, para qualquer candidato a provas de concursos públicos a *fluência* no uso desses conectivos, pois disso depende muito a coerência de diversos tipos de textos – narrativos ou dissertativos. Confira a seguir os principais *operadores discursivo-argumentativos*:

20 Língua Portuguesa e Redação Oficial

☐ Com ideia de *soma, acréscimo, adição ou inclusão*: e, nem (= e não), não só/apenas/somente... mas/como/senão (também, ainda)..., tanto... quanto/como, além de, além disso, até, também, ainda...

Sorrir é o elixir da juventude **e** deixa a vida mais leve.
Para esse evento convidaram **até** o padre Esteka.
Amar você **não só** me faz bem, **como** me torna um homem melhor.

Não posso deixar de dizer que o conectivo *e* apresenta outros valores semânticos, normalmente adversidade, consequência ou explicação (neste último caso, após verbos no imperativo). Observe:

Não estudou como deveria, *e* foi classificado. (Adversidade)
A neve foi intensa *e* a cidade ficou isolada por três dias. (Consequência)
Assine hoje, *e* receba descontos imperdíveis. (Explicação)

☐ Com ideia de *oposição, contraste, adversidade, compensação, concessão*: mas, porém, todavia, contudo, entretanto, no entanto, não obstante, só que, ainda que, mesmo (que), apesar de, em detrimento de, a despeito de, conquanto, se bem que, por mais/menos/melhor/pior/maior/menor que, sem que, quando, agora, ao contrário...

Ao contrário dos políticos, o professor trabalha muito, **mas** ganha pouco.
Embora educadamente, despediu o funcionário com firmeza.
Elas queriam passar no concurso, **se bem que** não se esforçavam para isso.

Sem que esperasse pedidos, doou metade de seus ganhos para a caridade.

Faço questão de ressaltar que a locução *sem que* pode ser empregada para indicar nexo semântico de modo, concessão (oposição) ou condição. Observe:

Voltou **sem que** fosse visto por ninguém. (Modo)
Sem que se esforçasse, conseguiu a vaga. (Concessão)
Sem que se esforce, não conseguirá a vaga. (Condição)

□ Com ideia de *afirmação, igualdade*: realmente, de igual forma, do mesmo modo que, nesse sentido; semelhantemente, de fato etc.

De fato, o país precisa tomar providências urgentes para atender os cidadãos.
"**Semelhantemente**, após haver repartido o pão, tomou o cálix..."

□ Com ideia de *alternância*: ou, ou... ou, ora... ora, quer... quer, já... já, umas vezes... outras vezes, talvez... talvez, seja... seja...

Flamengo **ou** Palmeiras ganhará o Brasileirão.
Quer resista à doença, **quer** não, jamais nos esqueceremos dele.

□ Com ideia de *conclusão, consequência*: logo, portanto, por isso, por conseguinte, então, assim, em vista disso, sendo assim, pois (depois do verbo), de modo/forma/maneira/sorte que...

Tudo foi nem explicado; não haverá, **pois**, dúvidas.
A guria não gostava de comer couve **de modo que** o fazia à força.

Dica!

Se antes do conectivo *que* vierem as palavras *tão/tanto/tamanho/tal*, a ideia será de **consequência**:

As crianças faziam **tamanha** bagunça **que** não conseguíamos conversar direito.

Machado amava **tanto** Carolina **que** pouco viveu após o falecimento da esposa.

☐ Com ideia de *enumeração, prioridade, relevância*: a princípio, primeiramente, em primeiro lugar, antes de mais nada, acima de tudo, sobretudo, por último...

É preciso que se diga, **em primeiro lugar**, tratar-se de uma teoria.

Não o considerou, **a princípio**, capaz de cometer crime algum.

☐ Com ideia de *explicação, motivo, razão, causa*: porque, que, porquanto, senão, pois (antes do verbo), visto que/ como, uma vez que, já que, dado que, posto que, em virtude de, devido a, por motivo/causa/razão de, graças a, em decorrência de, como...

Não desista, **porque (pois)** é o que os inimigos querem.

Trabalho desde menino, **visto que** precisava ajudar no sustento da casa.

Em virtude da crise do Covid-19, milhões de brasileiros perderam o emprego.

☐ Com ideia de *comparação, analogia*: (do) que (após mais, menos, maior, menor, melhor, pior), qual/ como (após tal), como/ quanto (após tanto, tão), como (= igual a), assim como, como se, feito...

É preciso amar as pessoas como se não houvesse amanhã.

O filho era singelo **tal qual** o pai.

Ela dirigiu **feito** louca para chegar na hora marcada.

☐ Com ideia de *condição, hipótese*: se, caso, contanto que, exceto se, desde que, a menos que, a não ser que, exceto se...

Exceto se vieres pessoalmente, poderei resolver teu problema.

Os deuses nos ajudam **desde que** façamos a nossa parte.

Se estiveres com paciência, ouça-me.

☐ Com ideia de *acordo, conformidade*: conforme, consoante, segundo, como (= conforme), que...

Consoante eu saiba, ele nunca mentiu.

Há, **conforme** relatos fidedignos, certeza de que é inocente.

É **como** lhe digo: tudo se ajeitará com o tempo.

☐ Com ideia de *tempo*: quando, logo que, depois que, antes que, sempre que, desde que, até que, assim que, enquanto, mal, apenas...

Logo que saímos, houve tremenda explosão.

Mal pensara na esposa, ela lhe enviou mensagem.

Até que eu consiga a aprovação, não desanimarei.

☐ Com ideia de *objetivo, finalidade, propósito, intenção*: para, para que, a fim de que, porque (= para que), com o objetivo/intuito/escopo/fito de (que)...

Viaje à janela **com o fito de que** aprecie a paisagem.

Estou estudando **para que** eu melhore nossa vida.

Vigiai **porque** não sejais surpreendidos.

☐ Com ideia de *proporcionalidade, simultaneidade, concomitância* de fatos: à proporção que, à medida que, ao passo que, quanto mais/ menos/menor/maior/melhor/pior...

Quanto mais faço exercícios, mais internalizo os conhecimentos.

A sabedoria chega **à proporção** *que* os anos passam.

Fico mais apaixonado **ao passo que** com ela convivo.

☐ Com ideia de *resumo, recapitulação, finalização*: em suma, em síntese, enfim, dessa maneira, em resumo, recapitulando...

Estamos escrevendo a história de um país com 230 milhões de habitantes. Gente muito sofrida. **Em suma**, pessoas não podem virar ficção e é preciso cuidado.

☐ Com ideia de *esclarecimento, exemplificação ou retificação*: ou seja, isto é, vale dizer ainda, a saber, melhor dizendo, quer dizer, ou melhor, ou antes, na realidade, aliás, por exemplo...

É preciso ter equanimidade nas decisões de vida, **ou seja**, é preciso ter serenidade e equilíbrio.

Ele não se recuperaria do baque sofrido, **a saber**, jamais voltaria a ser o homem que fora.

☐ Com ideia de *contraposição*: de um lado... de/por outro lado...

De um lado, esse carnaval; **do outro**, a fome total.

Muito bem, chegamos ao final dessa etapa sobre coesão e coerência. Tenha em mente que as informações que passei serão de extrema relevância para a sua estratégia de leitura e fundamentais para que você consiga compreender bem qualquer texto, tenha certeza disso!

1.4 O que é compreender e o que é interpretar?

Já reparou que a maioria das bancas põe nos editais de seus concursos, onde dispõem do conteúdo programático, algo como *Compreensão e Interpretação de Texto*? Muito provavelmente você já deve ter até se perguntado qual é a diferença entre compreensão e interpretação, então, para que você não mais tenha essa dúvida, saiba que **compreender** é ter a habilidade de perceber o significado das palavras e expressões, de analisar o que realmente está escrito; já **interpretar** significa dar sentido a, deduzir de maneira lógica, inferir, concluir a partir do que está escrito nas chamadas "entrelinhas do texto".

Uma das formas mais indicadas para se chegar à compreensão de um texto é analisá-lo de maneira pragmática, objetiva, tentando facilitar a leitura a partir de seu conhecimento de mundo.

Particularmente, quando leio um texto, eu procuro parafraseá-lo, resumi-lo mentalmente e, não raro, faço anotações dos pontos que achei mais importantes; essa é a minha maneira de compreender/interpretar e, mais à frente, vou exemplificá-la de forma prática, combinado? A propósito, fique à vontade para empregar esse meu método!

Vamos falar agora sobre um tópico que está intimamente ligado à interpretação de textos e que, certamente, estará presente na sua prova, uma vez que praticamente todas as bancas de concursos usam desse expediente; estou falando da **Reescrita de Textos**.

A forma "queridinha" das bancas é a **paráfrase** pois, ao "escrever a mesma coisa com outras palavras" a banca procura mensurar a sua capacidade intelectiva (compreensão). Por isso mesmo, é preciso que você dê total atenção aos **tipos de reescrita** mais comuns. Vamos lá.

■ *Síntese*

É a forma de demonstrar concisão, sem o uso de estruturas muito longas e descritivas; é o contrário de ser *prolixo*, ou seja, o uso de verborragia, quantidade excessiva de palavras para expressar pouco conteúdo se opõe radicalmente à síntese. Um texto sintético é um texto *preciso*, *breve* e **objetivo**, no qual o leitor consegue perceber a mensagem de forma simples e direta; é o "papo direto e reto". Já um texto prolixo é, sem sombra de dúvidas, um texto cansativo, enfadonho, chato. Obviamente, na produção textual, mormente quando você tiver de produzir um texto para alguma banca (provas de redação ou discursivas), deve sempre ter bom senso; não adianta nada sermos sintéticos demais e não conseguirmos passar a mensagem em sua totalidade.

Em termos práticos, a *reescritura por síntese* ocorre por meio da supressão de termos ou expressões cuja importância seja secundária; normalmente as classes gramaticais que podem ser retiradas sem que haja prejuízo para o sentido do texto são os artigos, os pronomes, os numerais, os adjetivos, as locuções adjetivas, as orações adjetivas, os advérbios e as locuções adverbiais, por serem consideradas palavras caracterizadoras ou especificadoras. Quando uma banca mexe no texto a fim de resumi-lo ao essencial, àquilo que efetivamente está no cerne do sentido de texto, normalmente faz isso.

E antes que eu me torne prolixo (*hehehe*), veja um exemplo:

O momento da história do ser humano a partir de 1901 assistiu a uma gigantesca revolução tecnológica, industrial, urbana, social, política e cultural. Trilhos e trens espalharam-se e, num mesmo propósito, embarcações de calados variados, umas mais luxuosas outras menos, fizeram os percursos entre cidades diminuírem consideravelmente. Surgiram também os carros, a princípio lentos, para logo ganhar velocidade nas autoestradas que rasgaram pastos e plantações, campos e florestas e dominaram ruas e praças, avenidas e canteiros das cidades, facilitando a vida dos homens que dirigiam seus veículos, causavam acidentes de maior ou menor magnitude, atropelavam e deixavam absurdamente assustadas as pessoas que não estivessem exatamente prestando a devida atenção.

Síntese do excerto acima (repare que mais de 45 palavras foram suprimidas):

O século XX assistiu a diversos avanços, vivendo uma revolução sem precedentes. A estrada de ferro bem como a navegação encurtaram as distâncias, e surgiu o automóvel, lento a princípio e gradativamente mais veloz, que passou a trafegar nas autoestradas que cortaram as áreas rurais e dominaram o espaço urbano, facilitando a vida dos motorizados entre desastres que aterrorizavam os pedestres desatentos.

■ *Ampliações*

A ampliação é o antônimo do que é a síntese. Observe no exemplo abaixo:

O Silmarillion é um relato dos dias antigos, são lendas de um passado remoto que apresenta a história da Terra-Média em seus primórdios.

Texto ampliado:

O Silmarillion é a história que relata os dias antigos, a Primeira Era do mundo, contendo muitas e variadas lendas que contam o passado distante da Terra-Média, época em que seus habitantes viveram os primeiros tempos – anos que viraram séculos, séculos que viraram milênios – após sua criação.

(Ampliação livremente inspirada a partir do primeiro período do prefácio de *O Silmarillion*, de J. R. R. Tolkien.)

■ *Uso de conectivos*

Abordei exaustivamente o assunto nas páginas anteriores. Confira! De qualquer maneira, segue mais um exemplo de forma de reescrita:

Tendo ouvido aquelas palavras, acusados pela própria consciência, foram-se retirando, dos mais velhos para os mais novos.

Texto usando conectivos:

Ouviram aquelas palavras e se foram retirando **a partir d**os mais velhos **até** os mais novos, **uma vez que** foram acusados pela própria consciência.

Vale a pena falar ainda de reescrituras que trabalham com os tipos de discurso. Vejamos:

□ *Discursos direto e indireto*

Nos textos narrativos, o autor propõe os diálogos dos personagens, basicamente, de duas formas: dando voz própria ao personagem ou reproduzindo com a sua voz a fala do personagem. Nos textos dissertativos também se vê o emprego destes discursos quando o redator parafraseia uma citação de uma pessoa, ou cita um excerto de um texto, por exemplo.

Há a presença de certos elementos quando se trata de discurso direto: verbo de elocução (também conhecido por *verbo dicendi*, porque antecipa a fala da personagem), marcas de pontuação (dois-pontos, aspas ou travessão).

No caso do discurso indireto, o autor emprega as orações subordinadas substantivas, iniciadas pela conjunção integrante "que".

Compreensão e interpretação de textos. Tipologia textual **29**

Vejamos alguns exemplos:

Os cientistas **afirmaram** aos jornalistas: "Esse remédio não é eficaz contra o vírus". (Discurso direto)

Os cientistas afirmaram aos jornalistas **que aquele remédio não era eficaz contra o vírus**. (Discurso indireto)

Não posso deixar de ressaltar que a transposição do discurso direto para o indireto deve observar parâmetros estabelecidos pela norma culta; as formas que mais vejo aparecerem em provas são as que se seguem:

Quando o enunciado aparece em **primeira pessoa** no **DISCURSO DIRETO**, no **DISCURSO INDIRETO** o enunciado virá em **terceira pessoa**:

Disse o condenado: "**Eu** não **me** arrependo de nada". (discurso direto)

O condenado disse que **ele** não **se** arrependia de nada. (discurso indireto)

Outras transposições:

DISCURSO DIRETO – Verbo no **presente do indicativo**: "Eu não me **arrependo** de nada".

DISCURSO INDIRETO – Verbo no **pretérito imperfeito do indicativo**: Ele disse que não se **arrependia** de nada.

DISCURSO DIRETO – Verbo no **pretérito perfeito**: "Eu não **farei** nada".

DISCURSO INDIRETO – Verbo no **pretérito mais-que-perfeito composto do indicativo ou no pretérito mais-que-perfeito**: Ele disse que não **tinha/havia feito** nada *ou* **Ele disse que não fizera nada**.

DISCURSO DIRETO – Verbo no **futuro do presente**: "**Venceremos** esse desafio".

30   Língua Portuguesa e Redação Oficial

DISCURSO INDIRETO – Verbo no **futuro do pretérito**: Declararam que **venceriam** aquele desafio.

DISCURSO DIRETO – Verbo no **imperativo, presente ou futuro do subjuntivo**: "**Saia** da minha frente", ordenou o delegado ao promotor.

DISCURSO INDIRETO – Verbo no **pretérito imperfeito do subjuntivo**: O delegado ordenou ao promotor que **saísse** da sua frente.

DISCURSO DIRETO – Pronomes pessoais, possessivos e demonstrativos de **1ª pessoa**; por exemplo, este, esta, isto, esse, essa, isso: "A **estas** horas ela já estará dormindo", disse ele.

DISCURSO INDIRETO – Pronomes de **3ª pessoa**; por exemplo, aquele, aquela, aquilo: Ele disse que **àquelas** horas ela já estaria dormindo.

DISCURSO DIRETO – Advérbios **aqui e cá**: "**Daqui** não saio mais", disse ele.

DISCURSO INDIRETO – Advérbios **ali e lá**: Ele disse que **dali** não sairia mais.

Os tipos de reescrita que abordei são os que podem aparecer na sua prova; devo ressaltar que a reescrita é fundamental para que você consiga compreender bem um texto. Recomendo que faça bastantes exercícios, de preferência provas anteriores da banca que organizará sua prova.

Pensando no que falei anteriormente – sobre o fato de a *interpretação* trabalhar com o que se pode inferir de um texto –, veja comigo a tirinha do Cebolinha, famoso personagem de Maurício de Souza – estes quadrinhos ajudarão você a entender interpretação e perceber que só se consegue chegar ao objetivo discursivo do autor se houver interpretação de fato, caso se veja o subentendido. Tente deduzir a ideia contida neles e depois leia meus comentários:

Comentários:

A ideia da tira, obviamente, é fazer o leitor rir, trata-se de uma piada; para que você entenda a piada e ria, precisa, antes, saber que o Cebolinha troca sempre o "r" das palavras pelo "l"; depois é preciso perceber o inusitado de um papagaio – que em tese apenas repete os sons produzidos pelas pessoas – corrigir a fala do guri em questão. O que podemos perceber disso? Ora, que a interpretação depende do que está subentendido e, também, do conhecimento de mundo de quem lê. *Beleza*?

No caso da **compreensão**, é preciso que se perceba aquilo que está *claramente explícito* na leitura do texto. Para que se compreenda um texto, nem sempre será necessário saber tudo sobre ele, mas certamente é preciso que se tenha apreendido com clareza a ideia principal e as principais características do que foi lido. Por falar em ler, leia o texto a seguir comigo:

> Nas pesquisas internacionais sobre valores e cultura, existem vários indicadores de religiosidade, todos fortemente correlacionados: crença em Deus, participação em igrejas e cultos, prática da oração, importância da religião e de Deus na vida das pessoas, até crenças

muito específicas com relação à vida após a morte, ao céu e ao inferno etc. A nova pesquisa do Pew Research Center é bem desenhada porque não depende exclusivamente de nenhum desses indicadores, mas apresenta uma variedade de resultados, assim possibilitando a identificação de tendências mais gerais.

No estudo conduzido pelo Pew Research Center em 34 países, para 45% dos 38.426 entrevistados é preciso acreditar em Deus para ter bons valores. Mas essa opinião varia enormemente, de 9% na Suécia a 96% nas Filipinas. Se existe uma falha na pesquisa, o Pew peca pelo viés monoteísta: no questionário assume-se que existe um só Deus com "D" maiúsculo, coisa que não faz tanto sentido em sociedades de tradição hinduísta (15% da população mundial) ou budista (7%). Sobre religiosidade em perspectiva comparada, sabemos duas coisas. Primeiro, que teorias antigas de modernização socioeconômica, mesmo criticadas pela sua simplicidade e aparente determinismo, ainda explicam grande parte da realidade. Quanto mais rica é a sociedade, menos importante é a religião (lembrando que se trata de uma associação estatística, e não de uma "lei de ferro"). Isso se observa na linha de regressão do Pew: nas sociedades mais desenvolvidas, as pessoas têm menos probabilidade de afirmarem que a crença em Deus é necessária para se ter moralidade e bons valores. Esse resultado é congruente com décadas de pesquisas sobre valores realizadas pelo cientista político americano Ronald Inglehart e seus colaboradores (por exemplo, Inglehart com Pippa Norris, Sacred and Secular: Religion and Politics Worldwide, 2ª edição revisada, Cambridge University Press, 2011). Nas sociedades desenvolvidas e "pós-materialistas" (termo cunhado por Inglehart nos anos 1970), os cidadãos hoje gozam de elevados graus de segurança física e econômica e dependem menos de Deus. Nas sociedades mais pobres e conflituosas, a tradição religiosa é bem mais enraizada, e a prática religiosa continua fundamental à vida cotidiana das pessoas. Daí o ditado antigo que vem da Primeira Guerra Mundial: "There are no atheists in foxholes" (não há ateus em trincheiras). (...)

A segunda coisa que sabemos é que existem certos pontos fora da curva onde a religiosidade não é muito bem explicada pelo nível de modernização socioeconômica. (...)

(Fragmento de *Moral religiosa é mais forte no Brasil do que em países com renda parecida*, de Timothy Power – *Revista Piauí*, jul. 2020 – com adaptações.)

O que se pode entender do texto? Que, para seu autor, há vários fatores que explicam a relação das pessoas que formam uma sociedade ou nação com a religiosidade e o divino e que, via de regra, essa relação tem uma certa convergência com o nível socioeconômico de cada país, mesmo que tal concepção seja antiga e, em algum aspecto, simplista. Outro fator para a concepção social de religiosidade que se evidencia no texto é o fato de que, quanto menos em segurança o homem se sente mais se aproxima de Deus – ideia corroborada pelo dito que vem desde a Primeira Guerra Mundial; ademais, vê-se que, ao progredir o tema, o autor mudará o enfoque, o que se evidencia no último parágrafo do excerto que destaquei. *Tranquilo*, meus amigos e minhas amigas?

Bem, o grande barato desta nossa conversa sobre interpretação e compreensão é que nas provas dos mais diversos concursos as bancas buscam perceber se os candidatos têm boa capacidade intelectiva; exatamente por isso, fiz questão de, na abertura deste capítulo, revelar como pratico minhas leituras, qual meu procedimento para analisar qualquer texto. Meu objetivo ao compartilhar isso é fazer com que você tenha fluência na sua leitura e consiga fazer – gabaritar – *todas* as questões de interpretação/compreensão.

Para caminharmos para o encerramento deste nosso primeiro episódio, vamos entender, na prática, como funciona a boa interpretação de um texto. Antes de mais nada, leia estes comandos, válidos para seus momentos de estudos, ou

34 Língua Portuguesa e Redação Oficial

seja, ao pegar um texto para ler – sendo ou não para resolver exercícios – procure cumpri-los.

■ Despretensiosamente, faça uma primeira leitura, que eu chamo de "leitura de aproximação"; é como se você estivesse conhecendo alguém, vendo uma pessoa pela primeira vez; no segundo "encontro" – segunda leitura – você tenta confirmar sua primeira impressão sobre o texto e suas articulações, e aproveite para classificar a tipologia: narração, descrição, dissertação...

■ Durante sua segunda leitura, sem pressa, faça um breve resumo de cada parágrafo, procurando perceber a ideia central que ele transmite.

■ Circule ou sublinhe o tópico frasal de cada parágrafo.

■ Considerando que a maioria dos textos das provas são argumentativos (editoriais, artigos de opinião, críticas, dissertações etc.), atente para as estratégias argumentativas empregadas pelo autor; geralmente são essas: *argumentos de autoridade, raciocínio por causa e consequência, citações, estatísticas, confronto de ideias, raciocínio por analogia, fatos-exemplos, raciocínio lógico etc.*

■ Tenha atenção à troca de parágrafos, observe como o autor faz sua progressão temático-textual, percebendo se há relações entre eles; normalmente há. São elas: ampliação, explicação, esclarecimento, exemplificação, detalhamento, contraponto ou oposição, resumo, conclusão. É exatamente neste item que você perceberá a importância de ter o tópico **coesão sequencial**, que abordamos anteriormente, *na ponta da língua*.

■ O comando de muitas questões de provas solicita que os candidatos julguem sentenças sobre o **tema** ou a **ideia central do texto**; se você estiver fazendo exercícios (bem como no momento de sua prova), pode parar tudo e ir direto ao(s) parágrafo(s) de introdução ou conclusão do texto, pois é neles que o conteúdo principal do texto "se esconde".

■ Marque os vocábulos que estabelecem coesão em cada parágrafo e entre os parágrafos (coesões referencial e sequencial); aqui vale você sublinhar ou circular também.

Compreensão e interpretação de textos. Tipologia textual   35

▨ Tenha sempre em mente que o texto é um todo; não se fixe nas partes dele, note sempre o contexto, o entorno.

▨ Não queira adivinhar o que o autor quis dizer, mas apegue-se tão somente ao texto, nunca extrapole.

▨ E, claro, no dia de sua prova, não se esqueça de marcar a alternativa correta!

Meu caro leitor, minha cara leitora, você já deve ter percebido que não consigo ensinar sem descontrair; acho que a descontração (e não a desatenção!) é uma grande aliada em nosso mister, que é, juntos, alcançarmos o seu objetivo! Fazer uma prova de forma despretensiosa e descontraída é certamente a melhor arma do candidato, portanto, relaxe. Despretensioso e descontraído, não desconcentrado, ok? Desconcentrado, nunca! A despretensão e a descontração vão tirar de você aquele "peso" nas costas de fazer uma prova difícil e muito concorrida, vão minimizar "aquela" responsabilidade de ter de vencer. Ao terminar a leitura deste livro, se você seguir minhas orientações, não tenho nenhuma dúvida de que estará preparado para a luta! E, por isso, permita-me compartilhar o que costumamos dizer aqui em casa em momentos-chave:

"Se você está preparado, relaxe que *vai dar boa!*"

1.5 Exemplo de análise de um texto

O Português Jurídico não precisa ser chato

1   Desde antes do episódio do julgamento do *Mensalão do PT*, lá pelos idos do segundo semestre de 2012, eu já tinha o hábito (ou a mania, se você preferir) de assistir ao canal *TV Justiça*; sempre que há algum julgamento importante no Supremo Tribunal Federal, assisto, no todo ou em parte. Na época da rumorosa apreciação do caso que voltou os olhos do país pela primeira

vez para o Supremo (pelo menos de que me lembre, foi, **de fato**, a primeira), eu ministrava aulas para muita gente egressa das faculdades de direito, homens e mulheres em busca de um lugar ao sol no acirrado universo dos concursos públicos e, **por isso**, achei de bom tom ficar ainda mais familiarizado ao "juridiquês" – *palavra um tanto pejorativa, em minha opinião* –, "dialeto" este que parece ser falado (e cultuado!) pelos ocupantes das cadeiras mais honoráveis do Judiciário brasileiro.

10 Confesso que ainda hoje me vejo, às vezes, tendo de recorrer à sinonímia **para** "traduzir" certas expressões que ouço ministros e ministras pronunciarem e sempre fico me perguntando *se* aqueles doutos senhores e senhoras têm consciência de que sua comunicação fica circunscrita ao seu *mundinho* entogado, dada a *orgulhosa* prolixidade e *enfadonha* retórica com que conduzem seus pronunciamentos.

14 **Entretanto**, o "juridiquês" tem de ser tão chato? A resposta, sem parar para pensar um nanossegundo, é não.

16 **Justamente por isso**, aqui vão algumas dicas simples, deste modesto professor, para que sua comunicação, quando você tiver de fazê-la em linguagem jurídica, atenda, **sim**, aos bons preceitos do nosso idioma, sem ser descuidada, mas sem mergulhar no abismo de arcaísmos, rebuscamentos e refinamentos *totalmente desnecessários*.

20 *Seja conciso.* Ser conciso significa informar o máximo possível, empregando um mínimo de palavras. *Claro que* usar de poucas palavras não significa reduzir pensamentos e conteúdo. **Esse** é o motivo **pelo qual**, ao sintetizar um texto, não se deve eliminar o que dele é essencial – o objetivo é reduzir o tamanho, não o conteúdo. O ideal é que suas frases sejam curtas e claras, e que repetições e retórica inúteis sejam eliminadas, cuidando **para que** as expressões empregadas sejam, sobretudo, *precisas*.

25 *Seja formal, como exige a situação.* Em tese, você não pode ir a um evento solene em trajes de banho, não é mesmo? No

Português Jurídico a utilização do padrão formal de linguagem é *uma exigência* e significa que sua redação estará correta quanto à sintaxe, clara em seu significado, coerente e coesa em sua estrutura e elegante no estilo. Não esqueça, **porém**, que ser culto não é *ser rebuscado*, ser formal não é *ser pernóstico*.

Quando os manuais de redação oficial afirmam que a correção e a formalidade são imprescindíveis para este tipo de comunicação, estão certíssimos, **pois** incorreções gramaticais **não só** desmerecem o redator **como também** minimizam a instituição que ele representa, e é **por essa razão** que não se pode usar coloquialismos, gírias, regionalismos ou neologismos.

33   *Seja objetivo.* Ser objetivo é *ir direto ao assunto*, não empregando rodeios ou se perdendo em divagações ou digressões. Ser objetivo é *redigir tão somente o imprescindível* **para que** o leitor compreenda o assunto; escrever objetivamente é *evidenciar a ideia central do seu texto e fazer uma escolha vocabular exata*, com palavras **cujo** referencial seja preciso, **a fim de** facilitar a vida de seus interlocutores, não de complicá-la.

38   Por fim, *seja simples.* O redator **que** emprega a simplicidade alcança seu leitor. Óbvio que termos técnicos serão usados e é aí que entra o seu bom senso – use-o para estabelecer o equilíbrio entre a linguagem técnico-jurídica e a comum. *Se você utilizar adequadamente as palavras, valorizando, dentro do possível, as que são de conhecimento mais amplo por uma maior parcela dos que não militam no mundo jurídico, é possível que você se torne um marco – legal, em todas as acepções deste termo – no mister que é escrever o Português Jurídico, redigindo seus textos de maneira original, criativa, correta, elegante, e o que é melhor, de forma comprometida com o pleno entendimento de seus leitores, tirando do "juridiquês" a pecha de "chato".*

Prof. Andre Ben Noach

31/01/2020

38　Língua Portuguesa e Redação Oficial

Então?! Curtiu o texto? Entendeu a mensagem dele? Perfeito! Responda as minhas perguntas a seguir, para ajudar em sua análise:

■ Após a primeira leitura, percebeu que esse texto é opinativo?

■ Consegue dizer qual é o tema ou assunto principal desse texto com absoluta certeza?

■ Conseguiu resumir os parágrafos e sublinhar os tópicos frasais de cada um deles?

■ Em relação ao desenvolvimento do texto, você consegue apontar as estratégias argumentativas que empreguei para sustentar meu ponto de vista principal?

■ Percebeu as relações de progressão textual entre os parágrafos?

■ Verificou se as ideias principais do texto *realmente* aparecem nos parágrafos de introdução (no caso do meu texto, a introdução é composta pelos 1º e 2º parágrafos) e são reiteradas no parágrafo de conclusão (último parágrafo)?

■ Percebeu que os vocábulos/expressões marcados em negrito são alguns dos que estabelecem coesão no texto?

■ Fez uma leitura global do texto não se fixando nas partes dele?

Se a sua resposta a todas as minhas perguntas foi "sim", meu amigo/minha amiga, parabéns! Saiba de antemão que qualquer questão de prova será sua! É só alegria!

Vamos, no entanto, um pouco mais além: confira se meus comentários fazem uma análise textual à altura do que falamos neste capítulo:

■ O texto é argumentativo, pois trata de um assunto de forma didática, abrangente e lógica, defendendo um ponto de vista principal com argumentos de apoio fundamentados ao longo do texto.

Compreensão e interpretação de textos. Tipologia textual   39

- Após a introdução, minha tese fica explícita: afirmo categoricamente que o português jurídico não precisa ser "chato" e que vejo a atual forma de comunicação e expressão dele de uma maneira negativa, pois não consegue ser compreensivo para a maioria das pessoas. Falo ainda de características que podem e devem aproximar o "juridiquês" de uma maior parcela de leitores/ouvintes e de como elas podem ser alcançadas.

- As estratégias argumentativas usadas para ratificar a minha tese são fatos-exemplos, raciocínio lógico e analogia, entre outras.

- A introdução (1° e 2° parágrafos) tem evidente marca temporal relacionada ao momento em que o "juridiquês" chamou minha atenção. Entre o 2° e o 3° parágrafos, há a apresentação do ponto de vista principal de forma mais explícita, iniciada por uma relação de contraposição. O 4° parágrafo apresenta modalização assertivo-afirmativa, com o objetivo de iniciar uma parte mais instrucional a partir do 5° parágrafo, a fim de que o leitor perceba que é possível "suavizar" o "juridiquês".

- A conclusão sintetiza a visão central de que o português jurídico pode e deve ser mais compreensível para um número maior de pessoas, caso a parte instrucional da argumentação seja cumprida, além de retomar e reiterar a tese: "o português jurídico não precisa ser chato".

- Destaquei alguns dos elementos coesivos mais relevantes no próprio texto, a fim de que você observe a relação que eles têm no texto, consultando o tópico de coesão; além disso, destaquei os modalizadores discursivos – os vocábulos/expressões/enunciados que expressam opinião – e, ainda, a conclusão lógica a que se deve chegar após os argumentos e modalizações que explicitei no texto.

Muito bem! Vamos então para nosso próximo capítulo!

2

Ortografia oficial. Acentuação gráfica

2.1 O que é ortografia oficial?

No momento em que escrevi a versão para a primeira edição deste livro, eu escrevia, concomitantemente, um material para candidatos que fariam um concurso para a Assembleia Legislativa do Estado do Ceará, a convite de um dos melhores cursos preparatórios que existem no país hoje; nesse processo, recebi de uma aluna uma mensagem com a seguinte pergunta: "Professor, ao estudar a Ortografia Oficial eu estou estudando Redação Oficial também?". Respondi-lhe que, embora as questões de prova sobre Redação Oficial versassem mais sobre a parte "decoreba" do *Manual de Redação da Presidência da República* – normalmente o balizador para esse tipo de prova –, de fato, quando se estuda o que vamos ver neste capítulo, também se estuda Redação Oficial, uma vez que a **Ortografia Oficial** é, em última análise, o **conjunto de normas centradas na escrita culta**, ou seja, na maneira correta de se escrever qualquer palavra da Língua Portuguesa; tendo isso em mente e partindo do pressuposto de que os ditames da Redação Oficial têm de necessariamente observar a norma culta, logo, as próximas linhas terão o condão de lhe ajudar e muito! Fique ligado(a)!

Vale o meu ressalto: meu objetivo com esta obra é tão somente dar todas as ferramentas necessárias (retiradas das melhores e mais atuais fontes sobre o assunto) para que você não mais tenha dúvidas sobre a grafia de palavras que, vez por outra, derrubam candidatos incautos. Ademais, fica meu alerta: faça muitos exercícios para conseguir internalizar os conhecimentos aqui expostos, ok? Seu aprendizado da Ortografia Oficial depende, fundamentalmente, disso.

Assim como eu, tenho certeza de que muitos de meus atuais leitores foram alfabetizados antes da **nova reforma ortográfica**, atualmente em vigor nos países lusófonos (no Brasil, oficialmente, desde 2016) e, por isso, falaremos sobre ela em tópicos específicos. Recomendo a todos os meus alunos que, em caso de dúvidas persistentes, consultem a melhor fonte possível para esclarecê-las: o *VOLP* (*Vocabulário Ortográfico da Língua Portuguesa*); para consultá-lo, basta acessar a partir do seu buscador na internet.

Procurei, tanto quanto possível no formato dessa obra, apresentar respostas às principais dúvidas ortográficas que vejo "assombrarem" os candidatos e, ainda, norteei minha abordagem a partir das questões dos últimos anos de provas de concursos de todos os níveis e de diversas bancas, portanto, tenho certeza mais que absoluta de que *este capítulo abordará **todos** os tópicos relativos à correta escrita*, de modo que você não mais precise de outro material de apoio, ok?

Vamos nessa?

2.2 Aspectos da ortografia oficial e acentuação gráfica

Antes de mais nada, preciso falar algo importantíssimo: infelizmente algumas palavras *não* se encaixam nas regras ortográficas contempladas aqui neste livro, nem nas gramáticas normativas. Isso se deve ao fato de que nem todas as palavras da Língua Portuguesa seguem *ipsis litteris* as regras, havendo algumas que são as *famosas* exceções. Porém, isso não deve ser motivo para ansiedade, ok? No mais das vezes, os concursos exploram as palavras que estão de acordo com as regras. Vale o meu *bizu*: leia o mais que você puder nos meses e semanas anteriores à realização de sua prova, procurando não ficar apenas no lugar comum, aonde todo mundo vai – procure por veículos menos "badalados". Aqui no meu livro há textos dessas fontes, aproveite!

Vamos abordar o estudo da ortografia considerando:

- o alfabeto;
- o emprego de letras e dígrafos;
- a acentuação gráfica;
- o uso do hífen.

2.2.1 O alfabeto

O alfabeto da nossa língua, desde a reforma ortográfica, passou a ter 26 letras:

A B C D E F G H I J K L M N O P Q R S T U V W X Y Z

As letras **k**, **w** e **y**, mesmo antes da reforma, já eram empregadas no Português brasileiro (talvez por isso tenham sido "introduzidas") em situações diversas, como na grafia de certas siglas e de palavras de outros idiomas.

Exemplos: kg (quilograma), kw (kilowatt), show, kaiser, darwinismo etc.

2.2.2 Emprego de letras e dígrafos

A LETRA *H*:

O "h" é empregado:

- Por força da etimologia: *haver, hélice, hoje, hora, homem, humor, herbívoro...*
- Em interjeições: *hã?!, hem!, hum!, ah!, ih!, oh!...*
- Nos dígrafos **CH, LH, NH:** *chuva, malha, vinho...*
- Ligado por hífen à maioria dos prefixos: *pré-história, anti-horário, super-homem...*

Observação

- Os prefixos *co-, des-, ex-, in-, sub-, re-,* **dispensam o hífen e a grafia da letra *H*** em palavras que, primitivamente, apresentam a consoante: ***coerdeiro, desabitado, inábil, exaurir, subumano, reaver...***
- A união do prefixo *"sub"* + *humano* pode ser **sub-humano**, constituindo uma exceção.

A LETRA *S*:

O "s" é empregado:

- Nos sufixos nominais terminados em **-OSO(A)** e **-ISA:** *bondoso, valoroso, afetuoso, gasosa, poetisa...*

Observação

A palavra gozo e todas que lhe são derivadas constituem exceção.

- Após **ditongo:** *coisa, pouso, causa, lousa, ouse,...*
- Na conjugação dos verbos **PÔR** e **QUERER** (e derivados): *quiser, quisera, pus, pusera, puséssemos, quis, compôs...*
- Nos substantivos derivados de verbos que apresentam **ND** no radical: *defesa* (de *defender*), *pretensão, pretensioso*

(de *pretender*), *defesa, defensivo* (de *defender*), *compreensão, compreensivo* (de *compreender*), *difusão* (de *difundir*)...

- Em substantivos terminados em **ASE, ESE, ISE, OSE**: *crase, tese, crise, fimose, metamorfose, catequese*...

Observação

As palavras **deslize** e **gaze** constituem exceções.

- Em adjetivos pátrios (também chamados de "gentílicos") ou títulos de nobreza terminados em **ÊS** ou **ESA**: *milanês, português, burguesa, princesa, duquesa, inglesa, calabresa* (que tem origem na Calábria, Itália), *japonês, chinês*...

- No caso de verbos terminados em **ISAR**, apenas se os nomes correspondentes já possuírem **S** no radical: *avisar* (de aviso), *analisar* (de análise), *pesquisar* (de pesquisa), *paralisar* (de paralisia), *improvisar* (de improviso)...

Observação

Batizar (de batismo), *catequizar* (de catequese), *hipnotizar* (de hipnose), *sintetizar* (de síntese) constituem exceções, pois são grafadas com "**z**".

- Acompanhando o sufixo **INHO**, apenas se a letra S fizer parte do radical da palavra primitiva; caso contrário, a consoante que acompanhará o sufixo será **Z**: *lapisinho* (de lápis), *mesinha* (de mesa), *princesinha* (de princesa), *coisinha* (de coisa), *burguesinha* (de burguesa) etc.; **mas**: *cafezinho* (de café), *pezinho* (de pé), *indiozinho* (de índio) etc.

- Em palavras derivadas de verbos terminados em **CORRER, PELIR, ERTER, ERTIR**: *recurso* (de recorrer), *discurso* (discorrer), *compulsão* (de compelir), *compulsório* (de compelir), *inversão* (de inverter), *conversão* (de converter), *diversão* (de divertir)...

A LETRA Z:

O "z" é empregado:

■ No sufixo **EZ / EZA** em substantivos abstratos derivados de adjetivos: *acidez* (de ácido), *polidez* (de polido), *moleza* (de mole), *pobreza* (de pobre), *frieza* (de frio)...

■ Nos verbos terminados em **IZAR**, se não houver **S** no radical: *amenizar* (de ameno), *suavizar* (de suave), *concretizar* (de concreto), *hospitalizar* (de hospital)...

■ Palavras terminadas em **ZAL, ZEIRO, ZITO**: *açaizeiro, cafezal, cajazeiro, jardinzito, cãozito...*

A LETRA X E O DÍGRAFO CH:

O "x/ch" é empregado:

■ Depois de **ditongo**: *baixo, caixeiro, frouxa, feixe, peixe, seixo...*

Observação

Palavras como *recauchutar, guache e caucho* constituem exceções.

■ Se a sílaba inicial da palavra é **EN**: *enxergar, enxugar, enxoval, enxofre, enxovalhado, enxaguar...*

Observação

Se houver o dígrafo na palavra primitiva, a grafia será com ele: *enchente* (de encher – cheio), *encharcar* (de charco), *enchiqueirar* (de chiqueiro), *enchumaçar* (de chumaço) etc.

■ Se a sílaba inicial é **ME**: *mexer, mexido, mexilhão, mexerica, mexeriqueiro, México, mexicano...*

Observação

A palavra *mecha*, significando *"punhado de cabelos"*, é grafada com o dígrafo.

- Quando há aportuguesamento de palavras estrangeiras grafadas originalmente com "sh": *Xangai* (de Shangai), *xampu* (de shampoo), *xerife* (de sheriff) etc.

Observação

Há palavras que não podem ser classificadas em nenhuma regra (por isso recomendei que você lesse muito!) e há casos de homofonia – palavras cuja pronúncia é igual, a grafia é distinta e o significado é diferente: caso de *buxo* (arbusto) e *bucho* (tripa), *tacha* (prego pequeno) e *taxa* (imposto), *xá* (antigo título de nobreza persa) e *chá* (bebida), por exemplo, portanto, fique atento!

A LETRA C e o Ç:

O "c/ç" é empregado:

- Em palavras com **TO** no radical: *atenção* (de atento), *isenção* (de isento), *intenção* (de intento), *direção* (de direto), *exceção* (de exceto), *correção* (de correto)...
- Em substantivos e adjetivos derivados do verbo **TER**: *detenção* (deter), *retenção* (reter), *contenção* (conter), *abstenção* (abster)...
- Em palavras derivadas de vocábulos terminados em **TOR** e **TE**: *infração* (de infrator), *tração* (de trator), *redação* (de redator), *seção* (de setor), *marciano* (de marte)...
- Em palavras derivadas de vocábulos terminados em **TIVO**: *introspecção* (de introspectivo), *relação* (de relativo), *ação* (de ativo), *intuição* (de intuitivo)...
- Em palavras derivadas de verbos dos quais se retira a desinência **R** e coloca-se o sufixo **ÇÃO**: *reeducação* (de reedu-

car), *importação* (de importar), *repartição* (repartir), *partição* (de partir), *fundição* (de fundir)...

- Após **ditongo**, quando houver som de **SS**: *eleição, traição, coice, foice...*

- Com os sufixos **AÇO, ÇAR, ECER, IÇO, NÇA, UÇO**: *barcaça, ricaço, aguçar, empalidecer, emudecer, carniça, caniço, serviço, esperança, carapuça, dentuço...*

O DÍGRAFO *SS*:

É utilizado em:

- Verbos terminados em **PRIMIR, METER, MITIR, CUTIR, CEDER, GREDIR**: *impressão* (de imprimir), *depressão* (de deprimir), *compressa* (de comprimir), *promessa* (de prometer), *admissão* (de admitir), *repercussão* (de repercutir), *concessão* (de conceder), *agressão* (de agredir)...

- Prefixo terminado em vogal + palavra iniciada por **S**: *assimétrico* (a + simétrico), *ressurgir* (re + surgir), *autosserviço* (auto + serviço)...

AS LETRAS *G* e *J*:

Empregam-se em:

- Conjugação dos verbos terminados em **JAR**: *viajem* (de viajar), *encorajem* (de encorajar), *enferrujem* (de enferrujar)...; *viagem* é substantivo; palavras derivadas de vocábulos com **J** no radical: *lojista* (de loja), *canjica* (de canja)...

- Palavras com terminação **ÁGIO, ÉGIO, ÍGIO, ÓGIO, ÚGIO**; também em **AGEM, IGEM, UGEM**; verbos terminados em **GER, GIR**: *naufrágio, egrégio, vestígio, relógio, refúgio...*; *garagem, fuligem, ferrugem...*; *eleger, fugir...*; **exceção**: *laje(m), pajem, lambujem.*

AS LETRAS *E* e *I*:

São empregadas:

Ortografia oficial. Acentuação gráfica   49

■ Em algumas formas dos verbos terminados em **OAR** e **UAR**: *perdoem* (de perdoar), *continue* (de continuar)...

■ Em algumas formas dos verbos terminados em **AIR, OER, UIR**: *atrai* (de atrair), *dói* (de doer), *possui* (de possuir)...

■ Nas palavras terminadas em **EO**, acrescenta-se a vogal **I** e depois um sufixo (normalmente o **-dade**): *espontâneo* > *espontaneidade.*

2.2.3 Acentuação gráfica

Vejo este assunto mais comumente em provas de nível médio; parece que as bancas consideram que quem já tem o nível superior sabe empregar os acentos gráficos. No entanto, como muitos dos meus leitores também são avaliados em questões discursivas, vale não descuidarmos deste tópico.

Os acentos gráficos, também chamados de sinais diacríticos ou notações léxicas, servem para indicar, dentre outros aspectos, a pronúncia correta das palavras e a posição de sílabas tônicas. Veja comigo estes sinais e suas principais funções:

■ *Acento agudo*: empregado para marcar o timbre aberto na pronúncia das palavras.

É normal ver fogo-fátuo em cemitérios.

A Língua Portuguesa não tem mistérios.

■ *Acento circunflexo*: empregado para marcar o timbre fechado na pronúncia das palavras.

Meu bem querer tem um quê de pecado.

Pusilânime, apesar de gênio, o professor não era bem quisto na universidade.

50   Língua Portuguesa e Redação Oficial

Observação

Os acentos agudo e circunflexo marcam, sempre, a sílaba tônica das palavras.

■ **Acento grave**: empregado para indicar o processo linguístico da crase.

À**s** pressas, retornou **à** casa da irmã.
Ao se referir **à** possibilidade de uma nova CPMF, o ministro desconversou.

■ **Apóstrofo**: notação empregada para marcar a omissão de uma vogal. É comum em textos literários.

Deixa em paz meu coração / Que ele é um pote até aqui de mágoa /
E qualquer desatenção, faça não
Pode ser a gota **d'***água*... (Chico Buarque)
'**S**tamos em pleno mar... Do firmamento
Os astros saltam como espumas de ouro... (Castro Alves)

■ **Cedilha**: emprega-se para indicar que o **C** tem som de **SS**.

Foi a aviação de ca**ç**a da Grã-Bretanha que impôs a primeira derrota a Hitler...
A ta**ç**a do mundo é nossa; com brasileiro não há quem possa...

■ **Hífen**: suas aplicações mais comuns são a união de palavras em justaposição, a união de afixos em derivações e a separação das sílabas.

*Andorinha-do-mar, mal-estar, ver-te-ei...; anti-inflamatório, ex-presidente;
Ca-ro-li-na, An-dré...*

■ **Til**: emprega-se para indicar a vogal nasal.

No dia depois de amanhã, não havia mais calor.

Campeão em todas as categorias por onde passou, Ayrton Senna morreu numa manhã de domingo.

Atenção!

O til **não** é considerado acento gráfico!

- **Trema**: *marcava* **U** nos grupos **GUE, GUI, QUE, QUI** com o fito de indicar a semivogal.

Lingüística, **qüinqüênio**, bilíngüe, tranqüilo, freqüente, entre tantas outras são palavras que não têm mais o trema, definitivamente, desde janeiro de 2016; atualmente só é empregado em palavras de origem estrangeira, como nomes próprios (Müller, Kölher etc.).

Atenção!

- **Toda** palavra com pelo menos duas sílabas tem uma sílaba tônica; as únicas palavras em nosso idioma que não possuem sílaba tônica são as **monossílabas átonas**. Digo isso porque já vi questões de provas capciosas – as famosas *pegadinhas* – trabalharem a diferença entre *acento tônico* (também chamado de *acento prosódico*) e *acento gráfico*. Quaisquer palavras que não as exceções que apontei têm tonicidade, ou seja, possuem uma inflexão de pronúncia *mais forte* na sílaba tônica; ocorre que em casos específicos essa inflexão será marcada com o acento gráfico, que, obviamente, só aparece na escrita.

- Em nosso idioma *não existe* palavra que receba *mais de um* acento gráfico. [Sei que parece uma obviedade, mas não custa lembrar.]

- Certa vez, ministrando uma aula de produção textual para uma turma, fiz a seguinte afirmação: "Senhores e senhoras, deem valor à acentuação gráfica, porque um acento, ou a falta dele, muda todo o contexto de uma sentença e pode gerar falta de clareza, dependendo do contexto". Então. Vocábulos como *amem, ate, baba, fotografo*,

52   Língua Portuguesa e Redação Oficial

historia, inicio, medico, musica, negocio, policia, secretario entre tantas outras podem apresentar significado e classe gramatical diferentes se acentuados ou não. Já vi questões de concursos diversos com esse viés.

- Quando uma palavra, primitivamente acentuada, passa por processo de derivação e recebe o sufixo *-mente* ou o sufixo *-inho(a)*, a sílaba tônica automaticamente se torna '*men*' ou a que possui '*zi*' *(de zinho(a))*, como em ca**fé** (cafe**zi**nho) e **pú**blico (publica**men**te).

- Como já disse anteriormente, faço questão de frisar que, como o *til* NÃO é acento, ele não desaparece quando os sufixos aos quais me referi no item anterior se unem à palavra primitiva, como você pode constatar em *irmãozinho, anãozinho, balãozinho, orfãozinho* etc.

- Última parada: se você já viu formas verbais "estranhas" como *vê--la-íamos* (verbo ver), *concedê-lo-á* (verbo conceder), *comprá-la-íamos* (verbo comprar), *fá-lo-á* (verbo fazer), vale dizer que não se trata de *uma* palavra com *dois acentos* (sei que talvez alguém já tenha dito isso para você...), *não* é o caso; formas verbais com dois hifens mostram segmentos vocabulares distintos e, assim, cada segmento da palavra deve ser considerado isoladamente, razão pela qual é possível encontrar dois acentos gráficos.

As regras de acentuação gráfica têm o objetivo de sistematizar a leitura das palavras em nossa língua; *desta forma, baseiam-se na posição da sílaba tônica, no timbre da vogal, nos padrões prosódicos menos comuns da língua, na compreensão dos conceitos de encontros vocálicos etc.*

Vamos às principais regras:

a) Monossílabas tônicas

Recebem acento gráfico as que terminam em *-a, -e, -o,* seguidas ou não de *"s"*.

lá(s), pé(s), pó(s)...

Ortografia oficial. Acentuação gráfica   53

■ Monossílabas **átonas** não recebem acento gráfico, porque se apoiam em uma outra palavra e por não apresentarem o que os gramáticos chamam de "autonomia fonética". É fácil perceber a modificação do som do fonema quando ele é pronunciado:

"O (= U) noivo vestia-se de (= di) fraque."

Estas são todas as monossílabas átonas da Língua Portuguesa e suas respectivas classes gramaticais: *artigo (o, a, os, as, um, uns)*, *pronome oblíquo átono (o, a, os, as, lo, la, los, las, no, na, nos, nas, me, te, se, nos, vos, lhe, lhes e combinações)*, *pronome relativo (que)*, *preposição (a, com, de, em, por, sem, sob e contrações)*, *conjunção (e, nem, mas, ou, que, se)*, *advérbio ("não", antes do verbo)* e *formas de tratamento (dom, frei, são e seu)*.

Importante!

Os pronomes oblíquos átonos **não** contam como sílaba, quando em formas verbais enclíticas, ou seja, não são considerados para a acentuação gráfica nem para a posição da sílaba tônica do verbo. Assim sendo, a forma verbal **dá-lo** recebe acento por se encaixar na regra dos monossílabos, bem como o acento em **mantém-no** é empregado por conta da regra das palavras oxítonas.

----

b) Oxítonas

Recebem acento gráfico as terminadas em *-a, -e, -o (seguidas ou não de "s")*, *-em* e *-ens*.

Exemplo: Sofá(s), café(s), bongô(s), amém, parabéns etc.

c) Paroxítonas

Recebem acento gráfico, na penúltima sílaba, as terminadas em **ditongo** *(seguido ou não de s)*, em **tritongo**, em *-ã(s)* e

54   Língua Portuguesa e Redação Oficial

qualquer outra terminação (*l, n, um, r, ns, x, i, s, us, ps*), **exceto** *-a(s), -e(s), -o(s), -em(-ens)*; em outras palavras, as que você acentuar como oxítonas, não acentuará como paroxítonas.

Exemplo: vitória, áries, órfãos, órfã, ímãs, águam, enxáguem, fácil, hífen, álbum, caráter, fótons, xérox, júri, lápis, bônus, bíceps etc.

Observação

As formas verbais terminadas em ditongo **am** *não são acentuadas como* em **amam, cantam, comam** etc.

Não se acentuam prefixos paroxítonos terminados em **i** ou **r**, exceto quando substantivados; exemplo: -hiper (o híper), -mini (a míni)...

d) **Proparoxítonas**

Todas recebem acento gráfico na antepenúltima sílaba.

Exemplo: árvore, médico, ônibus, tártaro, zênite, prático etc.

e) **Regra dos hiatos tônicos em I e U (seguidos ou não de S)**

Recebem acento gráfico os hiatos "i" e "u" quando sozinhos em suas sílabas ou seguidos de "s", como em ata-ú-de, ba-ú, pos-su-í-da, ra-í-zes, ba-la-ús-tre, fa-ís-ca etc.

Porém, meu amigo/minha amiga, fique ligado(a) nisto:

- Os hiatos em *i*, seguidos de *nh* na sílaba seguinte, não deverão ser acentuados: ra-i-nha, ta-bu-i-nha...
- Quando se repete o *i* ou o *u*, não é necessário empregar o acento (salvo os proparoxítonos): xi-i-ta, va-di-i--ce, su-cu-u-ba... (i-í-di-che, fri-ís-si-mo, du-ún-vi-ro...).
- Depois de ditongos decrescentes, *nas palavras oxítonas*, o *i* e o *u* são acentuados: Pi-au-í, tui-ui-ú...

Ortografia oficial. Acentuação gráfica   55

Importante!

A **Nova Reforma Ortográfica** aboliu os acentos que existiam *nos hiatos das palavras paroxítonas* quando pospostos a *ditongo decrescente.*

Confira:

escrevia-se feiúra > **escreve-se agora feiura;**

escrevia-se bocaiúva > **escreve-se agora bocaiuva;**

escrevia-se Sauípe > **escreve-se agora Sauipe**, e por aí vai...

Não houve mudança quando o ditongo é crescente: Guaíra, Guaíba...

---

f) **Regra dos ditongos abertos éi, éu, ói**

Recebem o acento gráfico: *céu, méis, dói, Góis, troféu, herói* etc.

Importante!

A **Nova Reforma Ortográfica** aboliu *o acento gráfico quando os ditongos éi e ói são paroxítonos:*

Confira:

escrevia-se idéia > *agora escreve-se ideia;*

escrevia-se Coréia > *agora escreve-se Coreia;*

escrevia-se paranóia > - *etc.*

Caso a palavra **não** seja paroxítona, o acento permanece: *corcéis, chapéus, caubói etc.*

A **NOVA REFORMA ORTOGRÁFICA** aboliu, ainda, os acentos que se viam na primeira vogal dos grupos "ee" e "oo": vo-o, a-ben-ço-o, re-le-em, pre-ve-em etc.

---

g) **Acentos diferenciais**

A maioria destes acentos foi sumariamente abolida; **não** se usa mais o acento que diferenciava os seguintes pares:

Pára (verbo) / *Para* (preposição)

Péla (verbo) / *Pela* (preposição)

Pêlo (substantivo) / *Pelo* (contração da preposição)

Pólo (substantivo) / *Polo* (arcaísmo de pêlo)

Pêra (substantivo) / *Pera* (preposição arcaica + artigo)

OS ACENTOS DIFERENCIAIS QUE PERSISTEM:

■ Permanece o acento diferencial em *pôde/pode*. *Pôde* é a forma do passado do verbo poder (pretérito perfeito do indicativo), na 3ª pessoa do singular. *Pode* é a forma do presente do indicativo, na 3ª pessoa do singular.

Ontem ela não *pôde* visitar o pai, mas acho que hoje ela *pode*.

■ Permanece o acento diferencial em *pôr/por*. *Pôr* é verbo. *Por* é preposição.

■ Permanecem os acentos que diferenciam o singular do plural dos verbos *ter* e *vir*, assim como de seus derivados (manter, deter, reter, conter, convir, intervir, advir etc.).

Ele *tem* mil livros. / Eles *têm* mil livros.

Ela *vem* de Curitiba. / Elas *vêm* de Curitiba.

Ele sempre *mantém* suas promessas. / Eles sempre *mantêm* suas promessas.

Ele *provém* das Terras Sombrias. / Eles *provêm* das Terras Sombrias.

■ No caso do acento circunflexo para diferenciar as palavras *forma/fôrma* e a primeira pessoa do plural do presente do subjuntivo do verbo dar: *dêmos* ou *demos*. O emprego fica a critério do usuário, é, pois, facultativo. Em alguns casos, deve ser empregado em nome da clareza.

Qual é a *forma* da *fôrma* do bolo?

Os bons professores sempre esperam que nós **dêmos** (ou **demos**) o nosso melhor.

■ Não há mais o emprego do acento agudo no **u** tônico das formas verbais (tu) **arguis**, (ele) **argui**, (eles) **arguem**, do presente do indicativo do verbo arguir. O mesmo vale para o seu composto **redarguir**.

■ Há uma variação na pronúncia dos verbos terminados em **guar**, **quar** e **quir**, como *aguar, averiguar, apaziguar, desaguar, enxaguar, obliquar, delinquir etc.* Esses verbos admitem duas pronúncias em algumas formas do presente do indicativo, do presente do subjuntivo e também do imperativo. Veja:

☐ Se forem pronunciadas com **a** ou **i** tônicos, essas formas devem ser acentuadas.

Enxaguar: enxáguo, enxáguas, enxágua, enxáguam; enxágue, enxágues, enxáguem.

Delinquir: delínquo, delínques, delínque, delínquem; delínqua, delínquas, delínquam.

☐ Se forem pronunciadas com **u** tônico, essas formas deixam de ser acentuadas.

Enxaguar: enxaguo, enxaguas, enxagua, enxaguam; enxague, enxagues, enxaguem.

Delinquir: delinquo, delinques, delinque, delinquem; delinqua, delinquas, delinquam.

h) Tanto faz...

As seguintes grafias e pronúncias são igualmente corretas e facultativas para uso:

acróbata ou acrobata; boêmia ou boemia; ambrósia ou ambrosia; hieróglifo ou hieroglifo; Oceânia ou Oceania; xerox ou xérox; zângão ou zangão; zênite ou zenite; autopsia ou autópsia; biopsia ou biópsia;

ortoepia ou ortoépia; projétil ou projetil; réptil ou reptil; sóror ou soror; homília ou homilia; Madagáscar ou Madagascar; elétrodo ou eletrodo; homília ou homilia; anidrido ou anídrido (...)

l) O trema

Já falei anteriormente sobre o trema, e que ele, em nosso idioma, deixou de existir.

2.2.4 Emprego do hífen

Como também já mencionei, o hífen é um sinal gráfico (-) empregado especificamente com a finalidade de:

■ unir elementos de palavras compostas por justaposição;
■ unir prefixos a radicais de palavras;
■ ligar verbos a pronomes oblíquos átonos;
■ separar sílabas de palavras, especialmente nas translineações.

Houve muitas mudanças no emprego do hífen por conta do acordo ortográfico e, exatamente por isso, vou abordar todas elas. Confira a seguir:

O hífen é empregado para unir os elementos de palavras compostas por justaposição; a gramática normativa afirma que tais elementos *têm acentuação tônica própria e formam uma unidade significativa*, como nos exemplos **arco-íris, terça-feira, guarda-chuva, lebre-da-patagônia, pingue-pongue** etc.

Exceções:

■ O hífen não pode ser empregado nas palavras que perderam a noção de composição, como nos exemplos **pontapé, paraquedas, madressilva** etc.
■ O hífen deixou de ser empregado em certas palavras com elementos de ligação, como nos exemplos **pé de moleque, fim de semana, leva e traz** entre outros; infelizmente, como não poderia deixar de

ser, palavras como: *água-de-colônia, arco-da-velha, cor-de-rosa, mais-que-perfeito, pé-de-meia*, e outras mantiveram o hífen.

■ As palavras que nomeiam plantas ou animais sempre serão grafadas com hífen: *andorinha-da-serra, lebre-da-patagônia, dente-de-leão, olho-de-boi, pimenta-do-reino, cravo-da-índia* etc.

Ademais, emprega-se hífen:

■ com a palavra denotativa **EIS** quando seguida de *pronome oblíquo átono*: *eis-me, eis-vos, eis-nos, ei-lo* etc.

■ para a formação dos adjetivos compostos: *surdo-mudo, ítalo-germânico, azul-turquesa indo-europeu* etc.

■ as palavras formadas por prefixação, não todas, serão grafadas com hífen: *super-herói, micro-ondas, anti-inflamatório...*

Em tese, a nova ortografia teve por objetivo simplificar o emprego do hífen; são apenas *duas* as regras para emprego do hífen *com prefixos*:

a) Quando o elemento posterior se iniciar por **H**, como em pré-**h**istória, super-**h**omem, mal-**h**umorado etc.

b) Quando as letras no fim do prefixo e no início do elemento posterior forem as mesmas: anti-inflamatório, micr**o-o**ndas, hipe**r-r**ealismo, su**b-b**airro...

2.2.4.1 Palavras com prefixo terminado em vogal

Grafam-se assim:

■ Sem hífen diante de palavras iniciadas por *vogal diferente*: autoindução, antiaéreo, autoatendimento etc.

■ Sem hífen diante de palavras iniciadas por **consoante diferente de *r* ou *s***: autoproteção, semicolcheia, semifusa etc.

■ Sem hífen **diante de palavras iniciadas por *r* ou *s***; nesses casos, essas consoantes serão dobradas por força de pronúncia correta: antirracismo, autossuficiente, ultrassom, autorretrato etc.

- Com hífen **diante de palavras iniciadas pela *mesma vogal***: contra-ataque, macro-organização, micro-ondas etc.

2.2.4.2 Palavras com prefixo terminado em consoante

Grafam-se assim:

- Com hífen diante de **mesma consoante**: inter-regional, sub-bibliotecário...
- Sem hífen diante de **consoante diferente**: intermunicipal, supersônico...
- Sem hífen diante de **vogal**: interestadual, superinteressante...

2.2.4.3 Algumas observações importantes

- Palavras formadas com prefixos **AB**, **OB** e **AD** serão grafadas com hífen se diante de palavras iniciadas pelas consoantes *b*, *d* ou *r*: *ad-digital, ad-referendar, ob-repção, ab-reação* etc.
- Palavras que apresentem os prefixos **ALÉM, AQUÉM, EX, RECÉM, SEM, SOTO(A)** serão sempre grafadas com hífen: *além-vida, aquém-mar, ex-marido, recém-empossado, sem-teto, sota-vento* etc.
- Palavras grafadas com **BEM** seguirão estas regras: empregarão o hífen diante de palavras iniciadas pelas vogais **A**, **E** e **O** como nos exemplos *bem-arraigado, bem-aceito, bem-apessoado, bem-estar, bem-educado, bem-olhado, bem-ocupado* etc. Também serão grafadas com hífen se diante de palavras iniciadas pelas consoantes **B, C, D, F, H, M, N, P, Q, S, T** e **V**: *bem-bom, bem-comportado, bem-conceituado, bem-disposto, bem-dotado, bem-fazer, bem-falado, bem-humorado, bem-me-quer, bem-nascido, bem-parecido,*

bem-posto, bem-querer, bem-sonante, bem-sonância, bem-talhado, bem-visto, bem-vindo etc.

■ Palavras com o prefixo **CO** nunca empregam o hífen: *coordenação, cooperação, coparticipante, coautor* etc.

■ Palavras que apresentam os prefixos **CIRCUM** e **PAN** serão grafadas com hífen quando diante de palavras iniciadas pelas consoantes **m** ou **n** e quando diante de palavras iniciadas por *vogal*: *circum-marcação, circum-navegação, pan-arabismo* etc.

■ Palavras que apresentem os prefixos **DES-** e **IN-** seguidos por palavras iniciadas pela consoante **H não** se emprega hífen na grafia e o "h" some: *inábil, desumanização, desumano* etc.

■ Palavras iniciadas por **MAL** serão grafadas com hífen se diante de palavras iniciadas por *vogal*, ou pelas consoantes *h* ou *l*: *mal-agradecido, mal-estar, mal-intencionado, mal-olhado, mal-humorado, mal-lavado* etc.

Observação

■ Tenha cuidado, pois quando a palavra **mal** não formar um composto e ficar evidente que é usada como advérbio, não deve ser grafada com hífen, como nas sentenças "O salto foi *mal* executado pelas atletas" e "O orçamento do governo está *mal* planejado".

■ Se a palavra **mal** for sinônimo de doença, deve-se empregar o hífen na grafia, desde que não haja elemento de ligação (geralmente preposição) como nos exemplos *mal-francês* e *mal de Parkinson*.

■ Palavras iniciadas pelo prefixo **RE** jamais serão grafadas com hífen: *reestruturação, repatriação, recondicionamento* etc.

■ Palavras iniciadas pelo prefixo **SUB** serão grafadas com hífen se diante de palavras iniciadas pela consoante **r**: *sub-repticiamente, sub-rogar, sub-reitor, sub-representatividade* etc.

62   Língua Portuguesa e Redação Oficial

■ As palavras iniciadas pelos prefixos **PÓS, PRÉ e PRÓ** normalmente são grafadas com hífen, devendo-se observar se o timbre da pronúncia é **aberto**, pois, caso contrário, não há hífen. Veja os exemplos: *pré-definido, pré-jogo, pró-reitoria, pós-médio; posfácio, pospor, precondição, predizer, preeminente, preestabelecer, prenome, pressupor, procônsul, pronome, propor etc.*

■ As palavras que apresentam os prefixos **VICE, VIZO, GRÃ, GRÃO** são sempre grafadas com hífen: *vice-campeão, vice-presidente, vizo-rei, Grã-Bretanha, grã-cruz, grão-vizir etc.*

■ Sempre se emprega o hífen com os sufixos **AÇU, GUAÇU e MIRIM**, de origem indígena: *Mogi-Mirim, abaré-guaçu, ingá-mirim, Ceará-mirim, andá-açu.*

■ O hífen é obrigatório para ligar palavras que formam encadeamentos lógicos em contextos específicos, como nos exemplos *Eixo Roma-Berlim, ponte aérea Rio-São Paulo, lema Liberdade-Igualdade-Fraternidade.*

Reconheço, nobre leitor/leitora, que é muita informação; sim, será preciso esforço para dominar o conteúdo. Recomendo, mais uma vez, que procure perceber o quanto disso é comum nas provas anteriores da sua banca e, reconhecendo que há probabilidade de cair em seu concurso, procure memorizar e, para internalizar as informações, a "boa e velha" resolução de exercícios. Combinado?

2.3 Noções de fonética e fonologia

A **Fonética** estuda os aspectos sonoros e fisiológicos dos sons quando falamos uma palavra, levando em consideração a produção, a articulação e as variedades desses sons. Em outras palavras, a **Fonética** preocupa-se com os sons da fala no momento em que a pessoa pronuncia; por exemplo, quando um falante pronuncia a palavra "dia", se a consoante /d/ faz a palavra ser pronunciada: /d/ /i/ /a/ ou /dj/ /i/ /a/ é o que interessa.

A **Fonologia** estuda os **fonemas** (os sons propriamente ditos) de uma língua. Para a **Fonologia**, o **fonema** é uma unidade sonora que **não é dotada de significado**. Ou seja, os **fonemas** são os diferentes sons que um falante emprega para se expressar a partir da junção de unidades distintas. Essas unidades, juntas, formam as **sílabas** e as **palavras**.

Fonema é uma palavra cuja origem é grega (*fono* = som + *emas* = unidades distintas) e significa, literalmente, "**a menor unidade sonora**" que forma uma palavra qualquer. É com base na Fonologia que classificamos os **fonemas** como **vogais, semivogais e consoantes**, e essa classificação existe pelo fato de emitirmos diferentes tipos de sons ao pronunciá-los.

2.3.1 Ortoepia e prosódia

A **ortoepia** é a parte da fonologia que estuda a correta pronúncia de todas as palavras da Língua Portuguesa; a **prosódia** é a parte da fonologia que estuda a correta acentuação tônica das palavras, especificamente a posição correta da sílaba tônica nas palavras.

Por conta das comunicações de massa como televisão e internet, bem como pelo vício de falar errado que muita gente boa cultiva, é comum, por exemplo, ouvirmos a palavra *recorde* – palavra paroxítona – ser pronunciada como proparoxítona; isso ocorre, na minha opinião, por se tratar de uma espécie de pronúncia americanizada. Em outras situações, o que ocorre é um reflexo da falta de conhecimento da pronúncia correta, como no caso da palavra *rubrica* – outra paroxítona erradamente pronunciada como proparoxítona por muitas pessoas Brasil afora. Qualquer

64 Língua Portuguesa e Redação Oficial

que seja a origem do erro, é bom você ficar atento(a) a isso, pois já encontrei questões de prova abordando esse tipo de assunto.

Destaco no quadro abaixo os desvios mais comuns de ortoepia:

A pronúncia / grafia correta é...
Aleijar (e não "alejar")
Aterrissar ou aterrizar (e não "aterrisar") ***O erro ocorre apenas com o "s".**
Bandeja (e não "badeija")
Basculante (e não "vasculante" ou "vasculhante")
Bochecha (e não "buchecha")
Braguilha (e não "barguilha")
Bueiro (e não "boeiro")
Cabeleireiro (e não "cabelerero")
Caranguejo (e não "carangueijo")
Digladiar (e não "degladiar")
Empecilho (e não "impecilho")
Estupro (crime sexual) (e não "estrupo")***A palavra "estrupo" até existe, mas seu significado é outro.**
Lagartixa (e não "largatixa")
Lagarto (e não "largato")
Mendigo (e não "mindingo" ou "mendingo")
Meritíssimo (e não "meretíssimo" ou "meretríssimo")
Meteorologia (e não "meterologia" ou "metreologia")
Plebiscito (e não "plebicito" ou "presbicito")
Prazerosamente (e não "prazeirosamente")
Privilégio (e não "previlégio")
Reivindicar/reivindicação (e não "reinvindicar" ou "reinvir dicação")
Sobrancelha (e não "sombrancelha")
Superstição (e não "supertição")
Supetão (e não "sopetão" ou "sopitão")

Fatos da língua culta

Há algumas palavras e outras tantas expressões que são corriqueiras em provas de diversos concursos e que, por conta de suas particularidades múltiplas (há delas que se escrevem de quatro formas distintas!), causam muitas dúvidas. Não se aflija mais! As principais perguntas sobre essas dificuldades serão respondidas agora!

■ **Quando eu uso *"a"* ou *"há"*?**

Emprega-se a forma verbal "há" para tempo passado, e a preposição "a" para tempo futuro ou distância.

Há mais de 75 anos era perpetrado o maior crime de guerra de todas as guerras: Hiroshima e Nagasáki. / Em 31.08.1939 o mundo estava *a* um dia do início da Segunda Guerra Mundial. / Daqui *a* seis quilômetros chegaremos a Ouro Preto.

Importante!

A expressão "há anos atrás" é considerada vício de linguagem, portanto, **não** a empregue de maneira nenhuma!

■ **Quando eu uso *"a baixo"* ou *"abaixo"*?**

A expressão "a baixo" só deve ser usada se no período aparecer a expressão antônima "de cima"; em quaisquer outras situações, usa-se "abaixo".

Desconfiada, Arwen olhou o guardião *de cima* **a baixo**. / **Abaixo** da cidade circulam ratos e o metrô. / **Abaixo** a ditadura da corrupção!

■ **Quando eu uso *"acerca de"*, *"há cerca de"* ou *"(a) cerca de"*?**

Emprega-se *acerca de* quando existe a noção de assunto; já *há cerca de* tem seu uso vinculado à noção de aproximação numérica ou temporal, geralmente no passado; a forma *(a) cerca de* indica noção aproximada de distância ou tempo no futuro.

Na reunião falamos *acerca d*os impostos a pagar. / *Há cerca de* 20 anos os partidos Republicano e Democrata revezam-se no poder nos EUA. / O crime ocorreu *cerca de* cinco quilômetros daqui. / Ela está *a cerca de* três meses de ter o bebê.

■ **Quando eu uso *"a domicílio"* ou *"em domicílio"*?**

A forma *"a domicílio"*:

Emprega-se sempre que o verbo da oração exige a preposição "a" por força de sua regência.

Levamos o *pet shop a*o seu *domicílio*.

A intimação eleitoral irá *a domicílio*, a fim de convocar os mesários para as eleições 2022.

Observação

Sei que você já viu em variadas publicidades de empresas diversas (pizzarias, lavanderias, *pet shops*, mercados etc.) a forma "à **domicílio**", mas ela constitui um erro gigantesco de emprego do acento grave indicativo de crase, uma vez que não se usa o acento diante de nomes masculinos.

A forma *"em domicílio"*:

Emprega-se quando o verbo da oração não exige a preposição "a", simples assim.

Entregamos sua roupa, lavada e passada, *em* seu *domicílio*.

Observação

Sei que muita gente que escreve curte demonstrar uma suposta erudição e complicar, impondo regras inúteis, como a de que se deve observar se o verbo indica movimento ou não, se há "significação estática" ou "significação dinâmica" etc. Ignore solenemente – isso simplesmente não lhe ajudará em nada.

Ortografia oficial. Acentuação gráfica **67**

■ **Quando eu uso "*aonde*", "*onde*" ou "*donde*"?**

Já ouvi todo tipo de bobagens quanto ao emprego do "onde"; o que importa, meu/minha nobre, é: só se usa "onde" em referência a *lugares* físicos, virtuais ou literários. A partir disso, pense que "aonde" e "donde" só existem se houver regência verbal ou nominal que exija, respectivamente, as preposições "a" ou "de".

Minha casa é *onde* encontro paz e refúgio. / *Donde* vens? / Vou *aonde* quero ir. / O coração do homem é <u>*onde*</u> habitam os melhores e os piores sentimentos.

■ *Quando eu uso "ao encontro de" ou "de encontro a"?*

A expressão "ao encontro de" tem nexo semântico de convergência; "de encontro a" exprime divergência.

As ilicitudes dos integrantes do partido iam *de encontro à*s ideias por eles apregoadas.

Resolvemos ir *ao encontro d*o sentimento que sentíamos unir-nos, mesmo sabendo os desafios que teríamos de enfrentar.

■ **Quando eu uso "*afim*" ou "*a fim de*"?**

A forma adjetiva "afim" deve ser usada quando significar afinidade ou parentesco; já "a fim de" é um operador discursivo (uma locução prepositiva) cujo objetivo é indicar finalidade, objetivo ou propósito.

Tínhamos um trabalho *afim*, *a fim de* conquistar objetivos também *afins*.

A fim de conseguir a vaga, estudarei ainda mais.

■ **Quando eu uso "*ao invés de*" ou "*em vez de*"?**

A expressão "ao invés de" deve ser usada para indicar oposição, adversidade, contraposição e antonímia; "em vez de" deve ser usada para indicar substituição, equivale a "no lugar de".

Em vez de escrever livros técnicos, escreveu primeiramente romances.
Ao invés de acender as demais luzes da casa, apagou as que estavam acesas.

■ **Quando eu uso "*a par de*" ou "*ao par de*"?**

A expressão "a par de" significa "ter ciência de algo"; a expressão "ao par de" significa "estar pareado" e é muito corriqueira no jargão econômico.

Não lhe foi dada oportunidade de defender-se, pois covardemente não o puseram *a par d*o que o acusavam.

O euro jamais estará *ao par d*a libra esterlina, tanto quanto o real jamais voltará a estar *ao par d*o dólar.

■ **Quando eu uso "*a princípio*" ou "*em princípio*"?**

A expressão "a princípio" tem nexo semântico equivalente a "no começo"; "em princípio" equivale a "em tese, conceitualmente".

A princípio, optou por um caminho jurídico diferente.
Em princípio, todas as bancas de concurso deveriam publicar bibliografia de apoio para orientação dos candidatos.

■ **Quando eu uso "*ao nível de*" ou "*em nível de*"?**

A expressão "ao nível de" deve ser empregada se significa "estar à mesma altura"; "em nível de" se usa quando a ideia é de hierarquia.

Este resumo está *ao nível d*as melhores gramáticas.

As soluções, mesmo para estados e municípios, devem ser **em nível de** Governo Federal.

■ **Quando eu uso "à medida que" ou "na medida em que"?**

A forma *"à medida que"*: trata-se de uma locução conjuntiva de proporção, equivalendo a "à proporção que".

À medida que lia Verde, Amarelo, Sangue compreendia o quão podre é o cenário político brasileiro.

A forma *"na medida em que"*: trata-se de outra locução conjuntiva – com nexo causal – e equivale a "visto que", "já que" ou "porque".

O governo dos EUA apressou-se a acusar os chineses de disseminarem propositalmente o Covid-19 pelo mundo, *na medida em que* tinha fins eleitoreiros.

Observação

Sei que você já leu ou ouviu de muita gente boa as expressões "**na medida que**" ou "**à medida em que**", numa espécie de mistura das formas corretas acima, mas elas simplesmente não existem, não são abonadas pela norma culta, ok? Fique atento(a)!

■ **Quando eu uso *"por que" / "porque" / "por quê" ou "porquê"*?**

A forma *"por que"*:

Quando equivale a "por qual motivo ou razão", como em "– *Por que* tu estás tão desolada?" (é uma locução adverbial interrogativa de causa).

Quando equivale a "por qual", como em "O reverendo começou a perceber *por que* era perseguido." (É, neste caso, a combinação da preposição "por" + o pronome indefinido "que".)

Quando equivale a "pelo qual" (e suas flexões), como em "Na estrada *por que* passamos houve terrível acidente por causa da neblina e da fumaça" (trata-se da combinação da preposição "por" + o pronome relativo "que").

A forma "*porque*":

Quando equivale a "pois", como em "Fiz isso *porque* era o mais justo a fazer."

Quando equivale a "para que", como em "Só estou estudando tanto *porque* consiga uma vaga na carreira pública."

A forma "*por quê*":

Quando ao final de uma oração (antes de vírgula), como em "Sabes *por quê*, não sabes?".

Quando ao final de uma oração, mesmo não interrogativa, como em "A derrota para a Alemanha? Aqueles 7 x 1? Jamais entenderei *por quê*."

Quando ao final de uma oração interrogativa direta, como em "*Por quê*?"

A forma "*porquê*":

Quando acompanhada de um determinante qualquer (artigo, adjetivo, pronome adjetivo ou numeral), como em "Nunca entendi teus *porquês*" ou "Posso lhe dar um *porquê* que você entenderá." Por se tratar de um substantivo, pode variar.

■ **Quando eu uso "*se não*" ou "*senão*"?**

A forma "*se não*":

Trata-se de conjunção subordinativa condicional *"se"* + o advérbio de negação "não". Emprega-se para iniciar orações subordinadas adverbiais condicionais, estando os verbos dessa oração, na maioria das vezes, no modo subjuntivo (ou com valor subjuntivo, indicando hipótese). Aqui vale o meu *bizu*: caso seja possível remover o "não" da oração, a forma será sempre *"se não"*.

Se não entender a explicação do professor, pergunte!

Iremos viajar em breve, *se não* ocorrer outro imprevisto.

Observação

Faço questão de abrir um adendo aqui. Repare na expressão sublinhada na oração abaixo:

Ele pensava se não era melhor sair dali.

Certamente você percebe que o nexo semântico é muito diferente do que o apresentado nos exemplos anteriores, não é mesmo? Isso porque, no caso que destaquei, o que se vê é uma conjunção integrante (aquela que introduz as orações subordinadas substantivas) seguida do advérbio "não". Embora alguns gramáticos tidos como mais contemporâneos queiram "inventar" e dizer que esta expressão deve ser olhada como o par "se não" x "senão", não há como colocá-la *no mesmo patamar*. Vou mais além: vi outra bobagem do gênero, observe:

Essa mulher é daquelas em quem se não pode confiar.

Ora, esse caso é ainda mais emblemático do que chamei de "invenção"; esse tipo de construção, quase arcaica, jamais será confundida com o par em questão que, diga-se de passagem, é o que verdadeiramente pode aparecer em concursos públicos. No caso acima, vemos um pronome oblíquo átono seguido do advérbio não – em uma ordem não usual, reitero. A ordem correta (direta) esclarece o "problema": *Essa mulher é daquelas em quem não se pode confiar* (agora, sim!). Em outras palavras, meu amigo, minha amiga, não dê ouvidos a tudo o que andam inventando por aí, pelo simples fato de que tais informações "a mais" simplesmente não irão lhe ajudar no seu objetivo – alcançar sua vaga no serviço público.

Voltando ao assunto...

A forma *"senão"*:

Trata-se de expressão com nexo semântico de oposição, contraste ou contraponto; pode, num outro nexo semântico quase correlato, indicar excepcionalidade, exceção. Ademais, meu/minha nobre, tenha em mente que o "senão" é empregado em **quaisquer outras situações diferentes do "se não"**, que abordei anteriormente. Simples assim.

Nada daquela discussão a atingiria *senão* as palavras de baixo calão proferidas pelo marido.

O Brasil não precisa de políticos mentirosos, *senão* de homens honestos.

Veja outros usos:

O desembargador mandou o processo de volta à primeira instância, apontando diversos *senões* na sentença do juiz. (Neste caso, "senões" é um substantivo.)

Viajou por 40 países, **senão** 50.

O professor Ben Noach não escreve apenas materiais didáticos, *senão* romances.

- ▪ **Quando eu uso *"mal"* ou *"mau"*?**

A forma *"mal"*:

Trata-se de um advérbio quando em oposição a "bem"; pode ser uma conjunção subordinativa temporal, normalmente equivalente a "assim que", "logo que" ou "quando"; pode ainda ser um substantivo quando vier acompanhado por um determinante qualquer.

Não queiras *mal* a quem só te quer bem... (advérbio)

O time jogou tão **mal** que nem parecia o mesmo do ano anterior.
(advérbio)

Mal cheguei a casa, tive de sair novamente. (conjunção)

Conseguiu a aprovação, **mal** acabara de se formar. (conjunção)

Não te deixes vencer pelo **mal**, vence, porém, o **mal** com o bem.
(substantivos)

Observação

Apesar de, contextualmente "mal" estar em oposição a "bem", neste exemplo ambas as palavras nas três ocorrências do período (*mal, mal e bem*) são substantivos formados pelo processo de derivação imprópria, substantivados, respectivamente, pelo artigo "o" existente em "pelo" e anteposto a "mal" e "bem".

Este **mal** que impregna o século XXI, o estresse, tem matado muita gente. ("mal" está substantivado pelo pronome adjetivo "este".)

Observação

Ao nomear doenças, "mal" será sempre substantivo: *Mal de Alzheimer, Mal de Parkinson, Mal de Pott...*

A forma "***mau***":

Trata-se de um adjetivo, quando qualifica um substantivo ou expressão substantivada; pode ser um substantivo também, caso esteja vinculado a um determinante.

Era um gato **mau**, comia todos os passarinhos que alcançava. (adjetivo)

O meliante **mau** não teve a decência de confessar o crime. (adjetivo)

Os **maus** nem sempre recebem a justa paga por seus atos. (substantivo)

74   Língua Portuguesa e Redação Oficial

■ **Quando eu uso *"mais"* ou *"mas"*?**

A forma "**mais**":

Trata-se de advérbio de intensidade ou pronome adjetivo indefinido. Quando advérbio, é de intensidade; quando pronome (pois aparece ligado a um substantivo ou expressão substantiva), seu nexo semântico indica quantidade não mensurada.

Minha vida ficou *mais* feliz quando eu encontrei a Carolina. (advérbio de intensidade)

O que o mundo precisa é de *mais* amor. (pronome adjetivo indefinido)

Observação

Em "Depois de se ver processada, pode ser que Beatriz não vá *mais* sonegar impostos", a ocorrência do "mais" tem valor temporal, ou seja, é um advérbio de tempo.

A forma "**mas**":

Trata-se de uma conjunção coordenativa adversativa se equivale a "porém"; se estiver posposta às expressões "não apenas", "não somente" ou "não só", será uma conjunção coordenativa aditiva.

Queria ser aprovado, *mas não conseguia estudar o suficiente.*

Não apenas sou professor, *mas* escritor também.

■ **Quando eu uso *"malgrado"* ou *"mau grado"*?**

A forma "**malgrado**":

Trata-se de uma conjunção subordinativa concessiva quando equivale a "embora" ou "ainda que"; pode ser ainda uma preposição acidental se estiver anteposta a formas verbais de infinitivo.

Malgrado tenha partido cedo, Rodrigo deixou belo legado.

Malgrado ter partido cedo, Rodrigo deixou belo legado.

A forma "**mau grado**":

Trata-se tão somente de um adjetivo associado a um substantivo, sinônimo de "má vontade", indicativo de algo feito de maneira forçada, a contragosto, ou ainda, "contra a vontade". Poderá vir com preposição anteposta.

Ao perceber que não receberia nenhuma gratificação, o garçom passou a atender *de mau grado*.

Mau grado meu, Selmo resolveu fazer Educação Física!

■ **Quando eu uso *"porventura"* ou *"por ventura"*?**

A forma "**porventura**":

Trata-se de um advérbio e significa "por acaso", "por hipótese" ou "possivelmente", normalmente se emprega em frases interrogativas.

Porventura não é este o filho do carpinteiro?

É assim, então, que *porventura* agiste com ela?

A forma "**por ventura**":

Trata-se de uma preposição + substantivo e equivale a 'por sorte'.

Por ventura trouxe o guarda-chuva, começou a garoar.

Já tive o privilégio de estar em Oxford, *por ventura* minha.

■ **Quando eu uso *"por quanto"* ou *"porquanto"*?**

A forma "**por quanto**":

Trata-se de preposição + pronome indefinido (ou interrogativo) e tem valor semântico de quantidade, via de regra, é associada a valores.

Vais vender tua casa *por quanto*?

Por quanto ela vai precificar o carro?

A forma "**porquanto**":

Trata-se de uma conjunção coordenativa explicativa e equivale a "pois". Alguns gramáticos veem no "porquanto" o nexo causal.

Não brigo por causa de futebol, *porquanto* isso é tolice.

Nunca tive medo de recomeçar, *porquanto* mais que saber o que quero, sei aquilo que não quero.

■ **Quando eu uso "*tampouco*" ou "*tão pouco*"?**

A forma "**Tampouco**":

Trata-se de um advérbio de negação, com significado equivalente a "também não".

A prova objetiva não estava difícil, *tampouco* a subjetiva.

A forma "**tão pouco**":

Trata-se de uma locução adverbial de intensidade, podendo também aparecer sob a forma de advérbio de intensidade + pronome adjetivo indefinido (se associado a substantivo), normalmente, indica quantidade.

Faltou *tão pouco* para minha aprovação!

■ **Quando eu uso "*nem um*" ou "*nenhum*"?**

A forma "**nem um**":

Trata-se de advérbio de inclusão + artigo indefinido ou numeral, equivalendo normalmente a "pelo menos um" ou "sequer um".

Não sobrou **nem um** prédio de pé após a explosão no porto de Beirute.

A forma "**nenhum**":

Trata-se de um pronome adjetivo indefinido e, como tal, pode ser flexionado tanto em gênero como em número.

Não sou tolo de aceitar **nenhuns** contratos para ser *ghost writer* de quem não sabe escrever.

Nenhuma guerra deveria ser justificável.

■ **Quando eu uso "*por tanto*" ou "*portanto*"?**

A forma "*por tanto*":

Trata-se de preposição + pronome adjetivo indefinido, com nexo semântico de causa ou quantidade.

Por tanto respeito demonstrado por ti, achei que tua atitude seria outra.

A forma "*portanto*":

Trata-se de uma conjunção coordenativa conclusiva, e equivale a "logo" ou a "pois" posposto ao verbo.

Tenho grande força de vontade e disciplina, irei, *portanto*, conseguir a vaga que desejo.

■ **Quando eu uso "*com tudo*" ou "*contudo*"?**

A forma "*com tudo*":

Trata-se de preposição + pronome substantivo, indican-do quantidade.

O time veio *com tudo* para vencer este campeonato.

A forma "*contudo*":

Trata-se de conjunção coordenativa adversativa, e equivale a "todavia", "porém" ou "mas".

Vivemos numa era digital audiovisual, *contudo* não se deve abandonar os livros impressos.

■ **Quando eu uso "*se quer*" ou "*sequer*"?**

A forma "*se quer*":

Trata-se da conjunção subordinativa condicional "se" + a flexão verbal de "querer".

Se quer o procedimento bem feito, faça-o você mesmo.

A forma "*sequer*":

Trata-se de uma palavra denotativa cuja significação é equivalente a "pelo menos" ou "ao menos".

Ela *não* visitou o túmulo do pai uma vez *sequer*.

Sem sequer um gesto de despedida, retirou-se altivamente da reunião.

O feminicídio teria sido impedido se os vizinhos tivessem *sequer* a iniciativa de chamar a polícia aos primeiros sinais da agressão.

Observação

Como você pôde perceber, "**sequer**" é muito usado em frases de negação, porém, o fato de empregá-lo NÃO nos autoriza a retirada das palavras negativas; sei que você já deve ter lido ou ouvido frases como "Ela **sequer** estudou e passou no concurso" ou "Naquela UPA **sequer** havia um médico", porém, tais construções estão erradas! Corrigindo-as: "Ela **nem sequer** estudou e passou no concurso" e "Naquela UPA **não** havia **sequer** um médico".

Ortografia oficial. Acentuação gráfica · **79**

■ **Quando eu uso "*sessão*", "*seção*", "*secção*" ou "*cessão*"?**

A forma "*sessão*":

Emprega-se quando se trata de um período de tempo.

A *sessão* plenária começou às 16h e não tem hora para acabar.

As *sessões* dos filmes da Marvel têm, geralmente, cenas pós-créditos.

A forma "*seção*":

Emprega-se quando se trata da parte de um todo.

A *seção* de verduras e legumes daqui é muito boa. (parte de um mercado)

A *seção* de classes de palavras do livro do prof. Ben Noach virá a seguir. (parte desta obra)

A forma "**secção**":

Praticamente em desuso (substitui-se por "seção"), ainda é encontrada principalmente na literatura médica e nomeia a ação relativa ao verbo "seccionar" (cortar).

O médico fez uma *secção* delicada na paciente.

A forma "*cessão*":

Emprega-se para nomear o ato do verbo "ceder".

Antes de morrer, fez a *cessão* dos direitos autorais de suas obras para os herdeiros.

■ **Quando eu uso "*sobre tudo*" ou "*sobretudo*"?**

A forma "*sobre tudo*":

Trata-se de preposição + pronome substantivo, com nexo semântico equivalente a "a respeito de".

Sobre tudo o que li de *Os Últimos Pores do Sol*, gostei mais da verossimilhança que vi em vários capítulos.

A forma *"sobretudo"*:

Trata-se de uma palavra adverbial, equivalente aos advérbios "mormente", "principalmente" ou "especialmente"; é, ainda, um substantivo que nomeia uma espécie de vestimenta apropriada aos climas frios.

A coleção "Método Essencial" é excelente, *sobretudo* porque substitui os compêndios mais enfadonhos sem perda de conteúdo ou qualidade!

Sempre que vou à Inglaterra ou a Israel não me esqueço de levar os *sobretudos*.

3

Morfologia e flexão nominal

3.1 Estrutura e processo de formação de palavras

Quando se estuda a formação das palavras, é preciso que, primeiro, se estude a estrutura das palavras. Embora não seja muito comum esse assunto em concursos, às vezes ele aparece; por isso, vamos lá!

As palavras são formadas por morfemas, unidades mínimas de significação; *trocando em miúdos*, são as partes que compõem uma palavra. Os elementos estruturais (morfemas) são estes: **radical, afixos, desinências, vogal temática, tema e interfixos.**

Exemplo: govern-o, govern-a, des-govern-o, des-govern-a-do, govern-a-dor, govern-a-dor-es, in-govern-á-vel, in-govern-a-bil-i-dade...

E aí, conseguiu achar todos os morfemas? É bom dizer que tais palavras acima são *cognatas*, ou seja, apresentam o mesmo radical, pertencem à mesma "família" de palavras.

Classificação dos morfemas

a) Radical

É o morfema responsável pela significação principal de uma palavra, permitindo a formação de novas palavras. No caso citado, o radical é **govern-**.

82   Língua Portuguesa e Redação Oficial

b) Afixos

São morfemas ligados antes ou depois do radical capazes de modificar o seu significado, formando palavras novas; subdividem-se em:

■ **Prefixos**: são morfemas colocados antes do radical
    Exemplo: **des**-governo

■ **Sufixos**: são morfemas colocados depois do radical
    Exemplo: governa-**dor**

c) Desinências

São morfemas que indicam as flexões das palavras variáveis (substantivos, adjetivos, numerais, pronomes e verbos); subdividem-se em:

■ **Desinências nominais**: indicam as flexões de número (plural (-s)) e de gênero (feminino (-o/-a)) dos nomes.
    Exemplo: governador (masculino/singular); governado**ras** (feminino/plural)

■ **Desinências verbais**: indicam as flexões de tempo/modo e número/pessoa dos verbos.
    Exemplo: govern-á-**va-mos**

■ **Desinência modo-temporal**: indica o modo e o tempo verbais; não há DMT em todos os tempos e modos.

Tempo	Modo Indicativo	Modo Subjuntivo	Formas Nominais
Presente (1ª conj.)	–	e	**infinitivo**
Presente (2ª e 3ª conj.)	–	a	r
Perfeito		–	
Imperfeito (1ª conj.)	va (ve)	sse	**gerúndio**
Imperfeito (2ª e 3ª conj.)	a (e)	sse	ndo

Morfologia e flexão nominal   **83**

Tempo	Modo Indicativo	Modo Subjuntivo	Formas Nominais
Mais-que-perfeito	ra (re) (átono)	–	
Futuro do presente	ra (re) (tôn.)	–	**particípio**
Futuro do pretérito	ria (rie)	–	(a/ i)do*
Futuro do subjuntivo		r	

Observação

Para alguns gramáticos, o **a** e o **i** do particípio são vogais temáticas; esta desinência de particípio (do) pode mudar, dependendo do verbo.

Desinência número-pessoal: indica o número e a pessoa do verbo, vem depois da DMT; não há DNP em todos os tempos e modos; o modelo a seguir é só um padrão de conjugação.

Tempo	Singular	Plural
Presente do indicativo	1ª p.: o / 2ª p.: s	1ª p.: mos / 2ª p.: is / 3ª p.: m
Pretérito perfeito do indicativo	1ª p.: i / 2ª p.: ste 3ª p.: u	1ª p.: mos / 2ª p.: stes / 3ª p.: ram
Futuro do presente do indicativo	1ª p.: i / 2ª p.: s	1ª p.: mos / 2ª p.: is / 3ª p.: o
Futuro do subjuntivo e Infinitivo flexionado	2ª p.: es	1ª p.: mos / 2ª p.: des / 3ª p.: em
Imperativo afirmativo	–	1ª p.: mos / 2ª p.: i, de

Observação

Os tempos que aqui não foram mencionados (pretérito imperfeito, mais-que-perfeito, futuro do pretérito, presente do subjuntivo e pretérito imperfeito do subjuntivo) seguem um modelo (paradigma) de desinências, que é: *2ª pessoa do singular: **S**, 1ª pessoa do plural: **MOS**, 2ª pessoa do plural: **IS**, e 3ª pessoa do plural: **M**. Falarei mais sobre o imperativo à frente.*

d) Vogal temática

É o morfema que serve de elemento de ligação entre o radical e as desinências. Veja algumas informações importantes sobre vogal temática nos vocábulos nominais e também nos verbos:

No caso dos **vocábulos nominais:**

Ao conjunto **radical + vogal temática** dá-se o nome de **tema**.

■ **-A, -E, -O**, quando átonos finais, como mes<u>a</u>, bas<u>e</u>, livr<u>o</u>, são **vogais temáticas nominais**. É a essas VTs que se liga a desinência indicadora de plural: livro-s, base-s, mesa-s. O -a só será desinência de gênero se opuser masculino e feminino (gato/ gat<u>a</u>).

■ Nomes terminados em consoante ou em vogal tônica são atemáticos, ou seja, não formam temas. Exemplo: cor, raiz, cipó, tupi...

■ Os nomes terminados em **-r, -z**, ou **-l** apresentam vogal temática somente no plural: cor/ cor<u>e</u>s, juiz/ juíz<u>e</u>s, mal/ mal<u>e</u>s, sal/ sa<u>i</u>s...

No caso dos **verbos:**

■ É uma vogal que vem após o radical, cujo objetivo é a eufonia (permite uma boa pronúncia do verbo) e, também, indica qual vai ser o modelo (paradigma) da conjugação (1ª conjugação: **-A** / 2ª conjugação: **-E** / 3ª conjugação: **-I**).

Exemplo:

AMAR: Eu am<u>a</u>rei, tu am<u>a</u>ste, ele am<u>a</u>, nós am<u>a</u>mos...

COMER: Eu com<u>e</u>ra, tu com<u>e</u>ras, ele com<u>e</u>ra, nós com<u>ê</u>ramos... (pretérito mais-que-perfeito do indicativo)

PARTIR: Eu part<u>i</u>rei, tu part<u>i</u>rás, ele part<u>i</u>rá, nós part<u>i</u>remos... (futuro do presente do indicativo)

e) **Vogal/consoante de ligação (interfixos)**

Morfologia e flexão nominal 85

É um morfema de origem geralmente eufônica, ou seja, facilita ou mesmo possibilita a emissão vocal de determinadas palavras, proporcionando um bom som.

Exemplo: cafeteira, paulada, tecnocrata, pezinho, gasômetro, gaseificar, pobretão...

Vejamos agora os **processos de formação de palavras** (os dois primeiros são recorrentes em concursos das mais diversas áreas):

a) Derivação

Consiste, basicamente, na modificação de determinada palavra primitiva por meio do acréscimo de afixos; subdivide-se em:

■ **Derivação prefixal ou prefixação:** resulta do acréscimo de prefixo à palavra primitiva.

Exemplo: **re**por, **dis**por, **com**por, **contra**por...

■ **Derivação sufixal ou sufixação:** resulta do acréscimo de sufixo à palavra primitiva.

Exemplo: unh**ada**, alfabetiz**ação**, bebe**douro**, desenvol**vimento**...

■ **Derivação parassintética ou parassíntese:** ocorre quando a palavra derivada resulta do acréscimo *simultâneo* de prefixo e sufixo à palavra primitiva, de tal forma que a palavra não existe só com o prefixo, nem só com o sufixo.

Exemplo: **abençoar** (de bênção), **enfileirar** (de fileira), **amanhecer** (de manhã), **descampado** (de campo)...

Observação

É muito comum as bancas de concursos tentarem confundir os candidatos apresentando questões que exijam o conhecimento da diferença entre

derivação parassintética e **derivação prefixal e sufixal**. Palavras como *infelizmente* e *deslealdade* desdobram-se em: **in**feliz/ felizmente e **des**leal/ leal**dade**, o que não ocorre com palavras parassintéticas; veja: *empobrecer* (existe **em**pobre ou pob**recer**? não! ... logo, se retirarmos um dos afixos, não existirá a palavra em nossa língua.) Assim, fique atento/atenta a este tópico.

- ■ **Derivação regressiva (regressão):** ocorre quando se retira a parte final de uma palavra primitiva (verbo indicando ação), obtendo por essa redução uma palavra derivada (substantivo abstrato indicando ação).

  Exemplo: buscar > busca, vender > venda, apelar > apelo, resgatar > resgate, beijar > beijo...

- ■ **Derivação imprópria (ou conversão):** ocorre quando determinada palavra, sem sofrer acréscimo ou supressão em sua forma, muda de classe gramatical ou de classificação morfológica.

  Exemplo: os **maus** (adjetivo > substantivo), festa **surpresa** (substantivo > adjetivo), a **amada** (particípio > substantivo), o **poder** (infinitivo > substantivo), falar **sério** (adjetivo > advérbio), os **poréns**, os **nãos** (palavras invariáveis > substantivos)...

Observação

Alguns bons gramáticos defendem que há derivação imprópria se um substantivo próprio for empregado como se fosse comum ou vice-versa, como na frase "João levou uma rosa para sua namorada *Rosa*" ou "Isso está uma bagunça, virou *brasil*"; na primeira ocorrência, o substantivo comum "rosa" foi usado como próprio, ocorrendo o contrário na segunda ocorrência. Repare que não houve mudança de classe gramatical, apenas uma mudança de classificação morfológica da palavra dentro da mesma classe gramatical. Há ainda conversão também quando há mudança de substantivo concreto para abstrato ou mudança de sentido quando há mudança de gênero.

b) Composição

É a união de dois ou mais radicais; subdivide-se em:

■ **Composição por justaposição**: os radicais permanecem absolutamente inalterados estrutural e foneticamente.
Exemplo: segunda-feira, mestre-sala, girassol, passatempo, vaivém, dezoito...

■ **Composição por aglutinação**: ocorre a fusão dos radicais, geralmente com a alteração estrutural e fonética de um deles.
Exemplo: vinagre (vinho+acre), aguardente (água+ardente), planalto (plano+alto), fidalgo (filho de algo), embora (em boa hora)...

Outros processos:

c) Onomatopeia

É a palavra que procura imitar sons.

Exemplo: cacarejar, zumbir, cochichar, miar, coaxar, zurrar, tique-taque, teco-teco, reco-reco, pingue-pongue, blablablá, zunzunzum...

Observação

Quando as palavras apresentam repetição (como em tique-taque), são chamadas por alguns gramáticos de **reduplicação**.

---

d) Abreviação

As reduções ocorreram e ocorrem pelo processo natural de evolução da língua. Veja alguns exemplos clássicos:

88   Língua Portuguesa e Redação Oficial

Exemplo: moto (motocicleta), pneu (pneumático), foto (fotografia), otorrino (otorrinolaringologista), quilo (quilograma), cinema (cinemateca/cinematógrafo) etc.

Observação

Não confunda *abreviatura* com *abreviação*. *Abreviatura* é a redução da grafia de certas palavras como Rev. (de Reverendo), Sr. (de Senhor), Dra. (de doutora) etc.

---

e) Siglonimização

É o nome que se dá ao processo de formação de siglas. As siglas são formadas pela combinação das letras iniciais de uma sequência de palavras que constitui um nome.

Exemplo: PETROBRAS, FGTS, CPF, PIB, UFRJ, UERJ, TAM, DETRAN, CNH etc. Quanto à pronúncia e à grafia das siglas, pode-se ler letra por letra (como em CNH) ou, quando possível, como palavras comuns (como em PETROBRAS); para escrever, pode-se empregar a primeira maiúscula e as outras minúsculas, desde que a sigla tenha mais de três letras e seja pronunciável como se fosse uma palavra normal (Detran, Uerj, Petrobras...).

f) Hibridismo

É a formação de palavras com elementos de línguas diferentes. Raríssimos são os concursos que trazem questões desse assunto. Veja alguns exemplos:

Exemplo: sociologia (latim e grego), automóvel (grego e latim), televisão (grego e latim), burocracia (francês e grego), bananal (africano e latim), sambódromo (africano e grego), goiabeira (tupi e português)...

3.2 O que são classes de palavras?

As designações "classes de palavras, ou classes gramaticais, ou classes morfológicas, ou categorias gramaticais" dizem respeito aos grupos de palavras da Língua Portuguesa que mantêm traços e propriedades comuns na forma, no sentido e na função dentro de um enunciado (uma frase, oração ou período).

Por exemplo, quando dizemos que *cadeira, mesa, cama, cão, gato* são substantivos, é porque percebemos que tais palavras dão nome a seres (animados ou não) que pertencem à nossa realidade, e que tais palavras podem ser flexionadas, isto é, podem mudar em gênero, número ou grau.

No presente momento, o dicionário Houaiss *considera* que existem mais de 400 mil palavras em uso, havendo quem conte cerca de 600 mil; a maioria delas são encaixadas na classe ou grupo de palavras que servem para designar ou nomear, os substantivos; mais de 10 mil palavras são agrupadas entre os verbos, classe caracterizada por apresentar vocábulos que indicam ação, estado, fenômeno natural, dentro de uma perspectiva temporal... e por aí vai. As palavras se encaixam em classes conforme suas características formais e de significação.

Para quem vai fazer um concurso público, o que importa mesmo é saber que há 10 classes gramaticais:

- Substantivo
- Adjetivo
- Artigo
- Numeral
- Pronome
- Verbo
- Advérbio

- Preposição
- Conjunção
- Interjeição

Conforme você visualiza no quadro a seguir, há aquelas que podem ser flexionadas e as que não podem; observe:

Variáveis	Invariáveis
Substantivo	Advérbio
Adjetivo	Preposição
Artigo	Conjunção
Numeral	Interjeição
Pronome	
Verbo	

Nesta obra, abordarei mais sobre umas que outras em função do fim a que se destina este material, e também por conta do que vejo comumente aparecer nos certames. Obviamente você, concurseiro(a) antenado(a), perceberá que diversas outras provas também cobram apenas o que comentarei aqui, o que vai ao encontro de um objetivo pessoal meu: fazer com que você, meu leitor, minha leitora, não precise buscar em qualquer outra fonte aquilo que é suficiente para sua aprovação; sem enrolação e sem que você se perca em mil páginas de teorias que, simplesmente, não nos ajudarão em nossa jornada. Ademais, vamos tratar ainda da *flexão nominal*, justamente para que possamos *matar dois coelhos com uma só cajadada*!

3.3 Substantivo

Palavra que:

- nomeia tudo o que existe ou que imaginamos existir;
- normalmente varia em gênero, número e grau;
- geralmente vem acompanhada de um determinante qualquer (artigo, pronome adjetivo, numeral e/ou adjetivo);
- via de regra, se encontra no núcleo dos termos sintáticos.

Morfologia e flexão nominal **91**

Exemplo:

A *retaliação* daquele *país* causou enorme *repercussão* na *opinião* pública mundial.

Note que a palavra "retaliação" 1) designa/nomeia uma ação, 2) pode variar de forma se a frase toda for passada para o plural, 3) está acompanhada de um determinante (artigo) e 4) é núcleo do sujeito do verbo "*causou*". Percebeu?

Importante!

Fico muito à vontade para lhe dizer que, quando uma questão sobre substantivo aparecer em sua prova, provavelmente a banca procurará saber se você consegue identificar um substantivo em detrimento de outras classes gramaticais. Então, fique atento(a) ao seguinte:

Exemplo: Meu **saber** é reverenciado por muitas pessoas porque sou escritor e pesquisador contumaz.

Podemos dizer que na frase acima o vocábulo "saber" é um verbo? Sabemos que não, pois ele está acompanhado de determinante (o pronome "**meu**"), ou seja, "meu" determina a palavra "saber" que, por conseguinte, é um substantivo. Note também que "saber" é *núcleo* do sujeito do verbo "é". Beleza? Fique ligado/ligada nisso!

Não posso deixar de falar em alguns aspectos desta classe gramatical, o substantivo, pois, como dizia uma antiga propaganda: "Vai que...". Então, vamos!

Tipos de substantivo

Comum: representa todos os seres de uma espécie.	Cidade, aluno, mulher, livro...
Próprio: representa apenas um ser de uma espécie (nomes de pessoas e de lugares, normalmente).	Paris, Ben Noach, Carol, Os Últimos Pores do Sol... (com letra maiúscula)
Simples: apresenta apenas um radical.	Samba, enredo, ponta, pé...
Composto: apresenta mais de um radical.	Samba-enredo, pontapé...

Primitivo: não sofreu derivação prefixal ou sufixal.	Flor, área, cadáver...
Derivado: sofreu derivação prefixal ou sufixal.	Florista, subárea, cadavérico...
Coletivo: representa um conjunto de seres de uma espécie.	Universidade, constelação...
Concreto: **não** indica ação, estado, sentimento, qualidade ou acontecimento.	Deus, fada, monstro, vampiro, cérebro, diabo, chupa-cabra...
Abstrato: indica ação, estado, sentimento, atributo, qualidade ou acontecimento.	Investimento, brancura, amor, fidelidade, beijo, jogo, futebol, soco...

Variação em gênero

O substantivo pode ou não mudar de forma, indicando o gênero masculino ou o feminino.

Uniforme

Apresenta apenas uma forma para representar ambos os gêneros; o comum de dois e o sobrecomum só se referem a pessoas.

Comum de dois
Representa ambos os gêneros com determinantes diferentes: *o/a* **ginasta**, *meu/minha* **dentista**, **atleta** *talentoso/talentosa*...
Sobrecomum
Representa ambos os gêneros com apenas um determinante: *seu* **cônjuge**, *aquela* **testemunha**, *duas* **crianças**...
Epiceno
Refere-se a animais, insetos e espécies botânicas, diferenciando-as com determinantes específicos: **cobra** *macho/fêmea*, **barata** *macho/fêmea*, **mamão** *macho/fêmea*...

Biforme

Apresenta duas formas: uma para o masculino e outra para o feminino.

Por desinências ou sufixos
O gênero masculino é indicado pelas terminações: *lobo/ loba, ator/atriz, judeu/judia, poeta/poetisa, embaixador/ embaixador (ou embaixatriz)*...
Por heteronímia
O gênero é indicado pela mudança de radical: *homem/mulher, boi/vaca, genro/nora, bode/cabra*...

Morfologia e flexão nominal **93**

Gêneros comumente confundidos

a alface, o guaraná, a dengue, o champanha, a cólera, o eclipse, a sentinela, a libido, a cala, o sósia, o ídolo, a grafite, o dó, o/a personagem, o/a diabetes...

Mudança de gênero, mudança de significado

a/o cabeça (parte do corpo/líder)

a/o grama (relva/unidade de medida)

a/o moral (ética, valor/autoestima, estado de espírito)

a/o rádio (estação/ objeto)

a/o caixa (objeto/profissão)

a/o capital (cidade/dinheiro)

a/o crisma (cerimônia religiosa/óleo sagrado)...

Variação em Número

Simples

A desinência -s, geralmente, indica o plural dos substantivos, mas aqui exponho alguns casos particulares os quais já vi aparecerem em provas. Dependendo da terminação do substantivo, o plural se dará de uma forma peculiar. Conquanto eu também tenha ojeriza a qualquer tipo de "decoreba", estamos diante de um "mal" necessário.

- ■ Substantivos terminados em *"al", "el", "ol", "ul"* fazem o plural com *"is"*: *canais, papéis, sóis, pauis*... Fique, porém, esperto/ esperta com: cônsul (cônsules), mal (males) e aval (avais ou avales)... Atenção, pois a palavra "aluguel" tem como plural "aluguéis"; a palavra "alugueres" é, de fato, correta, mas é o plural de "aluguer".

- ■ Substantivos terminados em **"il"** fazem o plural em "is" se oxítonos e em "eis" se paroxítonos: *funis, fósseis*...; fique esperto/esperta com *réptil* e *projétil*, pois podem ser escritos e pronunciados de maneira diferente (*reptil* e *projetil*); o plural deles segue a regra que acabei de explanar: *réptil > répteis; reptil > reptis...*

- Substantivos terminados em **"ão"** fazem o plural em "s" "es" ou "ões": *cidadãos, alemães, profissões...* Não posso deixar de dizer que há muitas variações quanto às palavras terminadas em **"ão"**; como o que não vale é você ficar em dúvida, dê uma rápida pesquisada quando necessário, pois nem compensa você decorar um caminhão de palavras para – talvez – resolver uma questão de prova.

- Substantivos terminados em **"n"** fazem o plural com "s" e "es": *hifens, hífenes...*

- Substantivos terminados em **"r", "s", ou "z"** fazem o plural com "es": *hambúrgueres, meses, gravidezes...*

- Substantivos terminados em **"s" ou "x"** só podem ser pluralizados com o uso de um determinante: *o/os atlas, aquele/aqueles* ônibus *minha/minhas xérox, um/dois tórax...*

- Substantivos terminados no diminutivo **"(z)inho"** têm de fazer o plural a partir da flexão de suas formas primitivas, ou seja, não basta pôr a desinência: em "papelzinho" não teremos "pepelzinhos", mas papelzinho > *papel > papéis >papeizinhos*, anãozinho > *anão > anões >anõezinhos...* ah, perceba que o til não desaparece das formas diminutivas plurais.

- Substantivos sempre **pluralizados**: *núpcias, fezes, cócegas, óculos, víveres, pêsames...*

- Substantivos com **plural metafônico** são aqueles cujo timbre é fechado no singular e aberto no plural (na penúltima sílaba): olho >*olhos*, forno >*fornos*, caroço >*caro*ços, socorro >*socorros...* cuidado que nem todos os substantivos com a vogal tônica "o" fechada no singular fazem o plural com metafonia; imagina que já ouvi gente dizendo que iria passear com os "*cachórros*"...

Morfologia e flexão nominal **95**

- Substantivos que **mudam de significado** quando variam: fogo (elemento) >*fogos* (explosivos), costa (litoral) >*costas* (dorso), sentimento (o que se sente) >*sentimentos* (pêsames)...
- Substantivos **siglonimizados**: CDs, DVDs, ONGs... sem apóstrofo. O que eu já vi de gente escrevendo CD'S "não está no gibi", como dizia minha mãe...

Compostos

Normalmente, **só** os *substantivos, adjetivos e numerais* variam nas formas compostas. Aqueles substantivos que apresentam mais de um vocábulo ligado ou não por hífen seguem regras especiais; veja alguns casos particulares (*de acordo com a ortografia atualmente em vigência*):

- Os **não separados por hífen** seguem as regras dos simples: girassol >*girassóis*, mandachuva >*mandachuvas*, vaivém >*vaivéns*, malmequer >*malmequeres*...
- **2º** substantivo **delimitando** o **1º** indicando semelhança/finalidade (é normal que só o 1º varie): *peixes*-espada(s), *papéis*-moeda(s), *homens*-rã(s), *bananas*-maçã(s), *pombos*-correio(s)...; **exceção** (sempre tem uma): *couves-flores*.
- **Substantivo + preposição + substantivo** (só o 1º varia): *pés* de moleque, *mulas* sem cabeça, *pais* dos burros, *pores* do sol...; é isso mesmo, pôr do sol é pluralizado SIM! E agora sem hífen.
- **Grã-, grão-, bel-** são invariáveis (só o último termo varia): as grã-duquesas, os grão-mestres, os bel-prazeres...
- Substantivos indicando **origem** (só o 2º varia): nova-*iorquinos*, afro-*brasileiros*, ítalo-*americanos*...
- **Verbos iguais ou palavras onomatopeicas** (é normal que só o 2º varie): corre-*corres*, bem-te-*vis*, reco-*recos*...
- **Frases substantivadas** (só o determinante indicará o plural): *as* maria vai com as outras, *os* bumba meu boi, *as* leva e traz...

96 Língua Portuguesa e Redação Oficial

■ **"Guarda" + substantivo** (só o 2° varia); **"guarda" + adjetivo** (ambos variam): guarda-*chuvas*, guarda-*roupas*...; ***guardas--civis, guardas-noturnos*...**

■ **Casos especiais:** *alto-falantes, os arco-íris, os mapas-múndi, os xeques-mates, os zés-ninguém, salve-rainhas, ave-marias, padre-nossos ou padres-nossos...*

Variação em Grau

No caso *sintético, sufixos* marcam a intensificação dada ao substantivo; no caso *analítico,* um *adjetivo,* normalmente, marca o grau.

Aumentativo

casarão, canzarrão, festão, facalhão, copázio, balaço, ratazana, fedentina (sintético)...

casa *grande,* cão *enorme,* festa *monstro,* rato *gigante* (analítico)...

Diminutivo

casinha/casebre, cãozinho/cãozito, película, homúnculo, ruela, riacho, asterisco (sintético)...

casa *pequena,* cão *minúsculo,* opinião *insignificante* (analítico)...

Observação

O grau pode exprimir *desprezo, valor pejorativo, ironia, carinho, afetividade,* dependendo do contexto: sabichão, padreco, carrão, gatinha, queridinha...; alguns substantivos já perderam a ideia de grau: cartão, cartaz, caixão, portão, pastilha, folhinha...

3.4 Adjetivo

Palavra que:

Morfologia e flexão nominal **97**

- caracteriza, modifica, amplia o sentido de um substantivo, pronome, numeral, qualquer palavra de valor substantivo ou até uma oração;
- normalmente varia em gênero, número e grau;
- exerce duas funções sintáticas: adjunto adnominal (adjetivo com valor restritivo) ou predicativo (adjetivo com valor opinativo).

Exemplo:

A Seleção Brasileira de 1970 foi *imbatível* na Copa do Mundo do México.

Os jogadores daquele time eram *imbatíveis*.

Será *imbatível* ser aprovado.

Perceba que, no último caso, *imbatível* modifica a oração "ser aprovado". O que será *imbatível*? "Ser aprovado". Todos os exemplos apresentam adjetivo com função de predicativo, pois têm valor opinativo.

Tipos de adjetivo

Uniforme: apresenta apenas uma forma para ambos os gêneros	Homem *simples*, mulher *simples*...
Biforme: apresenta uma forma para cada gênero	Homem *esperto*, mulher *esperta*...
Simples: apresenta apenas um radical	Estudo *social*, estudo *ambiental*...
Composto: apresenta mais de um radical	Visão *socioambiental*...
Primitivo: não sofreu derivação	Pessoa *boa*...
Derivado: sofreu derivação	Pessoa bondosa...
Restritivo: acrescenta um sentido não inerente ao ser	Fogo azul...
Explicativo: apresenta um sentido inerente ao ser	Fogo quente...
Modalizador: apresenta uma opinião sobre o ser	Material excelente, novela manipuladora...
Gentílico: refere-se a continentes, países, cidades, regiões, indicando a origem	Capixaba, soteropolitano, carioca, brasileiro...

Locução adjetiva

Grupo de vocábulos com valor de adjetivo formado de **preposição + substantivo** (ou advérbio, pronome, verbo, numeral), ligando-se a um substantivo, pronome ou numeral.

Exemplo: homem *com coragem*, amor *sem limites*, jornal *de ontem*, atitude *de sempre*, notícia *de hoje*, situação *sem pé nem cabeça*, chegaram os dois *sem graça*, eles são *sem caráter*, o aparamento *dela*, espremedor *de alho*, taça *de cristal*...

Atenção!

- Boa parte das locuções adjetivas têm adjetivos correspondentes, porém, não todas!
Exemplo: homem *com coragem* (corajoso); amor *sem limites* (ilimitado); povo *da Islândia* (islandês); relógio *de ouro* (áureo); cadeia *de chumbo* (plúmbea); veja, no entanto, que em revestimento *de papel*, livro *do Ben Noach*, dia *do pagamento*, mulher *sem batom* não há adjetivo que possibilite fazer substituição.

- Como você percebeu em "relógio de ouro" e "cadeia de chumbo", há certas locuções adjetivas que podem ser substituídas por adjetivos de origem latina; nesses casos, subentende-se que há expressões implícitas do tipo "semelhante a", "próprio de", "feito com" etc.

- Muita gente se atrapalha e confunde locução *adjetiva* com locução *adverbial*: em "Casei-me com uma bela moça *no Rio de Janeiro*", o termo em destaque é uma locução adverbial, indicativa do local onde me casei; já em "Casei-me com uma bela moça *de Curitiba*", a locução em destaque indica a procedência da moça, ou seu local de nascimento (curitibana), sendo, portanto, uma locução adjetiva. Vale o meu ressalto: uma locução adverbial *jamais* poderá estar vinculada a um substantivo.

- Apesar do meu ressalto acima, é possível haver locução adjetiva de oração, como em "Considerei **com seriedade** escrever este livro para meus alunos", pois a locução *com seriedade* está ligada à oração "escrever este livro para meus alunos".

Variação de gênero e número

O adjetivo simples flexiona com o substantivo em gênero e número (veja as regras de substantivo simples, pois elas se aplicam aos adjetivos). Por outro lado, varia-se *apenas o último elemento do adjetivo composto*, concordando com o termo de valor substantivo ao qual se refere, em gênero e número.

Exemplo: As clínicas médico-**cirúrgicas** estão milionárias. ("cirúrgicas" (adjetivo) concorda em gênero e número com "clínicas" (substantivo)).

Importante!

▪ Se um substantivo for usado como adjetivo, ele ficará **invariável** sempre: homens **monstro**, festas **surpresa**, empresas **fantasma** ...

▪ Se o último elemento do composto for um substantivo, o adjetivo fica **invariável**: blusas *verde-garrafa, amarelo-ouro, marrom-café...* Caso um dos elementos que formam o adjetivo composto seja um substantivo adjetivado, todo o adjetivo composto ficará invariável: camisas *ferro-claro*, ternos *cinza-escuro...*

▪ **Surdo(a/s)-mudo(a/s) e pele(s)-vermelha(s)** são exceções; todos os elementos podem variar.

▪ Serão sempre **invariáveis**: *azul-marinho, azul-celeste (esses dois já apareceram em diversas provas!), sem-sal, sem-terra, verde-musgo, cor-de-rosa furta-cor, ultravioleta, entre alguns outros; vale o meu destaque:* alguns gramáticos dizem que "infravermelho" pode variar, por isso, na hora de sua prova, use seu bom senso para analisar as alternativas.

Variação de grau

É o valor de **intensificação** do adjetivo, conseguido a partir de advérbio ou, mais raramente, por sufixo. O grau do adjetivo pode ser **comparativo** ou **superlativo**.

Grau comparativo

As classificações do grau comparativo podem ser:

- **comparativo de igualdade:** Este filme é *tão* **empolgante** *quanto/como* o livro no qual foi baseado.
- **comparativo de superioridade:** Este filme é *mais* **empolgante** *(do) que* o livro no qual foi baseado.
- **comparativo de inferioridade:** Este livro é *menos* **empolgante** *(do) que* o livro no qual foi baseado.

Atenção!

Os adjetivos **bom, mau/ruim, grande** e **pequeno** transformam-se em **melhor, pior, maior** e **menor** quando no grau comparativo de superioridade, como demonstro abaixo:

O livro é **melhor** que o filme. (Nunca "O livro é mais bom que o filme".)

Preciso dizer, porém, que se a comparação é feita **entre qualidades distintas** de um mesmo ser, é, sim, possível empregar as formas *mais bom, mais mau, mais grande e mais pequeno*.

Embora esteja numa fase ruim, o zagueiro é *mais* **bom** jogador do que *mau*.

Grau superlativo

O superlativo de um adjetivo poderá ser absoluto ou relativo, e acontece quando há a intensificação de apenas um ser.

- ***Superlativo absoluto* analítico:** é quando o adjetivo é modificado por um advérbio, como em "Carolina é muito **bela**, além de muito **inteligente** e muito **dedicada**".
- ***Superlativo absoluto* sintético:** é quando há o acréscimo de um sufixo, normalmente "íssimo", "érrimo", ou "ílimo", como em "Carolina é **belíssima, inteligentíssima** e **dedicadíssima**".

Observação

Os adjetivos *bom, mau/ruim, grande e pequeno* apresentam as seguintes formas no grau superlativo absoluto sintético, respectivamente: ótimo/boníssimo, péssimo/malíssimo, máximo/grandíssimo e mínimo/pequeníssimo. Em vez dos superlativos mais formais *seriíssimo e precariíssimo*, preferem-se, na linguagem atual, as formas *seríssimo e precaríssimo*, sem o desagradável hiato **i-í.**

- **Superlativo relativo de superioridade:** destaca um ser dentre outros seres, a partir da construção "o/a mais", como em "Carolina é *a mais* bela de todas" e em "Aquele gato é *o mais* preguiçoso do bairro".

- **Superlativo relativo de inferioridade:** destaca um ser dentre outros seres, a partir da construção "o/a menos", como em "Carolina é *a menos* vaidosa" e em "Aquele gato é *o menos* ativo do bairro".

Observação

Os adjetivos *bom, mau/ruim, grande e pequeno* apresentam as seguintes formas no grau superlativo relativo de superioridade: *o/a melhor, o/a pior, o/a maior, o/a menor.*

QUADRO PARA OS ADJETIVOS *BOM, MAU, GRANDE E PEQUENO*

ADJETIVO	COMPARATIVO DE SUPERIORIDADE	SUPERLATIVO	
		Absoluto sintético	Relativo
bom	melhor	ótimo	o/a melhor
mau	pior	péssimo	o/a pior
grande	maior	máximo	o/a maior
pequeno	menor	mínimo	o/a menor

Formas estilísticas de grau

Há inúmeras outras maneiras de conseguir o superlativo absoluto dos adjetivos:

- Empregando-se prefixos que dão ideia de aumento ou intensificação: *hipereducado, superprestativa...*
- Empregando-se a figura de linguagem símile: Carolina é bela *como o nascer do sol...*
- Empregando-se coloquialismos (quando possível): A situação está *de amargar!*
- Usando-se o adjetivo com o sufixo aumentativo ou diminutivo: *lindão, lindona...*
- Empregando-se repetição do adjetivo: A modelo era *magrinha, magrinha...*

Importante!

- A anteposição ou posposição de alguns adjetivos aos substantivos pode implicar mudança de significado:

Exemplo:

Ele é um **pobre** homem. (coitado, digno de pena)

Ele é um homem **pobre**. (sem recursos financeiros)

Ele é um **alto** funcionário. (posição, grau hierárquico)

Ele é um funcionário **alto**. (comprimento, tamanho)

- A mudança de posição do adjetivo em relação ao substantivo pode implicar mudança de classe gramatical de ambos, como na célebre frase de Machado de Assis em *Memórias Póstumas de Brás Cubas*:

Não sou um autor **defunto**, mas um **defunto** autor. (adjetivo/substantivo)

Segundo Celso Cunha, em sua publicação *Nova Gramática do Português Contemporâneo*, quando houver um sintagma formado por palavras que possam ser substantivo ou adjetivo, o substantivo é o da esquerda, e o adjetivo é o da direita. Levemos em conta, entretanto, o contexto. Sempre.

■ O adjetivo pode estar substantivado, ou seja, tornar-se um substantivo se vier acompanhado de um determinante (artigo, por exemplo), ou tiver função de nomeador: Ah! O *azul* do céu... Minha *branquinha*, eu te amo...

3.5 Artigo

É a palavra que antecede o substantivo e indica seu gênero e número, determinando-o ou indeterminando-o.

Existem dois tipos de artigos:

■ Definidos (individualiza, especifica, determina): *o, os, a, as*.

■ Indefinidos (generaliza, indetermina): *um, uns, uma, umas*.

Como o que se trabalha em provas é o emprego do artigo, vou me ater, neste resumo, a essa abordagem. Quero esclarecer a você, leitor/leitora, que é possível escrever "mil páginas" sobre cada um dos assuntos abordados nesta obra; embora haja autores que tenham se especializado em minúcias e filigranas, não tenho objetivo ou interesse senão o de ver você conquistar sua vaga!

Emprego dos artigos

■ Usa-se o artigo entre o numeral *ambos* e o elemento posterior, normalmente:

Exemplo: Ambas *as* artistas foram premiadas.

■ Depois do pronome indefinido *todos* com substantivo expresso (omitindo-se o substantivo, não se usa o artigo):

Exemplo:

Todos *os* sete pistoleiros lutaram em Tombstone.

O xerife veio e prendeu todos sete.

■ Com o pronome indefinido *todo*, este indicará inteireza/completude, quando omitido o artigo, *todo* indicará "qualquer"):

Exemplo:

Thanos foi o ser mais poderoso de todo *o* universo. (do universo inteiro)

Thanos dizima metade da vida de todo planeta que visita no universo. (de qualquer planeta do universo)

■ Atenção, pois o artigo jamais aparece acompanhando o pronome relativo *cujo*:

Exemplo:

O concurseiro cuja *a* resiliência é inabalável alcança vitória. (**errado!**)

O concurseiro cuja resiliência é inabalável alcança vitória. (**certo**)

■ Diante de pronomes possessivos, o uso do artigo é facultativo (omite-se o artigo definido nas locuções com pronome possessivo: *a meu ver, em meu ver, a meu modo, a meus pés, em seu favor...*):

Exemplo:

Encontrei (*o*) seu namorado no cinema.

Em meu ver, estudar os empregos do artigo é válido.

■ Diante de nome de pessoas, só se usa artigo para indicar afetividade ou familiaridade:

Exemplo:

Escrevi a Eduardo Paes, quando prefeito.

Falei com *a* Carolina para não exagerar na dieta.

■ É facultativa a posição do artigo quando há superlativo:

Exemplo: Hércules executou *os* trabalhos mais difíceis do mundo ou Hércules executou *os* mais difíceis trabalhos ou Hércules executou trabalhos *os* mais difíceis.

Morfologia e flexão nominal **105**

■ Para expressar a espécie inteira:
Exemplo: **O** cão é o melhor amigo **do** homem.

■ Só se usa artigo diante da palavra **casa**, se houver especificador:
Exemplo: Sairei de casa daqui a pouco. / Só irei à casa *da minha sogra* se convidado. (neste último exemplo percebe-se a presença do artigo por causa do emprego do acento grave indicativo de crase).

■ Se a palavra **terra** for antônimo de "bordo", só haverá artigo, se houver especificador (se nomear o **planeta**, usa-se com artigo e, obviamente, grafa-se com inicial maiúscula):
Exemplo:

Os tripulantes regressaram a terra, após seis dias de mar.

Os tripulantes regressaram à terra *natal*, após seis dias de mar.

Os astronautas regressaram à Terra.

■ Não aparece antes dos pronomes de tratamento, exceto senhor(a) e senhorita:
Exemplo:

Vossa Eminência rezará a missa das 18h?

A senhorita me daria a honra desta dança?

■ Diante de topônimos, no caso de especificador:
Exemplo:

Visitei *a* Inglaterra *de J. R. R. Tolkien.*

■ Não se deve combinar com preposição o artigo que faz parte do nome de jornais, revistas, obras literárias...
Exemplo: Li a notícia em **O** Estado de São Paulo. (e não "no Estado de São Paulo...")

106 Língua Portuguesa e Redação Oficial

■ É um dos responsáveis pelo processo de substantivação de palavras (derivação imprópria):
Exemplo: **O** *ventar* pampa gaúcho é gelado. (*ventar* é um verbo, e virou substantivo)

■ O artigo *indefinido* revela quantidade aproximada, ênfase, depreciação:
Exemplo: Estávamos a *uns* vinte saltos temporais de Asgard. / Estou com *um* sono... / Sou apenas *um* reles mortal...

Atenção!

Não confunda o artigo **A** com o pronome demonstrativo, o pronome oblíquo ou a preposição. Veja:

O artigo **A(S)** vem antes de substantivo, às vezes vem antes de numeral também:

A Carol e a Gabi jogaram em 2019. **As** duas sempre jogavam futebol na época de cursinho.

O pronome demonstrativo **A(S)** vem antes de pronome relativo "que" e de preposição "de" (*é possível substituir por* "aquelas"):

As que estudam com afinco passam, já **as** que não se esforçam, *não*.

O pronome oblíquo **A** substitui um substantivo servindo de complemento de um verbo:

A Carolina é bem dedicada, por isso eu **a** escolhi.

A preposição **A** é exigida por um verbo ou nome, normalmente; muitas vezes inicia locuções:

Assisti **a** ela em vários momentos, pois fizeram menção **a** que ela seria boa. E valeu a pena, **a** despeito das críticas ferozes.

3.6 Numeral

Palavra variável em gênero e/ou número que dá ideia de **quantidade** (cardinal: um, dois, três...); *sequência* (ordinal: primeiro, segundo, terceiro...); **multiplicação** (multiplicativo: dobro, triplo...; **divisão** (fracionário: metade, um terço, três quartos...).

Variação (ou Flexão)

Alguns são variáveis em gênero e número, outros apenas em gênero ou apenas em número.

Gênero/ Número: primeiro(a/s)...

Gênero: um(a), dois(as), ambos(as)...

Número: um terço (dois terço(s)), um quinto (três quinto(s))...

Principais usos dos numerais

Na **designação de séculos, papas e reis** usam-se:

- de 1 a 10 – ordinais
Exemplo: Século V (quinto), João Paulo II (segundo), Paulo VI (sexto)

- de 11 em diante – cardinais
Exemplo: Século XXI (vinte e um), Bento XVI (dezesseis)

Observação

Se o numeral estiver anteposto ao substantivo, lemos sempre como ordinal: A empresa participou do XI Congresso de Informática. (décimo primeiro)

Em linguagem jurídica, usa-se o ordinal até nono, a partir do dez usa-se cardinal.

Exemplo: Artigo nono, parágrafo dez.

Referindo-se ao **primeiro dia do mês**, prefere-se o numeral ordinal.

108 Língua Portuguesa e Redação Oficial

Exemplo: Primeiro de maio é um dia importante para a classe operária.

Nos **endereços de casas e referências às páginas**, usam-se os cardinais.

Exemplo: Leiam a página 22 (vinte e dois) do livro de História. / O número da minha casa é 99 (noventa e nove).

Também é usado no **sentido figurado**, não expressando exatidão numérica.

Exemplo: Já bati nessa tecla *mil* vezes. / Nossa professora é *dez*.

Na **leitura do cardinal**, coloca-se a conjunção e entre as centenas e dezenas e a unidade.

Exemplo: R$ 6.069.523,00 = seis milhões, sessenta e nove mil, quinhentos e vinte e três reais.

Na **leitura do ordinal**: inferior a 2.000º, lê-se normalmente como ordinal.

Exemplo: 1.856º = milésimo octingentésimo quinquagésimo sexto.

Observação

Superior a 2.000º, lê-se o 1º como cardinal e os outros como ordinais.

Exemplo:

2.056º = dois milésimo quinquagésimo sexto

5.232º = cinco milésimo ducentésimo trigésimo segundo.

Mas se o número for redondo, lê-se como ordinal.

Exemplo:

10.000 = décimo milésimo

2.000 = segundo milésimo

Milhão e **milhares** são palavras **masculinas**!!!

3.7 Pronome

Palavra que:

■ concorda em gênero e número com o substantivo, portanto, variável;

■ substitui/representa ou acompanha/determina um nome substantivo, indicando as pessoas do discurso.

É chamado de *pronome substantivo* aquele que substitui um substantivo: "**Pedro** é gente boa, mas **ele** não é benquisto em sua família imediata". É chamado de *pronome adjetivo* aquele que **a**companha um substantivo explícito: "**Minha casa** é maravilhosa". Note que "ele" se refere à 3ª pessoa do discurso, ou seja, a pessoa sobre quem se fala (assunto da conversa, do discurso); já "minha" se refere à 1ª pessoa do discurso, a pessoa que fala (o falante); a 2ª pessoa do discurso é a pessoa com quem se fala (ou interlocutor ou ouvinte). Estas posições são as adotadas pela maioria dos gramáticos, como Celso Cunha.

CAI NA PROVA!

Meu nobre aluno, minha nobre aluna, por favor, leia-me com atenção! A prova que você irá fazer quer saber se você domina o conhecimento de pronomes dentro do texto. "Como assim, Professor?" A banca quer saber se você percebe as relações entre os pronomes e as palavras dentro do texto. Lembra-se de coesão referencial? Então, é disso que eu estou falando. Reitero: o que a banca quer saber de você é: o pronome X faz referência a que elemento ou ideia dentro do texto, a um(a) anterior ou a um(a) posterior? Espero que você já esteja escaldado(a) com esse tipo de questão. Veja o texto abaixo (sublinho o pronome que faz referência a um elemento dentro do texto):

Minha alegria

minha alegria permanece eternidades soterrada
e só sobe para a superfície
através dos tubos alquímicos
e não da causalidade natural.

ela é filha bastarda do desvio e da desgraça,

minha alegria:

um diamante gerado pela combustão,

como rescaldo final de um incêndio.

(Waly Salomão)

"Ela" se refere à alegria, *à* superfície ou *a* causalidade? Interessante dizer que o poeta nos esclarece ao dizer assim: "**ela** é filha bastarda do desvio e da desgraça, **minha alegria**". Mais interessante ainda é dizer que, pelo contexto, por mais que ele não nos tivesse esclarecido, ainda assim entenderíamos que "ela" se refere à alegria, mencionada no 1º verso da 1ª estrofe. Muito inusitado o uso deste pronome, pois ao mesmo tempo em que substitui um termo anterior (valor anafórico), também faz referência a um termo posterior (valor catafórico): em ambos os casos, o termo é "minha alegria". O referente do "ela" é o mesmo, a saber: "minha alegria", seja retomada (por anáfora) ou antecipada (por catáfora).

Para ficar mais claro, seguem alguns exemplos em que pronomes têm valor **anafórico** ou **catafórico**:

Carolina é estudiosa, por isso **ela** conseguirá a vaga.

Ela é uma moça muito esforçada, por isso Carol conseguirá a vaga.

O estudo é algo primordial, e eu **o** levo muito a sério.

O aluno quer muito a vaga. **Sua** determinação é invejável.

Pedro e Paulo disputavam seu amor, mas **nenhum** ficou com ela.

Ela e ele se classificaram, mas **quem** ficou realmente feliz?

Só **isto** me interessa: a aprovação.

O professor **que** me ajudou a passar foi o Ben Noach.

Portanto, os pronomes exercem um papel decisivo na construção de um texto coeso e coerente, a partir de sua capacidade de referência textual.

Classificação dos pronomes

São seis tipos: pessoais, possessivos, indefinidos, interrogativos, demonstrativos e relativos.

a) Pronomes pessoais

Substituem as pessoas do discurso; podem ser do caso *reto*, do caso *oblíquo* (átono ou tônico) ou de *tratamento*.

Retos

Normalmente exercem função de sujeito da oração.

1ª pessoa: eu (singular), nós (plural)

2ª pessoa: tu (singular), vós (plural)

3ª pessoa: ele/ela (singular), eles/elas (plural)

O que você precisa saber sobre esses pronomes é o seguinte:

■ Ocupam posição de sujeito, predicativo do sujeito e vocativo (este último só os de 2ª pessoa). Portanto, é um *desvio gramatical* o uso deles com função de objeto direto.
Exemplo: Filma *nós*, por favor! / Chama *eu*, agora! / Pega *ele*, pega *ele*!

Deveria ser, por mais estranho que seja, para respeitar a norma culta: Filma-*nos*, por favor! / Chama-*me*, agora! Pega-*o*, pega-*o*!

No entanto, se os pronomes retos (exceto "eu" e "tu") estiverem acompanhados de todos (as), só, apenas, somente, ou numeral, obtêm a permissão de serem postos em posição de objeto direto, como nos exemplos Vi *todos eles* naquele dia. / Vimos *apenas vós* na festa. / Viram *nós três* saindo de lá.

Atenção!

A contração da preposição "de" com o pronome reto "ele(a/s)" antes de verbo no infinitivo, para a maioria dos gramáticos normativos, é proibida: Exemplo: Está hora de a onça beber água. (e não "está na hora *da* onça beber água")

Este é o momento de o Brasil se levantar. (e não "este é o momento do Brasil...")

■ O mau uso de *ele (a/s)* pode gerar ambiguidade. Exemplo: João e Pedro saíram com o pai deles. *Ele* ficou chateado por não chamarem a mãe. (Ele quem?)

Oblíquos

Normalmente exercem função de complemento verbal.

Os *pronomes oblíquos átonos* são:

1ª pessoa: **me** (singular), **nos** (plural)

2ª pessoa: **te** (singular), **vos** (plural)

3ª pessoa: **se** (singular ou plural), **lhe**(s), **o**(s), **a**(s)

O que você precisa saber sobre esses pronomes é o seguinte:

■ Os pronomes oblíquos átonos de 3ª pessoa o(s), a(s), se estiverem ligados a verbos terminados em **r, s e z**, viram lo(s), la(s). Se estiverem ligados a verbos terminados em ditongo nasal, viram no(s), na(s):
Exemplo: Vou resolver *uma questão* = Vou resolvê-*la*. / Fiz *o concurso* porque quis *o emprego de funcionário público* = Fi-*lo* porque qui-*lo*. (frase atribuída ao lendário ex-presidente Jânio Quadros) / Apagaram nossos arquivos = Apagaram-*nos*. / Você põe a mão onde não deve = Você põe-*na* onde não deve.

■ Vale muito a pena dizer que os pronomes oblíquos átonos que eu acabei de mencionar exercem função de objeto direto e são de 3ª pessoa! "Por que você fez este adendo, Ben?" Simples, meu/minha nobre: já vi muita gente boa cometendo deslizes do tipo: "Eu vou informá-*lo* a verdade sobre o inquérito". O problema é que quem informa, informa algo A ALGUÉM (objeto indireto). A frase, de acordo com a norma culta, deveria ser: Eu vou informar-*lhe* a verdade sobre o inquérito, pois é o "lhe" que, quando complemento verbal, exerce função de objeto indireto.

■ Cuidado com o *nos* (1ª pessoa do plural) e o *nos* (3ª pessoa do plural), pois o mau uso deles pode provocar ambiguidade: "Os jornais chamaram-*nos* de corruptos." (chamaram a eles ou a nós?)

■ **Cuidado!** O pronome oblíquo **LHE** merece toda a nossa atenção, pois ele não substitui o complemento preposicionado de todos os verbos transitivos indiretos (verbos que exigem objeto indireto); ele exerce normalmente função de objeto indireto; e um "bizu": o LHE pode ser substituído por A ELE(A/S) ou PARA ELE(A/S). Lembra-se da música do saudoso Moraes Moreira? Veja: "Eu ia *lhe* chamar enquanto corria a barca..." perceba que o uso do LHE está inadequado à norma culta, constituindo um dos muitos casos de "licença poética" empregada pelos artistas; isso porque o verbo chamar é transitivo direto (VTD), logo o LHE, que – quando complemento verbal, reitero – exerce função de objeto indireto (OI), não pode ser complemento de um VTD. Agora veja este exemplo:

Vi a peça teatral que você me recomendou, apesar de não querer assistir-**lhe**.

Assistir-LHE??? Fica estranho, não? A força da gramática tradicional ainda diz que o "lhe" não substitui complemento de certos verbos, como assistir, aspirar, referir-se, aludir, recorrer etc. Está claro isso, certo? É a regra e, como dizia um antigo comentarista esportivo de arbitragem, "a regra é clara". Portanto, a frase acima deveria ser assim:

Vi a peça teatral que você me recomendou, apesar de não querer assistir **a ela**.

Vale eu dizer que, entre os escritores de livros didáticos de Ensino Médio e alguns gramáticos, há gente que diz que o **lhe** só substitui **pessoa**, embora existam exemplos aos montes em nossa Literatura de frases como "Aos meus escritos não *lhes* dei importância" (Machado de Assis) – em que se percebe o "lhes" substituindo "escritos" (nesse caso, como um objeto indireto pleonástico).

■ Os pronomes oblíquos átonos podem funcionar como sujeito de infinitivo ou de gerúndio, quando se usam os verbos *mandar, deixar, fazer (causativos) ou ver, ouvir, sentir e sinônimos (sensitivos)*.

Exemplo: Mandaram-*me* entrar. (**E não**: Mandaram eu entrar) / Deixe-*as* dormir. (E não: Deixe elas dormirem) / Faça-*nos* cantar. (E não: Faça nós cantarmos). Ficou claro? Mais exemplos: Viram-*me* sair. / Ouvi-*o* bater./ Sentimo-*los* abraçar-nos./ Vi-*a* chorando...

■ Cuidado com o pronome oblíquo átono "nos", que pode ser de 1ª pessoa do plural ou 3ª pessoa do plural. Dependendo do contexto, pode acontecer uma ambiguidade: em *Os jornais chamaram-nos de corruptos*, o contexto vai determinar se tal pronome se refere à 1ª ou à 3ª pessoa do plural. Além disso. Dentro do discurso, o "nos" (1ª pessoa do plural) pode cumprir os seguintes papéis: designar um sujeito coletivo que se responsabiliza pelo que foi dito, incluir enunciador e leitor, para aproximá-los, evitar a 1ª pessoa do singular como estratégia de polidez, marcar um sujeito "institucional" (representado por alguma instituição) ou indicar um enunciador coletivo (de modo vago).

■ Construções quase arcaicas, mas ainda figurando nas gramáticas e em registros superformais são aquelas em que o pronome átono se contrai com outro átono:

Exemplo: *Ele dar-**mo**-á de presente.* = *Ele dará* <u>o livro</u> *(o) do Ben Noach para mim (me) de presente. (me + o = mo)*

Pronome SE!!!

Este pronome oblíquo átono tem cinco "facetas: **reflexivo** (recíproco), **integrante do verbo, expletivo** (de realce), **indeterminador do sujeito e apassivador.** Nas explicações abaixo, precisarei contar com sua ajuda: seu conhecimento básico sobre transitividade verbal e um pouquinho de voz verbal. Vamos ver?

Reflexivo (recíproco)

Sempre acompanhado de verbo transitivo direto e/ou indireto (VTD/VTI/VTDI). Segundo o grande mestre Evanildo Bechara, ele "faz refletir sobre o sujeito a ação que ele mesmo praticou." Diz-se que o pronome reflexivo é também recíproco quando há mais de um ser no sujeito e o verbo se encontra no plural.

Exemplo: A menina se feriu. / Se está doente, trate-se. / Os namorados se deram as mãos. (recíproco) / A avó e a neta se queriam muito. (recíproco) / Eles se beijaram. (recíproco) / Ela se impôs uma dieta muito severa. / Ele se achou culpado por ter perdido a luta. / Sofia deixou-se estar à janela.

Observação

Em "**Dar-se ao trabalho... ou Dar-se o trabalho...",** o se é pronome reflexivo. No primeiro caso tem função de objeto direto; no segundo, objeto indireto. O fato é que ambas as formas são corretas.

Integrante do verbo

Sempre acompanha verbo intransitivo (VI) ou transitivo indireto (VTI). Baseando-me em Bechara novamente, posso dizer que "tais verbos indicam sentimento (indignar-se, ufanar-se, atrever-se, alegrar-se, admirar-se, lembrar-se, esquecer-se, orgulhar-se, arrepender-se, queixar-se etc.) ou movimento/atitudes da pessoa em relação ao seu próprio corpo (sentar-se, suicidar-se, concentrar-se, converter-se, afastar-se, precaver-se etc.). Por favor, não confunda este tipo de 'faceta" com a ideia de reflexividade!

Exemplo: Ele se precaveu das pragas. / Ela, infelizmente, suicidou-se. / Nunca você deve queixar-se da sua vida.

Expletivo (de realce)
Sempre acompanhado de verbos intransitivos (VI). Pode ser retirado da oração sem prejuízo sintático e semântico, pois seu valor é apenas estilístico (ênfase, expressividade).
Exemplo: Vão-se os anéis, ficam-se os dedos. = Vão os anéis, ficam os dedos. / Ela se tremia de medo do escuro. = Ela tremia de medo do escuro. / Passaram-se anos, e ele não retornou ainda. = Passaram anos, e ele não retornou ainda.

Indeterminador do sujeito
Sempre acompanha verbos na 3ª pessoa do singular de quaisquer transitividades (verbo de ligação (VL), VI, VTD, VTI), sem sujeito explícito. No caso do VTD, precisará haver objeto direto preposicionado (ODP) para que o SE indetermine o sujeito — note o último exemplo abaixo. Tal indeterminação implica um sujeito de valor genérico (generalizador), impreciso.
Exemplo: Lá se era mais feliz. (VL) / Aqui se vive em paz. (VI) / Lamentavelmente, não se confia mais nos governantes. (VTI) / Ama-se a Deus aqui nesta Igreja. (VTD)

Apassivador
Sempre acompanha VTD ou VTDI para indicar que o sujeito explícito da frase tem valor paciente, ou seja, sofre a ação verbal. Sempre é possível reescrever a frase passando para a voz passiva analítica, ou seja, transformando o verbo em locução verbal (SER + PARTICÍPIO).
Exemplo: Alugavam-se apartamentos aqui. = Apartamentos **eram alugados** aqui. / Sabe-se que as línguas evoluem = **É sabido** que as línguas evoluem. / Jabuticaba se chupa no pé = Jabuticaba **é chupada** no pé. / Guerra se faz com armas e homens = Guerra é feita com armas e homens. / Dar-te-ei um ósculo = Um ósculo **será dado** por mim a ti. / Amores não se compram = Amores não **são comprados**.

Ainda dentro de pronomes oblíquos átonos, faz-se necessário que eu fale de colocação pronominal, ok?

Morfologia e flexão nominal **117**

Falarei sobre isso mais adiante, no capítulo 11.

Os *pronomes oblíquos tônicos*, sempre precedidos de preposição, são:

1ª pessoa: mim, comigo (singular); nós, conosco (plural)
2ª pessoa: ti, contigo (singular); vós, convosco (plural)
3ª pessoa: si, consigo (singular ou plural); ele(a/s) (singular ou plural)

O que você precisa saber sobre esses pronomes é o seguinte:

Sobre o MIM

Nunca houve nada entre *mim* e ti.

Adequado à norma culta ou não este uso do pronome? Adequadíssimo! Não estaria se estivesse assim: "Nunca houve nada entre eu e você". Lembra-se de que o "eu" só exerce função de sujeito? Então...; o 'eu' só poderia vir após preposição se fosse sujeito de um verbo: "Entre eu sair e tu saíres, saio eu!" Agora está ótimo.

E nesta frase, há *incorreção gramatical*?

Sempre foi muito complicado *para mim* entender Português.

Deu vontade de dizer que "sim"? Que pena! A frase acima está perfeita. O "mim" pode ficar diante de verbo no infinitivo – explico isso logo a seguir. Cuidado com esta construção, pois ela pode sabotar você. O que não pode ocorrer é o "mim" ocupar posição de sujeito, ok? Veja:

Estudo pelo livro do Ben Noach *para mim* aprender, enfim, Português.

Observe que neste caso o "mim" é sujeito do verbo aprender. "Ah, Professor, como eu vou saber isso!?" Simples, observe a primeira frase (adequada) de novo:

*Sempre foi muito complicado **para mim** entender Português.*

O que você deve perceber é: se for possível apagar ou deslocar a expressão "para mim" diante do verbo, isso é sinal de que ela não tem o "mim" funcionando como sujeito do verbo no infinitivo. Afinal, "mim" não conjuga verbo, logo, não pode ser sujeito. Assim, nestas condições, a expressão pode vir sem problemas diante do verbo. Veja como ficaria:

*Sempre foi muito complicado ( ) entender Português / Sempre foi muito complicado entender Português **para mim**.*

Tente aplicar estas dicas à frase "Estudo pelo livro do Ben Naoch **para mim** aprender, enfim, Português". Não conseguiu? Sabe por quê? Porque nesta frase o "mim" conjuga verbo e tem função de sujeito. Como sabemos que ele está **inadequado**, consertemos:

Estudo pelo Livro do Ben Noach **para EU** aprender, enfim, Português. Agora, sim!

■ Usar **entre si** sempre que for possível a posposição do pronome **mesmos**, lembrando-se que o sujeito tem de ser da 3ª pessoa do plural, senão usa-se **entre eles**.

Exemplo: Os irmãos discutiam **entre si** (mesmos); mas: Nunca houve briga **entre eles** (construção adequada).

■ **Se, si, consigo** são pronomes reflexivos (ou reflexivos recíprocos), isto é, referem-se ao próprio sujeito do verbo. **Me, te, nos, vos** podem ser também.

Exemplo: Júlia não **se** apresentou sozinha, mas só fala de **si** mesma, levando **consigo** todo o crédito. / Eu **me** fantasiei. / Nós **nos** abraçamos. / Vós **vos** cumprimentastes? / Tu **te** maquiaste bem.

■ Usam-se **com nós** e **com vós** quando estes são seguidos de *ambos, todos, outros, mesmos, próprios, um numeral, um apos-*

to explicativo ou uma oração adjetiva; caso contrário, usa-se **conosco** e **convosco**.

Exemplo: Estava **com nós** outros. / Saiu **com vós** todos. (...) / As crianças irão **conosco** e não **convosco**. (...)

■ Contração das preposições com **ele(a/s)**

Exemplo: de + ele(a/s) = dele (a/s); em + ele (a/s) = nele (a/s)...

Pronomes de tratamento

São pronomes que se usam no tratamento cortês e cerimonioso; seguem os principais:

Pronomes de tratamento	Abreviatura Singular	Abreviatura Plural	Usados para
Você	V.	VV.	Um tratamento íntimo, familiar.
Senhor, Senhora	Sr., Sr.ª	Srs., Srª.s	Pessoas com as quais mantemos um certo distanciamento mais respeitoso.
Vossa Senhoria	V. S.ª	V. Sªs	Pessoas com um grau de prestígio maior. Usualmente, nós os empregamos em textos escritos, como: correspondências, ofícios, requerimentos etc.
Vossa Excelência	V. Ex.ª	V. Ex.ªs	Pessoas com alta autoridade, militares e políticas, como: Presidente da República, Senadores, Deputados, Embaixadores, Oficiais de Patente Superior à de Coronel etc.
Vossa Eminência	V. Em.ª	V. Em.ªs	Cardeais.
Vossa Alteza	V. A.	V V. A A.	Príncipes e duques.
Vossa Santidade	V.S.	–	Papa.
Vossa Reverendíssima	V. Rev.mª	V. Rev.mªs	Sacerdotes e Religiosos em geral.
Vossa Paternidade	V. P.	VV. PP.	Superiores de Ordens Religiosas.
Vossa Magnificência	V. Mag.ª	V. Mag.ªs	Reitores de Universidades
Vossa Majestade	V. M.	V V. M M.	Reis e Rainhas.

O que você precisa saber sobre esses pronomes é o seguinte:

- Usa-se **Vossa** quando se fala com a pessoa; **Sua**, quando se fala sobre a pessoa.

  Exemplo:

  No quarto da rainha:

  – **Vossa** Majestade precisa de algo?

  – Sim. Um Martini.

  Na cozinha, ao cumprir a ordem:

  – **Sua** Majestade quer um Martini.

- Qualquer pronome de tratamento, apesar de se referir à 2ª pessoa do discurso, exige que verbos e pronomes estejam na forma de 3ª pessoa.

  Exemplo: *Você Eminência* **fez** bem ao arrecadar doações para as vítimas do Covid em **sua** nação.

- O pronome *você* não pode ser "misturado" com verbos ou pronomes de 2ª pessoa no mesmo contexto; é preciso haver uniformidade de tratamento; no entanto, o que mais ocorre é a "desuniformidade" de tratamento, note:

  Exemplo: Não esperava que *chegasse* tão cedo; *espere* um pouco que vou mandar alguém te buscar.

  Repare que as formas verbais destacadas estão na 3ª pessoa do singular e o pronome oblíquo empregado é de 2ª pessoa (te); deveria ser: "vou mandar alguém *lhe* buscar" (3ª pessoa). Obviamente poderíamos modificar as formas verbais para uniformizar pela 2ª pessoa: "Não esperava que *chegasses* tão cedo; *espera* um pouco que vou mandar alguém te buscar".

b) Pronomes possessivos

Estabelecem, normalmente, relação de posse entre seres e conceitos e as pessoas do discurso. Daqui a pouco explico o "normalmente".

1ª pessoa: meu(s), minha(s) / nosso(s), nossa(s)

2ª pessoa: teu(s), tua(s) / vosso(s), vossa(s)

3ª pessoa: seu(s), sua(s)

O que você precisa saber sobre esses pronomes é o seguinte:

■ Os pronomes de tratamento utilizam os possessivos da 3ª pessoa:

Exemplo: **Vossa Senhoria** deve encaminhar *suas* reivindicações ao diretor.

■ Em algumas construções, os pronomes pessoais oblíquos assumem valor de possessivos, exercendo, pois, função sintática de adjunto adnominal (ADN); Celso Cunha e Bechara veem como objetos indiretos com valor possessivo. Fique de olho nisso!

Exemplo: Vou seguir-**lhe** os passos. (Vou seguir *seus* passos) / Apertou-**me** as mãos. (Apertou *minhas* mãos).

■ Mudança de posição pode gerar mudança de sentido.

Exemplo: Envio *minhas* fotos ainda hoje (fotos tiradas por mim) / Envio fotos *minhas* ainda hoje. (fotos em que estou presente, apareço)

■ O pronome possessivo *seu* pode causar ambiguidade.

Exemplo: O policial prendeu o ladrão em **sua** casa. / João, Maria e **seu** filho saíram. / Marcos contou-me que Soraia tinha desaparecido com seus documentos. / A professora disse ao diretor que concordava com sua nomeação.

Para desfazer a ambiguidade, usam-se vírgulas, próprio(-a/ -s), dele(-a/-s), voz passiva, pronome relativo "que", o pronome demonstrativo "este"...

Exemplo: O policial, em sua própria casa, prendeu o ladrão. / O ladrão foi preso pelo policial na casa deste...

Atenção!

Olha o que a banca pode fazer com você nesta frase: "O cabelo **dela** é castanho".

Na frase acima, temos um pronome possessivo. O que acha? É ou não? Resposta: JAMAIS! De acordo com a norma culta, meus amigos e amigas, os pronomes possessivos são os que estão no quadro de pronomes possessivos. Por acaso você viu algum dele(a/s) lá? Creio que não, por isso, não caia nessa!

Analisando o "**dela**": de + ela = dela. Simples assim. Uma mera contração entre preposição e pronome pessoal, que, neste caso, é oblíquo tônico.

■ O artigo definido é facultativo antes dos possessivos.
   Exemplo: Gosto de *meu* trabalho ou Gosto do *meu* trabalho.

■ Os matizes de sentido, respectivamente, que podem ter os possessivos são: parentesco, estimativa, ironia, cortesia, realce...
   Exemplo: Como vão os *seus*, Francisco? / Roberto tem *seus* vinte e quatro anos. / *Meu* amorzinho, cala a boca! / Deixe-me ajudar, *minha* boa senhora. / *Seu* bobo, para de palhaçada!

   c) **Pronomes indefinidos**

   Referem-se à 3ª pessoa do discurso de forma vaga, imprecisa ou genérica. São eles:

Variáveis	Invariáveis
Algum, alguma, alguns, algumas	Algo
Nenhum(ns), nenhuma(s)	Tudo
Todo, toda, todos, todas	Nada
Outro, outra, outros, outras	Mais/Menos
Muito, muita, muitos, muitas	Quem
Bastante, bastantes	Alguém
Pouco, pouca, poucos, poucas	Ninguém
Certo, certa, certos, certas	Outrem
Vário, vária, vários, várias	(Os) Demais
Quanto, quanta, quantos, quantas	Cada
Tanto, tanta, tantos, tantas	Que
Qualquer, quaisquer	
Tal, tais	
Qual, quais	
Um, uma, uns, umas	

Locuções pronominais indefinidas

Grupos de vocábulos com valor de pronome indefinido.

Cada qual, cada um, quem quer que, seja quem for, seja qual for, o mais, todo mundo, todo aquele que, um ou outro, qualquer um...

Exemplo:

Cada um é diferente.

Seja quem for que me incomode pagará caro.

Importante!

A mudança de posição de alguns indefinidos poderá mudar ora sua classe, ora seu sentido.

Exemplo: **Qualquer** mulher merece respeito (sentido generalizador) / Ela não é uma mulher **qualquer** (sentido pejorativo). / **Algum** amigo te traiu? (sentido genérico) / Amigo **algum** me traiu. (sentido negativo) / **Certo** homem veio atrás de você. (sentido genérico, pronome indefinido) / Ele é o homem **certo**. (sentido qualificativo, adjetivo) / **Outra** mulher chegou.

124   Língua Portuguesa e Redação Oficial

(sentido indefinido, pronome indefinido) / Agora ela é uma *outra* mulher. ("nova, renovada", adjetivo)

■ **Todo**, no singular e junto de artigo, significa **inteiro**; sem artigo, significa **qualquer**.
Exemplo: *Todo o* edifício será pintado. / *Todo* edifício será pintado.

■ **Nenhum** varia normalmente quando anteposto ao substantivo.
Exemplo: Não havia *nenhumas* frutas na cesta.

■ O pronome indefinido **outro** junto de artigo pode mudar de sentido.
Exemplo: *Outro* dia fui visitá-lo. (tempo passado) / Fui visitá-lo no *outro* dia (tempo futuro).

■ O pronome **cada** pode ter valor discriminativo ou intensivo.
Exemplo: Em *cada* lugar, há diversidade de beleza. / Tu tens *cada* mania!

■ O vocábulo **UM** pode ser artigo indefinido, numeral ou pronome indefinido (alternando com "outro").
Exemplo: Ele é *um* homem bom. (artigo indefinido) / Ele é só *um*, deixe-o em paz (numeral). / *Um* chegou cedo; o "outro", atrasado. (pronome indefinido)

Importante!

Alguns pronomes indefinidos podem virar advérbios, a depender do contexto. Lembre-se sempre: pronome se liga a substantivo. Veja:
Toda força é bem-vinda. (pronome indefinido) / Ela estava **toda** boba. (toda modifica o adjetivo "boba", portanto, *é um advérbio)*
O mundo **mais** amor e **menos** política. (pronomes indefinidos) / Aja **mais** e fale **menos**. (advérbios modificando verbos)

Morfologia e flexão nominal **125**

O mesmo ocorre com os pronomes indefinidos "muito, bastante, pouco, algo, nada, que, tanto...".

---

d) **Pronomes interrogativos**

Exprimem questionamento direto ou indireto em um contexto que sugere desconhecimento ou vontade de saber.

Que (o que), Quem, Qual (e variações), Quanto (e variações)

Exemplo:

Que é isso? (pergunta direta)

Quero saber [*que* é isso (?)]. (pergunta indireta)

Observação

Não confunda pronome interrogativo (que) com conjunção integrante (que). Se der para fazer uma pergunta a partir do "que", este será interrogativo, e não conjunção integrante.

Exemplo: Não sei *que* horas são. (*Que* horas são? Pergunta possível) / Espero *que* sejam 10 horas. (*Que* sejam 10 horas? Pergunta impossível)

■ Nas frases interrogativas indiretas, os pronomes interrogativos vêm, normalmente, após os verbos "saber, perguntar, indagar, ignorar, verificar, ver, responder...".

Exemplo: Quero saber (o) *que* devo fazer. (Que devo fazer?) / Ignoro quem fez isso (Quem fez isso?).

■ A forma reduzida da expressão "que é de" é "Cadê", muito popular, mas não contemplada entre os gramáticos normativos como culta.

Exemplo: *Cadê* as pessoas que estavam aqui?

e) Pronomes demonstrativos

Palavras que marcam a posição temporal ou espacial de um ser em relação a uma das três pessoas do discurso, fora do texto (exófora/dêixis) ou dentro de um texto (endófora – anáfora ou catáfora).

Normalmente relacionados à 1ª pessoa: *este(a/s), isto*.
Normalmente relacionados à 2ª pessoa: *esse(a/s), isso*.
Normalmente relacionados à 3ª pessoa: *aquele(a/s), aquilo*.

Além desses pronomes demonstrativos canônicos, há:

■ *mesmo(a/s), próprio(a/s)* com valor reforçativo ou junto de artigo, como nos exemplos "ela *mesma/própria* cuida de seus investimentos". / "A *mesma* mulher tem talento de sobra".

Observação

Cuidado com a seguinte construção: **"O elevador só suporta oito pessoas. Não sobrecarregue o *mesmo*"** ou **"*Ao embarcar no elevador, verifique se o mesmo se encontra parado no andar*"**. Sei que você já viu, inclusive, este tipo de construção em muitos saguões de prédios comerciais e residenciais, mas o uso de "o mesmo" retomando um termo, como um típico pronome demonstrativo referenciador, não está adequado à norma culta segundo muitos gramáticos. Os manuais de redação também não o recomendam.

■ *tal(s), semelhante(s)*, quando aparecem no lugar de isto, aquilo, aquele(a/s)
Exemplo: *Tal* absurdo eu não cometeria. / Nunca vi *semelhante* coisa, meu Deus!

■ *o(s), a(s)*, quando substituíveis por aquele(a/s), isso; importante dizer que tal situação ocorre em três casos: antes de pronome relativo (normalmente, o "que"), antes de preposição (normalmente, a "de"), junto ao verbo ser ou fazer, normalmente.

Exemplo: Somos *o* que somos. (Somos aquilo que somos) / *As* que chegaram atrasadas perderam a explicação. (Aquelas que chegaram atrasadas...) Estou fora de mim, alheio a*o* que pensem de mim. / Convidei só *os* do Bacacheri para o jogo. (Convidei só *aqueles* do Bacacheri...) / Ela estudava, mas não *o* fazia com vontade. (Ela estudava, mas não fazia *isso* com vontade)

Principais usos dos demonstrativos

1. Numa perspectiva exofórica ou dêitica, ou seja, referindo-se a elementos extradiscursivos (fora do texto/discurso) dentro do espaço ou do tempo, procede-se assim:

■ *Função espacial*

Os advérbios *aqui, cá* (proximidade à 1ª p.); *aí* (proximidade à 2ª p.); *ali, lá, acolá* (distância da 1ª p. e da 2ª p.) ajudam no uso adequado dos pronomes demonstrativos.

Este(a/s), isto: próximo do falante (quem fala)

Exemplo: *Esta* camisa (aqui) do Flamengo é minha.

Esse(a/s), isso: próximo do ouvinte (com quem se fala)

Exemplo: *Essa* camisa (aí) é tua?

Aquele(a/s), aquilo: distante dos dois (de quem ou do que se fala)

Exemplo: *Aquela* camisa é dele.

■ *Função temporal*

Este(a/s): presente, passado recente ou futuro (dentro de um espaço de tempo).

Exemplo: *Esta* é a hora da verdade. / *Esta* noite foi sensacional. / *Este* fim de semana será perfeito, pena que ainda é segunda.

Esse(a/s): passado recente

Exemplo: Ninguém se esquecerá d*esse* carnaval.

Aquele(a/s): passado ou futuro distantes (vago)

Exemplo: Foi em 1500, n*aquele* ano, o Brasil surgiu. / "N*aquele* dia, no Seu dia, Deus fará justiça".

2. Numa perspectiva endofórica (anafórica ou catafórica), ou seja, referindo-se a elementos intradiscursivos (dentro do texto), procede-se assim:

■ *Função distributiva*

Este, referindo-se ao mais próximo ou citado por último. *Aquele*, referindo-se ao mais afastado ou citado em 1° lugar. Ambos são anafóricos, pois substituem termos anteriores.

Exemplo: Todos nós conhecemos Tarcísio e Glória. A imagem d*esta* tem como reflexo *aquele*. Ou seria o contrário?

■ *Função referencial*

Este(a/s), isto referem-se a algo que será dito ou apresentado (valor catafórico). Pode também retomar um termo antecedente (valor anafórico), segundo Bechara.

Exemplo: *Esta* sentença é verdadeira: "A vida é efêmera". E n*isto* todos confiam.

Esse(a/s), isso referem-se a algo já dito ou apresentado (sempre anafóricos).

Exemplo: *Isso* que você disse não está certo, amigo. É por *essas* e outras que nada funciona neste país.

Valores estilísticos dos demonstrativos

Exemplo: Não sou d*essas*, não! Por exemplo, *essa* aí não presta (desprezo, ironia) / *Essa*, não! (surpresa) / Você só pensa n*aquilo*... (malícia) / Não consigo acreditar que ela tenha virado *aquilo* (pena, comiseração)...

f) Pronomes relativos

Este é o campeão de aparições nas provas, portanto, aproveite minha minuciosa abordagem!

A palavra relação vem do latim *relatione*, que significa ligação, conexão, daí chamar o **pronome** que se refere, ou se relaciona, ou está ligado a um termo, de **relativo**. Assim, **pronome relativo** é um elemento conector de caráter anafórico, isto é, refere-se a um termo antecedente explícito (substantivo, pronome substantivo, numeral substantivo, advérbio, verbo no infinitivo ou oração reduzida de infinitivo), substituindo-o, e que sintaticamente introduz oração subordinada adjetiva restritiva ou explicativa.

Exemplo:

O *homem* – apesar de todos os contratempos – **que** veio aqui era o Presidente.

Ninguém **que** esteve no Brasil deixou de se desapontar.

Apenas *um*, **que** compareceu à festa, estava bem trajado.

Ali, **onde** você mora, não é o melhor lugar do mundo.

Estudar **que** é bom poucos acham legal.

Procurar aprender Língua Portuguesa, **que** é importante, deve ser meta de todo concurseiro.

Visto que seu objetivo é substituir um vocábulo para que este não se torne repetitivo, o pronome relativo nos permite reunir dois períodos num só.

Exemplo: O livro *Os Últimos Pores do Sol* é espetacular. Eu o estou lendo. => *Estou lendo Os Últimos Pores do Sol um livro que é espetacular* ou *O livro* **que** *estou lendo, Os Últimos Pores do Sol, é espetacular.*

Observação

Na linguagem coloquial, observa-se o uso pleonástico por um pronome oblíquo após o relativo, como no exemplo "Este é o livro que pretendemos comprá-**lo**". *Não está adequado à norma culta!*

Atenção!

É importante dizer que, se um verbo ou um nome da oração subordinada adjetiva exigir a presença de uma preposição, esta irá à frente do pronome relativo.

Exemplo: O filho, **do qual** a mãe tinha necessidade, era bom. (quem tem necessidade, tem necessidade **DE**)

Veja o uso adequado dos pronomes relativos

1. QUE (substituível pelo variável O QUAL)

■ É invariável.

■ Refere-se a pessoas ou coisas.

■ É chamado de *relativo universal*, pois pode – geralmente – ser utilizado em substituição de todos os outros relativos. Exemplo:

As mulheres, **que** (= *as quais*) são graciosas por natureza, permanecem ótimas.

O Flamengo, **que** (= *o qual*) sempre será meu time de coração, é octacampeão brasileiro.

Minha sogra, **a que** (= à qual) tenho grande aversão, mora em Curitiba.

O Flamengo é o (= aquilo) **que** preocupa os vascaínos.

Os dois, **que** (= *os quais*) você ajudou, já estão recuperados.

Observação

■ Numa série de orações adjetivas coordenadas o **que** pode estar elíptico (vou pôr um ponto de exclamação no lugar (!)).

Exemplo: O salão estava cheio de profissionais do ensino **que** conversavam, (!) riam, (!) dormiam.

■ Diz-se que o relativo **que** s̲ó̲ deve ser antecedido de preposição monossilábica (a, com, de, em, por; exceto sem e sob); caso contrário, usam-se os variáveis (sem restrição quanto ao uso das preposições), inclusive para evitar ambiguidade.

Exemplo: Este é o ponto **com que** concordo, mas foi este **sobre o qual** você falou? / Ambiguidade: Conheci o pai da moça **que** se acidentou. (Quem se acidentou?), por isso: Conheci o pai da moça **o qual** (ou **a qual**) se acidentou.

■ Cuidado para não confundir o relativo **que** com a conjunção integrante **que**, ou com o pronome interrogativo **que**, ou com a partícula expletiva **que**.

Exemplo: Eu disse ao entregador **que** ia estar em casa hoje! (conjunção integrante) / Eu não soube pelo homem **que** horas são. (pronome interrogativo) / As promotoras do caso é **que** tinham de não perder o prazo do recurso! (partícula expletiva)

2. QUEM

■ É invariável.

■ Refere-se a pessoas ou a algo personificado.

■ A preposição *a* precederá o relativo *quem* sob qualquer circunstância, exceto se o verbo ou um nome da oração subordinada adjetiva exigir outra preposição. De qualquer forma, vem sempre preposicionado.

Exemplo:

A Justiça **a quem** devo obediência é meu guia.

Eis o homem **a quem** mais admiro: Machado de Assis.

Conheci Carolina, uma musa **por quem** me apaixonei.

Deus, **perante quem** me ajoelho, é importantíssimo.

Observação

Evita-se o uso da preposição *sem* antes de **quem**; prefere-se **sem o qual** em vez de **sem que**.

Exemplo: Aguardávamos a delegada **sem quem** *não sairíamos*. (?!) / aguardávamos a delegada, **sem a qual** *não sairíamos*.

---

3. CUJO

- É um pronome adjetivo que vem, geralmente, entre dois nomes substantivos explícitos, entre o ser possuidor (antecedente) e o ser possuído (consequente).
- É variável, logo, concorda em gênero e número com o nome consequente, o qual geralmente difere do antecedente.
- Nunca vem precedido ou seguido de artigo, é por isso que não há crase antes dele.
- Geralmente exprime posse.
- Equivale à preposição *de + antecedente*, se invertida a ordem dos termos.

   Exemplo:

   O Flamengo, **cujo** passado é glorioso, continua alegrando. (O passado *do Flamengo...*)

   O Covid-19 é um vírus **contra cujos** males os médicos lutam. (... contra os males *do vírus*)

   Vi o filme **a cujas** cenas você se referiu. (... às cenas *do filme*)

   O registro formal, em que o grau de prudência é máximo, e **cujo** conteúdo é mais elaborado e complexo é o preferido dos Ministros dos Tribunais Superiores. (... o conteúdo *do registro formal...*)

O celular, **cuja** invenção ajudou a sociedade, tem hoje múltiplas funções. (A invenção *do celular...*)

Observação

No último exemplo não há relação de posse.

---

4. QUANTO

- É variável.
- Aparece sempre após os pronomes "tudo, todo (e variações) e tanto (e variações)" seguidos ou não de substantivo ou pronome.

Exemplo:

Ele encontrou tudo **quanto** procurava.

Aqui há tudo **quanto** você precisa.

Bebia toda a cerveja **quanta** lhe ofereciam.

Todas **quantas** colaborarem serão beneficiadas.

Aqui há tanto movimento **quanto** se pode esperar.

Explico tantas vezes **quantas** sejam necessárias.

5. ONDE

- É invariável.
- Aparece com antecedente locativo real ou virtual.
- Substituível por "em que, no qual (variações)".
- Pode ser antecedido, principalmente, pelas preposições "a, de, por e para". Aglutina-se com a preposição *a*, tornando-se "aonde", e com a preposição *de*, tornando-se "donde".

Exemplo:

A cidade **onde** (= *em que/ na qual*) moro é linda.

O coração do homem é **onde** habitam os melhores e os piores sentimentos.

O sítio **para onde** voltei evocava várias lembranças.

As praias **aonde** fui eram simplesmente fantásticas.

O lugar **donde** retornei não era tão bom quanto aqui.

A casa **por onde** passamos ontem é minha.

Observação

Há um uso indiscriminado do relativo **onde**, porém, se não estiver conforme o que expus acima, estará errado.

---

6. COMO

- ■ É invariável.
- ■ Precedido sempre pelas palavras "modo, maneira, forma e jeito".
- ■ Equivale a "pelo qual".

Exemplo:

Acertei o *jeito* **como** (= *pelo qual*) fazer as coisas.

Encontraram o *modo* **como** resolver a questão.

A *maneira* **como** você se comportou é elogiável.

Gosto da *forma* **como** aqueles atores contracenam.

7. QUANDO

- ■ É invariável.
- ■ Antecedente sempre exprimindo valor temporal.
- ■ Equivale a "em que".

Exemplo:

Ela era do tempo **quando** se amarrava cachorro com linguiça.

É chegada a hora **quando** (= *em que*) todos devem se destacar.

4

Morfologia II e domínio da estrutura morfossintática do período – I

4.1 Preposição

Palavra invariável que liga duas outras palavras entre si ou duas orações, estabelecendo certas relações de sentido normalmente. A diferença entre conjunção e preposição é que esta só subordina, não coordena.

Exemplo:

Eu fui à casa *de* Patrícia. (posse)

Sairemos *com* as crianças. (companhia)

Estudo Português com o Ben Noach **para** passar fácil na prova! (finalidade)

Observação

Muitos verbos, substantivos, adjetivos e advérbios exigem preposição.
Exemplo:
Visamos <u>ao</u> bem-estar da família.
Tenho *admiração* **por** pessoas estudiosas.

Este filme é *impróprio* **para** menores.

Paralelamente **a** essa rua da qual falei, há o Museu de Arte Sacra.

Principais preposições

- *Essenciais*: a, ante, após, até, com, contra, de, desde, em, entre, para, per, perante, por, sem, sob, sobre, trás.
- *Acidentais*: afora, como, conforme, consoante, durante, exceto, mediante, menos, salvo, segundo, visto, que...

Exemplo:

Existe muita cumplicidade <u>entre</u> mim e Carolina. (reciprocidade)

Muitos compareceram, <u>menos</u> tu. (exclusão)

Observação

As preposições acidentais regem, geralmente, os pronomes pessoais do caso reto.

- Expletiva: são quatro os casos de preposição expletiva "de": I) antes da conjunção comparativa "que" em situação de grau comparativo de inferioridade ou superioridade; II) antes de uma oração subordinada predicativa; III) em formações *artigo + adjetivo substantivado + de + substantivo*; e IV) introduzindo o aposto especificativo, conforme os exemplos abaixo:

  I) Ela é mais inteligente (do) que o marido. / II) Minha impressão é (de) que toda a estrutura ruirá a qualquer momento. / III) A bela (da) moça não arruma namorado! IV) O time (de) Bangu já foi finalista do Brasileirão.

Locução prepositiva

É o conjunto de palavras terminadas em preposição que apresenta um nexo semântico qualquer – sempre a depender do contexto em que aparece.

Morfologia II e domínio da estrutura morfossintática do período – I   137

Exemplo: a fim de, além de, antes de, depois de, ao invés de, à custa de, em via de, à volta com, defronte de, a par de, através de, perto de, diante de, detrás de, ao encontro de, de encontro a, devido a... a/ em meu ver, a/ com muito custo, em frente de/ a, junto a/ com/ de...

Exemplo:

Voltei logo **devido à** chuva. (causa)
O menino foi **ao encontro da** mãe. (direção/ união)

Observação

▪ A doutrina gramatical a respeito das locuções prepositivas "dentro de, perto de, longe de, diante de" é polêmica; há autores (como Luiz Antônio Sacconi, Celso Pedro Luft e alguns outros) que defendem que essas expressões são advérbios antepostos a uma preposição. Porém, para a maioria dos gramáticos elas são, de fato, *locuções prepositivas*. Um dos gramáticos que tive o privilégio de conhecer, o professor Manoel Pinto Ribeiro, é ainda mais específico em sua *Gramática Aplicada da Língua Portuguesa*, ao afirmar que na oração "Estou perto de casa", a expressão *de casa* não é complemento nominal do advérbio "perto", pois "perto de" é locução prepositiva que introduz um adjunto adverbial de lugar.

▪ As locuções prepositivas "**frente a**" ou "**face a**", conquanto sejam de uso corrente, não devem ser empregadas, pois não encontram respaldo na doutrina gramatical mais ortodoxa. Vi esse uso ser abonado por Domingos Paschoal Cegalla na *Novíssima Gramática da Língua Portuguesa* e só.

Contração, Combinação e Crase

A *contração* de uma preposição ocorre geralmente quando esta se junta com um artigo ou pronome demonstrativo ou oblíquo, e há uma perda fonética qualquer. A *combinação* ocorre sem perda fonética. A *crase* ocorre quando a preposição a se liga a um artigo feminino, ao pronome demonstrativo iniciado por A ou ao pronome relativo a qual (e suas flexões).

Exemplo:

A última vez que estive no (em + o) centro de Londres foi em 2016.

Desta (de + esta) vez eu passo na prova!

Não mais regressou à Alemanha após a guerra.

Referi-me àquela (a + aquela) publicação de 2018.

Visitarei a exposição à qual (a + a qual) fizeste menção.

Observação

O advérbio "onde" admite a combinação com a preposição "a" e contração com a preposição "de"; vale dizer que outros advérbios de lugar (como 'aqui', 'ali', 'além'...) também admitem contração. Confira:

Era dali (de + ali) que vinha o mau cheiro.

Donde (de + onde) vens?

Os tiros que anunciavam a guerra vinham dalém (de + além) das montanhas.

Relacionais e nocionais

As preposições relacionais são exigidas pelos verbos ou pelos nomes, constituindo casos de regência verbal ou nominal; já as preposições nocionais normalmente não são exigidas por força de regência e apenas apresentam diversos nexos semânticos (ver na sequência o quadro "Nexos semânticos das preposições").

Exemplo:

Assisti **ao** filme de Gustave Eiffel ontem. (quem assiste, assiste A algo) – relacional / complemento verbal (objeto indireto)

Sou fiel **a** Deus. (quem é fiel, é fiel A alguém) – relacional/complemento nominal.

O carro **do** Hamilton quebrou na última volta. (valor de posse) – nocional.

Viajei **de** carro para Curitiba várias vezes. (valor de meio) – nocional.

Nexo semântico das preposições

A: causa, conformidade, destino (lugar).

Exemplo: Eu voltei **a** pedido dos amigos./ Eu comi um bife **à** milanesa./ Eu fui daqui **a** Salvador.

COM: causa, companhia, concessão, instrumento, matéria, modo, oposição, referência, simultaneidade.

Exemplo: Eu assustei-me **com** o trovão./ Eu saí **com** a garota./ **Com** mais de 80 anos, ainda projeta planos./ Eu abri a porta **com** a chave./ Eu fiz o vinho **com** a uva certa./ Eu a trato **com** carinho./ Eu joguei com você e ganhei./ **Com** sua irmã, tudo é diferente./ Hoje a mulher concorre **com** o homem.

CONTRA: oposição, direção, proximidade.

Exemplo: Eu jogo **contra** você./ Eu a empurrei **contra** a outra./ Eu a apertei **contra** o peito.

DE: assunto, causa, conteúdo, definição, dimensão, fim, instrumento (meio), lugar, matéria, medida, modo, origem, posse, preço, qualidade, semelhança (comparação), tempo.

Exemplo: Eu falo **de** futebol./ Estou morto **de** fome./ Tomei uma xícara **de** café./ Sou uma pessoa **de** coragem./ Estou em um prédio **de** dois andares./ Tenho um carro de passeio./ Eu viajei **de** trem e briguei **de** faca./ Vi **de** perto aquela cena./ Comprei um chapéu **de** palha./ Comprei uma régua **de**

30cm./ Fiquei **de** pé./ Comprei carne **de** vaca./ Estou fascinado com o olhar **de** Carolina./ Comprei o caderno **de** 10 reais./ Comprei carne moída **de** primeira./ Você enxerga com olhos **de** lince./ Sempre estudo **de** tarde.

DESDE: lugar, tempo.

Exemplo: Eu dormi **desde** lá até cá./**Desde** o ano de 2002 que o Brasil não vence a Copa.

EM: estado (qualidade), fim, forma (semelhança), limitação, lugar, meio, modo, preço, sucessão, tempo, transformação.

Exemplo: O filme foi **em** *full HD*./ Estamos **em** greve./ Pedi Carolina **em** casamento./ Bebi água com as mãos **em** concha./ Não sou bom **em** Química./ Fiquei **em** casa./ Paguei as contas no cartão/ Escrevi o poema **em** português./ Avaliei a casa **em** um milhão de reais./ Trabalho de porta **em** porta./ **N**o ano 2000, tinha 23 anos./ A mudança de boneco **em** gente era o anseio de Pinóquio.

ENTRE: lugar, meio social, reciprocidade.

Exemplo: Sempre estou **entre** os ciganos./ Não há problemas **entre** mim e ela.

PARA: consequência, fim, lugar, proporção, referência (opinião), tempo.

Exemplo: Sou muito esperto **para** não cair nessa./ Nasci **para** trabalhar./ Vim **para** ficar./ Estou **para** o português assim como vocês estão **para** a enfermagem./ Para mim, ela está mentindo./ Tenho água **para** dois dias apenas.

PERANTE: indica lugar, em frente a; não se usa perante a.

Exemplo: Eu, **perante** o juiz e **perante** Deus, juro.

POR: causa, conformidade, favor, lugar, medida, meio, modo, preço, quantidade, substituição, tempo.

Morfologia II e domínio da estrutura morfossintática do período – I   **141**

Exemplo: Foi preso **por** corrupção./ Fiz a cópia **pelo** original./ Ghandi morreu **por** uma causa./ Moro **por** aqui mesmo./ Comi **por** quilo./ Enviei a carta **pelo** Correio./ Chamei-a **por** ordem alfabética./ Vendi o livro **por** dois reais./ O Bangu perdeu **por** 6 a 0 do Flamengo./ Não troque seis **por** meia dúzia./ Estarei no Rio de Janeiro lá **pelos** idos de abril.

SEM: indica ausência, condição ou concessão

Exemplo: Não se vive **sem** oxigênio. / **Sem** dinheiro, fui desprezado por quem se dizia amigo. / **Sem** credenciais, entrou na Sapucaí / **Sem** credenciais, não entra na Sapucaí.

SOB: lugar, modo, tempo.

Exemplo: Não fosse por meu filho, teria passado noite **sob** teto público. / Saiu **sob** vivas e aplausos./

SOBRE: assunto, direção, lugar.

Exemplo: Não converso **sobre** futebol, política ou religião./ Voei **sobre** o Planalto Central várias vezes./ Flutuou **sobre** as ondas.

TRÁS: indica posição.

Exemplo: Ela não ficou para **trás**. O zagueiro chegou por **trás** do atacante. Por **trás** de todos, não conseguia ver o palco.

Nunca é demais lembrar!!

■ Tanto faz empregar "de" ou "que" em construções do tipo "Eu tenho de conseguir a vaga" ou "Tenho que conseguir estudar mais"; no entanto, os gramáticos mais tradicionais e os manuais de estilo orientam que se privilegie o emprego da preposição "de".

■ Os verbos chegar, ir, voltar, levar etc. JAMAIS podem apresentar a preposição em, quando indicam lugar! Sei que dizer "Cheguei a

142   Língua Portuguesa e Redação Oficial

casa tarde ontem" pode parecer "estranho", mas é a única forma certa, *beleza*? Assim como dizer "Vou no cinema com meu namorado" também não vale (você vai AO cinema); por favor, não leve as crianças "no parque" e sim "ao parque", combinado?

- "Nos sábados vou à sinagoga" (errado), pois quem vai, vai A algum lugar e este a indica repetição do fato. "Aos sábados vou à sinagoga" (agora sim!).

- "Somos em dez, estamos em cinco, fomos em quatro" (errados); a preposição *em* entre os verbos ser, estar ou ir + numeral não é usada. Logo: Somos dez em casa, Estamos cinco no carro...

- Alguns dos principais gramáticos dizem que não se deve contrair preposição com o termo seguinte se for sujeito, como nos exemplos "Está na hora *de a* onça beber água" ou "É chegado o momento *de o* Brasil voltar à normalidade"; há quem advogue "Está na hora *da* onça beber água" e "É chegado o momento *do* Brasil voltar à normalidade" em nome da concisão textual. Meu conselho é que, em provas discursivas, meu/minha nobre, opte pela forma mais tradicional (*de a*/*de o*).

- As preposições *a, para, por e sem* + verbo no infinitivo indicarão, conforme cada contexto, nexos semânticos de causa, condição, concessão, finalidade ou tempo. Confira nos exemplos a seguir: *Por* ser alto, optou pelo basquete. (causa) / *Para* conseguir a vaga, precisa estudar. (finalidade) / *A* prevalecer tal situação, irei embora. (condição) / *Sem* remédio, curou-se. (concessão) / *Ao* chegar, livrei-me do sobretudo e do guarda-chuva. (tempo)

4.2 Advérbio

Palavra que:

- não muda de forma em gênero e número, ou seja, é invariável;

Morfologia II e domínio da estrutura morfossintática do período – I   143

- se liga a verbo, adjetivo, outro advérbio ou uma oração inteira, modificando o sentido deles;
- apresenta diversas circunstâncias ou valores semânticos (afirmação, negação, modo, lugar, tempo, dúvida, intensidade, causa, concessão, conformidade, finalidade, condição, meio, instrumento etc.).

Exemplo:

Iremos *ali*. (modificou o verbo)

Carolina é *muito* talentosa. (modificou o adjetivo)

Todos chegaram *bastante* tarde. (modificou o advérbio)

Semanalmente escrevo materiais para concursos. (modificou a oração)

Fique de olho:

- Os advérbios terminados em –*mente* são derivados de adjetivos femininos ou uniformes: *linda* > *lindamente; provável* > *provavelmente; talentosa* > *talentosamente; invariável* > *invariavelmente*... Vale eu dizer que o fato de um advérbio terminar em –*mente* não faz dele um advérbio de modo. (Sim, tem gente que acha isso!) Os advérbios com essa terminação poderão ser de modo, mas também de afirmação, negação, dúvida, intensidade ou tempo. Vamos ver um exemplo de cada: rapidamente (modo) indubitavelmente (afirmação), absolutamente (negação – a depender do contexto), possivelmente (dúvida), extremamente (intensidade), concomitantemente (tempo), e por aí vai.

- As palavras, *como, onde, por que e quando* são, respectivamente, advérbios interrogativos de *tempo, modo, lugar e causa*. Podem aparecer nas orações interrogativas diretas ou indiretas: Ninguém soube me responder *como* voltaríamos. / *Onde* encontrou com ela? / Não entendi *por que* fizeste isso. / *Quando* voltaremos?

- *Demais* modifica verbo ou adjetivo, *de mais* modifica nome: Ficar conectado *demais* pode fazer mal à saúde. / O clima em Brasília é seco *demais*. / Há coisas *de mais* e de menos aqui.

144 Língua Portuguesa e Redação Oficial

■ Há adjetivos que se tornam advérbios de modo, se modificam verbos: Às vezes falo *alto* sem perceber, desculpe. / A cerveja que desce *redondo*. / Este momento é para ficar *sério*. / Não pense *errado* sobre mim.

■ Segundo a doutrina gramatical menos ortodoxa, o numeral "primeiro" pode se tornar advérbio: Quem chegar *primeiro* será o vencedor.

■ Quando há vários advérbios terminados em –mente numa mesma frase, deve-se pôr o sufixo apenas no último: Era preciso achar uma vacina contra o Covid-19 *rápida e urgentemente*.

■ Alguns advérbios são chamados de *modalizadores*, pois, basicamente, exprimem estado emocional ou ponto de vista: *Sinceramente*, esperava outra atitude sua. / Ele, *infelizmente*, não trouxe boas notícias.

Alguns advérbios e suas circunstâncias

Por favor, meus alunos e alunas, prestem atenção aos advérbios que quase nunca aparecem ou que não são usados com frequência; são eles que as bancas *curtem* utilizar! Vale a dica: apenas os contextos nos quais o advérbio se insere podem determinar o nexo semântico que apresentam.

Modo

assim, bem, mal, **acinte** (de propósito, deliberadamente), **adrede** (de caso pensado, de propósito, para esse fim), **debalde** (inutilmente), depressa, devagar, melhor, pior, bondosamente, generosamente, cuidadosamente e muitos outros terminados em –mente...

Lugar

abaixo, acima, adentro, adiante, afora, aí, além, **algures** (em algum lugar), **alhures** (em outro lugar), **nenhures** (em nenhum lugar), ali, aqui, aquém, atrás, cá, acolá, dentro, embaixo, externamente, lá, longe, perto...

Morfologia II e domínio da estrutura morfossintática do período – I   145

Tempo

afinal, agora, amanhã, **amiúde** (frequentemente), antes, ontem, breve, cedo, constantemente, depois, enfim, **entrementes** (enquanto isso), hoje, imediatamente, jamais, nunca, sempre, outrora, primeiramente, tarde, provisoriamente, sucessivamente, já, doravante...

Negação

não, tampouco (também não), sequer...

Afirmação

sim, certamente, **decerto**, certo...

Dúvida

acaso, **porventura**, possivelmente, provavelmente, talvez, **quiçá**...

Intensidade

assaz (bastante), bastante, demais, mais, menos, muito, quanto, quão, quase, tanto, pouco...

Palavras e locuções denotativas

Segundo o professor Evanildo Bechara, os denotadores de inclusão, exclusão, situação, retificação, designação, realce, entre outros não têm nome especial, devendo ser colocados à parte; o gramático Celso Cunha vai mais longe e afirma que tais palavras não encontram classificação morfológica, e, por isso, são chamados de "palavras denotativas". Confira:

■ *Designação*: eis.
  Exemplo: **Eis** o vosso rei!

■ *Exclusão*: apenas, salvo, só, somente, exceto, exclusive, afora, senão, menos...

Exemplo: **Salvo** engano, meu avô chegou ao Brasil pelos idos de 1930.

■ *Inclusão*: até, inclusive, mesmo, também, ademais...
Exemplo: Todos estavam estupefatos, **inclusive** ela.

■ *Explicação*: isto é, ou melhor, por exemplo, a saber...
Exemplo: É preciso equanimidade em certas situações, a saber: demonstrar equilíbrio e maturidade nas adversidades.

■ *Realce (expletiva)*: cá, lá, é que, só, ainda, sobretudo...
Exemplo: Carolina *é que* conquistou meu coração.

■ *Retificação*: aliás, ou melhor, ou antes, isto é...
Exemplo: A criança estava triste, *aliás*, melancólica.

■ *Situação*: afinal, agora, então, mas...
Exemplo: Afinal, você vem ou não vem?

Só de curiosidade:

A palavra **mesmo** e seus quatro valores semânticos:

■ Concessão: **Mesmo** chovendo, viajamos.
■ Afirmação: A natureza está **mesmo** doente.
■ Inclusão: **Mesmo** quem não comprou ingresso, irá.
■ Precisão: Ela me beijou aqui **mesmo**.

Locução adverbial

É o conjunto de duas ou mais palavras com valor de advérbio; normalmente iniciadas por preposição. Algumas: *ao vivo, dia a dia (tempo), em casa (lugar), aos trancos e barrancos, cara a cara, às pressas (modo), em hipótese alguma (negação), com a faca (instrumento), de trem (meio), por R$20.000,00 (preço)...*

Morfologia II e domínio da estrutura morfossintática do período – I   147

Exemplo:

Ele veio *a pé*, mas voltou *a cavalo*. (meio)

Ele faz entrega *em domicílio*. (lugar)

Ele estuda Letras *às escondidas*. (modo)

Ele chega *em breve, este ano*, obviamente. (tempo)

Ele, *de jeito nenhum*, age desonestamente. (negação)

Ele, *com certeza*, passará este ano. (afirmação)

Ele fala *em excesso*. (intensidade)

Ele estuda *por necessidade*. (causa)

Ele só fala *sobre política*. (assunto)

Ele sempre chega, *apesar do trânsito*. (concessão)

Ele viajou *a negócios*. (finalidade)

Na dúvida, não ultrapasse. (condição)

Graus dos advérbios

O advérbio é intensificado (grau) por outro advérbio, normalmente; o comparativo e o superlativo são os graus do advérbio.

O *comparativo* pode ser de:

- **Igualdade:** Aquela menina escreve tão *depressa* quanto/ como eu.
- **Superioridade:** Aquela menina escreve mais *depressa* (do) que eu.
- **Inferioridade:** Aquela menina escreve menos *depressa* (do) que eu.

148 Língua Portuguesa e Redação Oficial

Observação

Os advérbios "bem" e "mal", no grau comparativo de superioridade, ficam "melhor" e "pior": Aquela menina escreve **melhor/pior** do que eu.

O grau *superlativo* pode ser apenas absoluto (sintético ou analítico)

■ **Sintético** (uso de sufixo -íssimo ou -issimamente):
Exemplo: Ele estava *muitíssimo* bêbado./ Ele acordou *apressadissimamente*.

■ **Analítico** (uso de advérbio de intensidade modificando outro advérbio):
Exemplo: Eu fui *muito bem* nos exames. / Ela corre *bem mal*.

Observação

■ Os advérbios "bem" e "mal", no grau superlativo absoluto sintético, viram "ótimo" e "péssimo":
Exemplo: Eu fui ótimo nos exames. Ela corre *péssimo*.

■ **Mais bem** e **mais mal** são formas que se usam, de acordo com Bechara, antes de particípios ou adjetivos. Pode-se usar também "melhor" ou "pior", de acordo com alguns gramáticos.
Exemplo: Esta casa é *mais bem/melhor mobiliada* que a outra. / Estes alunos são *mais mal/pior desenvolvidos* que aqueles.

Formas estilísticas de grau dos advérbios

Existem certas formas criativas que fazem a gradação (grau) dos advérbios. Veja:

■ A repetição da forma adverbial gera a forma superlativa.
Exemplo: Volto *já, já.*/ Chegaremos *logo, logo.*

■ O prefixo (super e outros) ou o sufixo (aumentativo ou diminutivo) fazem a forma superlativa.
Exemplo: Ele fez **super-rápido** a prova. / Ele fez **rapidão/ rapidinho** a prova.

4.3 Conjunção

Palavra que:

■ não muda de forma, portanto, é invariável;
■ liga orações ou termos de mesma função sintática na oração; modernamente, liga períodos e parágrafos;
■ explicita diversos nexos semânticos entre as partes do texto;
■ é também chamada de conector, conectivo, elemento coesivo, operador argumentativo...

Exemplo: O Sol **e** a Lua são astros visíveis, **mas** são muito distantes da Terra.

O primeiro conectivo liga termos (Sol/Lua) estabelecendo uma relação semântica de adição, acréscimo, soma; já o segundo liga orações ("O Sol e a Lua são astros visíveis"/"são muito distantes da Terra") estabelecendo uma relação de adversidade, contraste, oposição. Entenda que as relações entre os termos e as orações normalmente existem sem que haja uma conjunção explicitando tal relação; ao colocarmos o conector, a relação fica mais clara, explícita.

Veja um exemplo:

Ano passado estudei demais: consegui a valiosa classificação.

Note que no lugar dos dois pontos poderíamos colocar um conectivo que clarificasse a ideia de causa/efeito (ou fato/ conclusão), certo? Veja se não ficaria assim:

Ano passado estudei demais, *logo* consegui a valiosa classificação.

Dentro de coesão sequencial, já abordada por mim no primeiro capítulo, falei muito sobre o que vem a seguir, *entretanto*, preciso relembrar-lhe *que* assuntos importantes nunca podem cair na indiferença, *portanto*, acompanhe (percebeu neste pequeno parágrafo as conjunções?):

Locução conjuntiva

Grupo de vocábulos que desempenham o mesmo papel das conjunções.

Não obstante, no entanto, pois que, visto que, já que, ao passo que, para que, logo que, assim que, a menos que, a fim de que, à medida que...

Classificação das conjunções

Fiquem atentos às conjunções sublinhadas, pois elas não são usuais; por este motivo a banca vai fazer questão de provocar sua sapiência.

Existem dois tipos de conjunção: **coordenativas** (ligam orações ou termos sintaticamente independentes) e **subordinativas** (ligam orações sintaticamente dependentes).

Coordenativas (5)

Aditivas, adversativas, alternativas, conclusivas e explicativas.

■ **Aditivas:** exprimem ideia de soma, acréscimo, adição.

E, nem, tampouco; (não só/apenas/somente)... mas/como/senão (também, ainda); (tanto)... quanto/como...

Exemplo: Estudo *e* trabalho. / Não estudo *nem* trabalho. / Não só estudo *mas também* trabalho. / Tanto estudo *quanto* trabalho.

Morfologia II e domínio da estrutura morfossintática do período – I   **151**

Observação

O **e** pode ter outros valores semânticos também (adversidade ou consequência): A chuva foi intensa **e** a cidade ficou inundada. / Nós acordamos cedo, **e** chegamos atrasados.

■ **Adversativas**: indicam uma ideia de oposição, ressalva, retificação, contraste, adversidade, quebra de expectativa, compensação, restrição; elas realçam o conteúdo da oração que introduzem.

Mas, porém, *todavia*, contudo, entretanto, no entanto, não obstante, só que...

Exemplo: Estudo, *mas* não trabalho. / Ela não trabalha em nada, *não obstante* estuda bastante. / Ela nem sequer estuda, *só que* acaba passando nos concursos. / Preços mais altos proporcionam aos agricultores incentivos para produzir mais, o que torna mais fácil a tarefa de alimentar o mundo. **Mas** eles também impõem custos aos consumidores, aumentando a pobreza e o descontentamento (ideia de restrição/compensação).

■ **Alternativas**: exprimem ideia de exclusão, alternância, inclusão (pouco comum).

Ou, ou...ou, ora...ora, quer...quer, **seja...seja**, umas vezes...outras vezes, talvez...talvez...

Exemplo: Você estuda *ou* trabalha? / *Ora* ele estuda, *ora* ele trabalha. / O estudo *ou* o trabalho dignificam o homem.

Observação

Bechara diz que o "ou" pode indicar uma retificação (correção do que foi dito, equivalendo a "ou melhor"): O aluno, **ou** a aluna é bem estudiosa.

152 Língua Portuguesa e Redação Oficial

■ **Conclusivas**: exprimem ideia de conclusão ou consequência.

logo, portanto, por isso, **por conseguinte**, então, assim, em vista disso, sendo assim, pois (entre vírgulas e depois do verbo)...

Exemplo: Você estudou; terá, *pois*, sua recompensa. / Ele não passou no concurso dessa vez, *por isso* terá de conciliar o estudo com o trabalho.

■ **Explicativas**: exprimem ideia de explicação, motivo, razão.

porque, que, **porquanto**, pois (antes do verbo)...

Exemplo: Estude, *que* valerá a pena. / Seu esforço não será em vão, *pois* Deus ajuda quem cedo madruga.

Subordinativas (10)

Integrantes, causais, comparativas, concessivas, condicionais, conformativas, consecutivas, finais, proporcionais e temporais.

■ **Integrantes**: introduzem orações subordinadas substantivas; conectam uma oração incompleta a uma oração que, por sua vez, vai completá-la; um antigo e válido "bizu" nos diz que, se conseguirmos substituir uma oração iniciada por QUE ou SE por ISTO, tais conectivos serão conjunções subordinativas integrantes.

QUE e SE

Exemplo: Não sei *se* devo estudar mais. ("Não sei" o quê? Isto: "se devo estudar mais") / Eu espero *que* você passe este ano, meu aluno! ("Eu espero" o quê? Isto: "que você passe este ano") / Percebe-se *que* ela é uma boa aluna. (O que se percebe? Isto: "que ela é uma boa aluna".)

Morfologia II e domínio da estrutura morfossintática do período – I   153

■ **Causais:** exprimem a causa, a razão de um efeito.

porque, que, **porquanto**, pois, **pois que**, **dado que**, visto que, já que, uma vez que, como (só no início da oração)...

Exemplo: *Como* estudamos dia e noite, alcançamos o êxito. / Ele deixou de estudar *uma vez que* teve de começar a trabalhar. / *Já que* não conseguiu resolver a prova, ficou bem nervoso.

Observação

Dado que e *Posto que* são normalmente locuções conjuntivas concessivas (normalmente com verbo no subjuntivo).

Exemplo: *Dado que/Posto que* tenha deixado de estudar, nunca esqueci as explicações do Ben Noach.

Modernamente, a conjunção *se* tem ganhado "status" de causal equivalendo a "já que", "uma vez que".

Exemplo: Se homens são imperfeitos, seus trabalhos nunca serão perfeitos.

■ **Comparativas:** exprimem comparação, analogia.

(mais, menos, maior, menor, melhor, pior)... (do) que; (tal)... qual/ como; (tão, tanto)... como/quanto; como; assim como; como se; feito...

Exemplo: Estudo mais (do) *que* você. / Viva o dia *como se* fosse o último. / O filho nasceu *tal qual* o pai.

Observação

Fique ligado no vocábulo "**como**", pois ele pode ser *aditivo, causal, conformativo e comparativo*, além de poder ser advérbio de modo e de intensidade!

---

154   Língua Portuguesa e Redação Oficial

■ **Concessivas:** exprimem contrariedade, ressalva, oposição a uma ideia sem invalidá-la.

embora, **malgrado, conquanto,** ainda que, mesmo que, **se bem que, posto que,** nem que, apesar de que, por (mais, menos, melhor, pior, maior, menor) que, sem que (= embora não)...

Exemplo: *Por pior que* estejam seus estudos, não desista./*Conquanto* eu trabalhe, nunca paro de estudar. / *Nem que* a vaca tussa, vacilarei no dia da prova.

Observação

"Se" pode indicar concessão: **Se** você voltasse hoje, eu não saberia.

■ **Condicionais:** exprimem condição, hipótese.

se, caso, contanto que, **exceto se, salvo se,** desde que (verbo no subjuntivo), **a menos que,** a não ser que, sem que (= se não)...

Exemplo: **Se** tu parares de estudar, precisarás trabalhar. / *Desde que* você estude, obterá êxito. / Estude *a não ser que* pretenda trabalhar.

Observação

A expressão coesiva *sem que* pode indicar uma relação de concessão (oposição), condição ou modo:
Exemplo:
Saiu *sem que* se despedisse. (modo)
Sem que estudasse, passou. (concessão)
Sem que estude, dificilmente passará. (condição)

■ **Conformativas:** exprimem acordo, maneira, conformidade.

conforme, **consoante,** segundo, como (= conforme)...

Exemplo: **Consoante** falamos, dedique-se ao estudo. / Você enfim agiu **conforme** nós acordamos. / **Segundo** havíamos combinado, você inicia o curso amanhã.

■ **Consecutivas**: exprimem resultado, efeito, consequência.

que (após tão, tanto, tamanho, tal — essas palavras podem vir implícitas —, de sorte, de modo, de maneira, de tal forma)...

Exemplo: Estudei tanto *que* acabei tendo uma estafa. / Tal foi sua postura antes da prova *que* conseguiu um bom resultado. / Não gostava de estudar, mas queria me estabilizar na vida, *de sorte que* comecei a estudar para carreira pública.

■ **Finais**: exprimem objetivo, finalidade.

para que, a fim de que, **porque** (= para que); de modo que, de forma que, de maneira que (= para que), com o intuito/fito/escopo/ propósito de que...

Exemplo: Aluno, estude mais Português *de modo que* alcance um bom nível de conhecimento./ Estou estudando *para que* melhore a vida. / Trabalho de dia *porque* banque meus estudos à noite.

■ **Proporcionais**: exprimem proporção, simultaneidade, concomitância.

à proporção que, à medida que (não confunda com "na medida em que"), ao passo que, enquanto (segundo Celso Cunha), quanto mais/ menos/menor/maior/melhor...

Exemplo: *Quanto mais* conheço os detalhes do Português, mas safo fico. / A minha mente cresce *à medida que* eu a "alimento". / *Quanto mais* estudo Matemática, **menos** entendo. (inversamente proporcional)

156　Língua Portuguesa e Redação Oficial

Observação

A expressão "à medida em que" não é forma culta!

Para exprimir proporção, "na medida em que" não pode ser empregada!

■ **Temporais:** exprimem tempo.

quando, logo que, assim que, a primeira vez que, agora que, depois que, antes que, sempre que, desde que (verbo no indicativo), até que, assim que, enquanto, **mal**...

Exemplo: ***Enquanto*** estudo, ocupo minha mente. / ***Desde que*** essas explicações chegaram à minha vida, nunca mais fui o mesmo estudante. / ***Mal*** entrei em sala, começaram os aplausos!

NÃO TEM JEITO, TEM DE DECORAR!

Em respeito à palavra QUE, abro aqui um "pequeno" adendo só para ela:

A palavra *que* pode pertencer a várias categorias gramaticais, exercendo as mais diversas funções sintáticas. Veja abaixo quais são essas funções e classificações.

Advérbio

Intensifica adjetivos e advérbios, atuando sintaticamente como adjunto adverbial de intensidade. Tem valor aproximado ao das palavras quão e quanto.

Exemplo:

Que longe está meu sonho!

Os braços...; oh! Os braços! Que bem-feitos!

Substantivo

Como substantivo, tem o valor de qualquer coisa ou alguma coisa.

Nesse caso, é modificado por um artigo, pronome adjetivo ou numeral, tornando-se monossílabo tônico (portanto, acentuado). Pode exercer qualquer função sintática substantiva.

Exemplo:

Um tentador quê de mistério torna-a cativante.

"Meu bem querer / Tem um quê de pecado..." (Djavan)

Também quando indicamos a 16ª letra do nosso alfabeto usamos o substantivo quê.

Exemplo: Mesmo tendo como símbolo kg, a palavra quilo deve ser escrita com quê.

Preposição

Equivale à preposição *de* ou *para*, geralmente ligando uma locução verbal com os verbos auxiliares ter e haver. Na realidade, esse *que é um pronome relativo que o uso consagrou como substituto da preposição de.*

Exemplo:

Tem que acertar desta vez (que = de)

Domingo teremos pouco que fazer em casa. (que = para)

Interjeição

Como interjeição, a palavra *que* (exclamativo) também se torna tônica, devendo ser acentuada. Exprime um sentimento, uma emoção, um estado interior e, equivale a uma frase, não desempenhando função sintática em oração alguma.

Exemplo:

Quê! Você por aqui?!

Quê! Nunca você fará isso!

Partícula expletiva ou de realce

Neste caso, a retirada da palavra *que* não prejudica a estrutura sintática da oração. Sua presença, nestes contextos, é um recurso expressivo, enfático.

Exemplo:

Quase que ela desmaia!

Então qual que é a verdade?

Observação

QUE pode aparecer acompanhado do verbo ser, formando a locução *é que*.

Exemplo: Mas é que lá passava bonde.

Pronome relativo

O pronome relativo refere-se a um termo (por isso mesmo chamado de antecedente), substantivo ou pronome, ao mesmo tempo que serve de conectivo subordinado entre orações. Geralmente, o pronome relativo introduz uma oração subordinada adjetiva, nela desempenhando uma função substantiva. Neste caso, pode ser substituído por *qual, o qual, a qual, os quais, as quais*.

Exemplo:

João amava Teresa que amava Raimundo.

Às pessoas que eu detesto diga sempre que eu detesto.

Pronome interrogativo

Quando equivale a *que coisa*.

Exemplo:

Que caiu?

A fantasia era feita de quê?

Pronome indefinido

Quando, funcionando com adjunto adnominal, acompanha um substantivo.

Exemplo:

Que tempo estranho, ora faz frio, ora faz calor.

Que vista linda há aqui!

A conjunção que: o *que* pode ser conjunção coordenativa ou subordinativa.

■ **Conjunção coordenativa:** Como conjunção coordenativa, a palavra *que* liga orações coordenadas, ou seja, orações sintaticamente equivalentes.

☐ **Explicativa:** A oração coordenada explicativa aponta a razão de se ter feito a declaração contida em outra oração coordenada. Quando introduz esse tipo de oração, o *que* tem valor próximo ao da conjunção pois.

Exemplo:

Mantenhamo-nos unidos, que a união faz a força.

Deixe, que os outros pegam.

■ **Conjunção subordinativa:** A conjunção *que é subordinativa quando introduz orações subordinadas substantivas e adverbiais. Essas orações são subordinadas porque desempenham, respectivamente, funções substantivas e adverbiais em outras orações (chamadas principais).*

☐ **Integrante:** O *que é conjunção subordinativa integrante quando introduz oração subordinada substantiva.*

Exemplo:

"E ao lerem os meus versos pensem que eu sou qualquer coisa natural." (Alberto Caeiro)

Parecia-me que as paredes tinham vulto.

☐ **Causal:** Introduz as orações adverbiais causais, possuindo valor próximo a *porque.*

Exemplo:

Fugimos todos, que os russos vêm aí!

Não esperaria mais, que elas podiam voar.

☐ **Final:** Introduz orações subordinadas adverbiais finais, equivalendo a *para que, a fim de que.*

Exemplo:

"... Dizei (para) que eu saiba." (João Cabral de Melo Neto)

Todos lhe fizeram sinal que se calasse.

☐ **Consecutiva:** Introduz as orações subordinadas adverbiais consecutivas, depois de tão, tanto, tamanho, tal.

Exemplo:

A minha sensação de prazer foi tal que venceu a de espanto.

"Apertados no balanço

Margarida e Serafim

Se beijam com tanto ardor

Que acabam ficando assim." (Millôr Fernandes)

160   Língua Portuguesa e Redação Oficial

☐ **Comparativa:** Introduz orações subordinadas adverbiais comparativas.
Exemplo:
Eu sou maior que os vermes e todos os animais.
As poltronas eram muito mais frágeis que o divã.

☐ **Concessiva:** Introduz orações subordinada adverbial concessiva, equivalente a *embora*.
Exemplo:
Que nos tirem o direito ao voto, continuaremos lutando.
Estude, menino, um pouco que seja!

4.4 Interjeição

Palavra invariável que exprime determinados estados emocionais, sensações ou estados de espírito; ou até mesmo servem como expressões sem que se tenha de usar estruturas mais complexas. As interjeições podem ser classificadas de acordo com a expressividade ou o sentimento que traduzem. O ponto de exclamação é característica inerente das interjeições. Estou para ver um concurso que trabalha questões de interjeição...

Seguem alguns exemplos:

Admiração, surpresa: ah!, chi!, xi!, ih!, oh!, uh!, ué!, puxa!, uau!, caramba!, caraca!, putz!, gente!, céus!, uai!, horra!, nossa!

Advertência: alerta!, cuidado!, alto lá!, calma!, olha!, Fogo!

Afugentamento: arreda!, fora!, passa!, sai!, roda!, rua!, toca!, xô!, xô pra lá!

Agradecimento: graças a Deus!, obrigado!, obrigada!, agradecido!

Alegria: oba!, eba!, viva!, oh!, ah!, uhu!, eh! , gol!, que bom!, iupi!

Alívio: ufa!, uf!, ah!, ainda bem!, arre!

Animação, estímulo: coragem!, avante!, firme!, vamos!, eia!

Apelo, invocação: alô!, olá!, ó!

Aplauso, louvação: bis!, bem!, bravo!, viva!, fiufiu!, hup!, hurra!, isso!, muito bem!, parabéns!

Morfologia II e domínio da estrutura morfossintática do período – I   161

Aprovação, concordância: ok!

Aprovação: bravo!, bis!, viva!, muito bem!

Chamamento, invocação: Alô!, hei!, olá!, psiu!, pst!, socorro!, olá!, ei!, eh!, ô!

Desculpa: perdão!

Desejo: oh!, tomara!, pudera!, queira Deus!, quem me dera!, oxalá!

Despedida: adeus!, até logo!, bai-bai!, tchau!

Dor ou **prazer:** ai!, ui! nossa!

Dúvida: hum! Hem! Hã!

Desapontamento, desprezo: puxa!, aff!

Espanto: uai!, hi!, ali!, ué!, ih!, oh!, poxa!, quê!, caramba!, nossa!, opa!, Virgem!, xi!, terremoto!, barbaridade!, meu Deus!, menino Jesus!, Jesus!

Estímulo: ânimo!, adiante!, avante!, eia!, coragem!, firme!, força!, upa!

Impaciência: hum!, hem!, raios!, diabo!, puxa!, pô!

Medo: credo!, cruzes! uh!, ui!, socorro!

Ordem: silêncio!, alto!, basta!, chega!, quietos!, rua!

Saudação: ave!, olá!, ora viva!, salve!, viva!, adeus!, alô!, oi!

Saudade: ah!, oh!

Silêncio, ordem: psiu!, silêncio!, calada!, psiu!

Suspensão: alto!, alto lá!

Terror: credo!, cruzes!, Jesus!, que medo!, uh!, ui!, fogo!, barbaridade!

A compreensão de uma interjeição depende da análise do contexto em que ela aparece. Quando a interjeição é expressada com mais de um vocábulo, recebe o nome de *locução interjetiva*. *Ora bolas!, Cruz credo!, Poxa vida!, Valha-me Deus!, Se Deus quiser!, Macacos me mordam!, Jesus Cristo!...*

A interjeição é considerada *palavra-frase*, caracterizando-se como uma estrutura à parte. Não desempenha função sintática. Ah, é importante dizer também que muitas onomatopeias são interjeições: *Bum! Pou! Pluft!...*

4.5 Verbo

Palavra que:

■ Indica ação, estado ou fenômeno natural — *sempre* dentro de uma perspectiva temporal; pode indicar também a noção de existência, volição (desejo), necessidade etc.

Exemplo:

Carol **estudou** muito. (ação/passado)

Carol **está** feliz. (estado/presente)

Amanhã **choverá** muito na cidade onde Carol nasceu. (fenômeno natural/futuro)

Há um amor na vida de Carol. (existência/presente)

Queria a Carol ao meu lado. (volição/passado)

Precisarei da Carol na minha vida. (necessidade/futuro)

Observação

Frisei acima a "perspectiva temporal" porque substantivos podem indicar ação, estado, fenômeno natural etc.: plantação (ato de plantar), morte (estado), chuva (fenômeno natural). Estas palavras não podem ser verbos, entretanto, pois não indicam tempo em si mesmas. Muito diferente do verbo.

■ Varia em modo, tempo, número, pessoa, voz e aspecto; as quatro primeiras flexões combinadas formam o que chamamos de conjugação verbal, ou seja, para atender às necessidades dos falantes, o verbo muda de forma à medida que variamos a ideia de modo, tempo, número e pessoa — falarei minuciosamente de cada tópico.

■ Tem um papel importantíssimo dentro da frase; sem ele (explícito ou implícito) não há orações na Língua Portuguesa, pois o verbo é o núcleo do predicado — percebeu que eu usei vários para dizer o que eu acabei de dizer?

Observação

São mais de 11 mil verbos na língua, segundo nos informa o gramático Domingos Paschoal Cegalla. Antes que você se desespere pensando que vai ter de saber tudo sobre eles, saiba que, em conjugação verbal, só alguns verbos são realmente importantes na sua vida de concurseiro. São estes os frequentes em concursos: ser, ir, vir (e derivados), ver (e derivados), pôr (e derivados), ter (e derivados), caber, valer, adequar, haver, reaver, precaver, requerer, prover, viger, preterir, eleger, impugnar, os terminados em –ear, -iar e –uar. Falarei deles em separado, fique em paz mental! Antes de mais nada, porém, creio que você deve ter contato com a estrutura verbal antes de sair por aí conjugando.

Breve apresentação das flexões dos verbos

Pretendo esmiuçar o que significa modo, tempo, número, pessoa, voz e aspecto, mas antes disso preciso que você entenda superficialmente do que tratam tais conceitos. Esta abordagem inicial, não profunda, vai fazer você entender mais sobre as variações (ou flexões) verbais de modo que os conhecimentos seguintes servirão de complemento ao que já foi visto paulatinamente por você. Resultado: você não vai perder o fio de raciocínio, não vai ficar perdido. Relaxe, que vai dar tudo certo. Vamos lá, então.

Modo

É a maneira, a forma como o verbo se apresenta na frase para indicar uma atitude da pessoa que o usou. Por exemplo, se você come um hambúrguer e gosta, você exclama: "Nossa! Como isso aqui *está* gostoso!". Percebe que o verbo "estar" se encontra em uma determinada forma, indicando certeza, afirmação, convicção, constatação? Então, dizemos que este "modo" como o verbo se apresenta indica que o falante põe certeza, verdade no que diz, certo? Este é o famoso MODO **INDICATIVO**, o modo da certeza, do fato, da verdade!

Agora, em uma cena parecida, você vê uma pessoa comendo com vontade e diz: "Espero que *esteja* gostoso mesmo." Percebe que a forma, o modo, a maneira como o verbo se apresenta mudou em relação ao de cima? Por que mudou? Para expressar outra ideia que o falante quer passar, a saber: dúvida, suposição, incerteza, possibilidade. Este é o igualmente famoso MODO **SUBJUNTIVO**, o modo da subjetividade, da incerteza, da dúvida, da hipótese!

"*Coma* este hambúrguer, você não vai querer outro." Note que, nesta frase, o verbo indica sugestão, ordem, pedido... dependendo do tom como ele é pronunciado. Independente do tom, dizemos que tal verbo se encontra no MODO **IMPERATIVO**, o modo da ordem, do pedido, da sugestão, da exortação, da advertência! Falarei mais sobre a formação do imperativo à frente.

Tempo

Os seres humanos, em geral, entendem o tempo numa linha corrente, e é a partir disso que formulam suas frases, situando no tempo seu discurso. No entanto, nós, seres humanos, que estamos sempre no tempo presente da linha do tempo REAL, podemos sempre, pela linha do tempo do DISCURSO, voltar ao passado e viajar ao futuro. "E como fazemos isso, Ben Noach?" Por meio dos verbos, certamente.

Entendendo melhor: você está lendo agora este texto, certo? Aí, chega alguém até você e começa a atrapalhar sua leitura, daí você diz: "Eu *estava* lendo", como quem diz: "Volte para lá, seu chato!". Percebeu que o verbo usado por você ficou no passado? Por quê? Pois você, aluno(a), no presente real retornou, por meio do discurso, ao passado, ou seja, àquilo que você estava fazendo. Logo, as noções de passado, presente e futuro norteiam nossa vida, não só no tempo cronológico, real, físico, mas também no tempo do discurso. Você entenderá isso melhor mais à frente, meu/minha nobre (percebeu que eu usei o verbo no futuro?).

Como já dito, existem três tempos no modo indicativo: passado (pretérito perfeito, imperfeito e mais-que-perfeito), presente e futuro (do presente e do pretérito). No subjuntivo: presente, pretérito imperfeito e futuro.

Número

Este é fácil: singular e plural. Eu amo, mas nós am**amos**; tu amas, mas vós am**ais**; ele ama, mas eles am**am**. *Molezinha!*

Pessoa

Fácil também: **1ª** pessoa, o falante (**eu** amei, **nós** amamos); **2ª** pessoa, o ouvinte (**tu** amaste, **vós** amastes); **3ª** pessoa, o assunto (**ele** amou, **eles** amaram).

Voz

É a maneira como o verbo se encontra/aparece para indicar sua relação com o sujeito; dependendo de sua forma, o verbo pode indicar uma ação praticada pelo sujeito (voz ativa), uma ação sofrida pelo sujeito (voz passiva) ou uma ação praticada e sofrida pelo sujeito (voz reflexiva).

Aspecto

Alguns verbos têm peculiaridades semânticas dentro da perspectiva temporal, ou seja, dependendo da forma e do contexto em que se encontram podem indicar processos de duração verbal diferenciados. Por exemplo: Eu *comia* hambúrgueres na minha adolescência (o verbo indica que este hábito era costumeiro nesta fase da vida). Agora: Eu *comia* um hambúrguer, quando ela me interrompeu (o verbo indica que a ação verbal já havia iniciado, prosseguiu até um momento, mas não foi finalizada). Sobre isso, fique tranquilo, falarei mais à frente. É bastante interessante.

Veja só alguns aspectos abaixo para você ter uma ideia (baseado nos exemplos do dicionário Caldas Aulete):

Aspecto durativo: indica um processo continuado, uma ação que se prolonga por determinado tempo (por exemplo: Ele estuda durante o verão).

Aspecto habitual: indica que ação ou situação se repete habitualmente (por exemplo: Eles lancham todos os dias).

Aspecto pontual: indica que um evento é momentâneo, não dura além de um momento (por exemplo: Ela espirrou).

5

Domínio da estrutura morfossintática do período – II

5.1 Emprego dos tempos e modos verbais

Os diferentes **tempos verbais** atendem a necessidades distintas dos falantes. Eles indicam o momento em que o falante quer situar os fatos. Os **modos verbais** vão exprimir, normalmente, certeza (indicativo), incerteza (subjuntivo) e ordem (imperativo). Vejamos primeiramente os tempos do modo indicativo, depois do subjuntivo e em seguida falaremos do modo imperativo.

Atenção!

Fique ligado nos tempos compostos correspondentes aos tempos simples a cada detalhamento a seguir! Tal correspondência é abordada em questão de prova.

5.1.1 O modo indicativo

Presente

■ **Fato ocorre no momento em que se fala** (presente pontual)

Exemplo:

Ouço passos na escada...

Estou ouvindo música agora.

■ **Fato habitual** (presente iterativo)
Exemplo:

Aos domingos, **faço** costela assada.

O galo sempre **canta** às 5 horas aqui perto.

■ **Fato atemporal, verdade absoluta ou tomada como tal**
Exemplo:

Morre todos os dias uma pessoa a cada 5 segundos.

Água mole em pedra dura tanto **bate** até que fura.

■ **Fato que se iniciou e dura até o presente momento da declaração** (presente durativo)
Exemplo:

Os cientistas **estudam** a cura da AIDS ainda.

A homofobia **vem proliferando** nas grandes cidades.

Estilística do presente do indicativo

O presente do indicativo pode ser usado no lugar do pretérito perfeito do indicativo; neste caso ele é chamado de "presente histórico", pois torna recente um fato passado, como se estivesse atualizando um fato passado para torná-lo mais vivo; aproximando, portanto, o fato passado à realidade do interlocutor. Isso ocorre muito nas manchetes de jornais e livros didáticos de história.

Exemplo:

Flamengo **vence** o Fluminense por 3x2 no Maracanã, em jogo disputadíssimo.

Em 1500, os portugueses **chegam** ao futuro Brasil.

Além disso, o presente pode ser usado no lugar do futuro do presente para tornar o futuro mais próximo da realidade do falante, como se demonstrasse maior convicção de que o fato futuro vai se realizar.

Exemplo: **Viajo** amanhã para SP, fiquem calmos, que eu **volto** logo.

Às vezes o presente substitui a forma imperativa para demonstrar mais polidez.

Exemplo: João, você me **serve** um cafezinho? Obrigado.

Vale dizer ainda que este tempo verbal é o tempo da certeza, da convicção, do fato, por isso mesmo *é* muito usado nas dissertações argumentativas, em que se defende uma tese com uma tônica de verdade.

Observação

Não há tempo composto do presente!

Pretérito perfeito

■ **Fato ocorrido e concluído antes do momento em que se fala**

Exemplo: O *Rock'n Rio* **foi** um sucesso.

Pretérito perfeito composto do indicativo

Verbo auxiliar *ter* ou *haver* no *"presente do indicativo + o principal no particípio"*, indicando fato que vem ocorrendo (do passado até o momento da declaração).

Exemplo: Eu ***tenho estudado*** muito esses dias.

Pretérito imperfeito

■ **Fato realizado, mas não concluído, incompleto, ou que apresenta certa duração**
Exemplo:

Madre Thereza *lutava* pela erradicação da fome.

Estávamos conversando animadamente, mas...

■ **Fato passado em curso que indica simultaneidade, concomitância a outro fato passado concluído**
Exemplo:

O gato foi atropelado quando eu *atravessava* a rua.

Enquanto eu *estudava*, ela me *atrapalhava*.

■ **Fato habitual, iterativo, repetitivo**
Exemplo:

Impressionante! Eu *chegava*, ela *saía*.

Eu *fazia* musculação todo santo dia.

Estilística do pretérito imperfeito do indicativo

Este tempo pode indicar polidez ao ser usado no lugar do presente do indicativo:

Exemplo: Você **podia** me ajudar?

Pode ser usado no lugar do futuro do pretérito:

Exemplo: Meu irmão Gabriel era um homem muito bom, pois ia levar seu sobrinho para os EUA. Lá meu filho **entrava** para uma boa escola, **formava**-se, e depois **virava** doutor, dando-me muito orgulho. No entanto, Gabriel faleceu antes disso tudo ocorrer.

Observação
Não há tempo composto!

Pretérito mais-que-perfeito

■ **Fato passado anterior a outro fato também passado**
Exemplo:

Depois que ela me *pedira* um favor, tive de sair de casa e ir ao mercado.

Quem me *dera* passar na prova!

Pretérito mais-que-perfeito composto do indicativo

Verbo auxiliar *ter ou haver no "pretérito imperfeito do indicativo + o principal no particípio"*, exprimindo o mesmo que o pretérito mais-que-perfeito do indicativo simples; esta construção é mais usual aqui no Brasil.

Exemplo: Eu já *havia estudado* em cursos *on-line* e em PDF, quando conheci o livro do prof. Ben Noach.

Futuro do presente

■ **Fato posterior ao momento da fala, mas certo de ocorrer**

Exemplo:

Passarei na prova para a magistratura. Fato!

Carol se *classificará* entre os primeiros colocados, certeza!

■ **Fato futuro incerto, hipotético** (em perguntas, normalmente)
Exemplo: *Serão* pessoas felizes as que moram nas periferias?

Ele *terá* seus 40 anos, no máximo.

Futuro do presente composto do indicativo

Verbo auxiliar *ter ou haver no "futuro do presente simples do indicativo + o principal no particípio"*, exprimindo um fato futuro anterior a outro fato futuro, fato futuro já iniciado no presente ou futuro incerto (em perguntas).

Exemplo:

Quando você chegar, eu já **terei partido.**

Daqui a dois meses, **terei absorvido** informações valiosas.

Terá Maria **sabido** a verdade sobre João?

Estilística do futuro do presente do indicativo

Pode substituir o imperativo (em leis), denotando mais força na lei de modo que ela seja entendida e atendida atemporalmente.

Exemplo: Não matarás, não cobiçarás...

É comum o uso da locução verbal formada pelo verbo auxiliar **IR** (no presente do indicativo) **+ infinitivo** a fim de substituir o futuro do presente simples:

Exemplo: "Eu **vou estudar** muito amanhã" no lugar de "Eu **estudarei** muito amanhã".

Ele pode ser substituído pelo presente do indicativo.

Exemplo: Quando o inverno chegar, eu quero (quererei) estar junto a ti.

Futuro do pretérito

■ **Fato posterior a um fato passado**

Exemplo:

Disseram (fato passado) que ela **chegaria** (fato futuro) logo.

Domínio da estrutura morfossintática do período – II   173

Você me prometeu que **passaria** de ano.

■ **Fato futuro que não chegou a realizar-se**
Exemplo:

Eu **levaria** uma bronca se não fizesse os exercícios.

Faríamos os exercícios caso não fôssemos interrompidos.

■ **Fato futuro incerto, hipotético**
Exemplo:

Seria o sol o causador destas queimaduras?

Certamente eu **conseguiria** minha vaga.

■ **Fato futuro hipotético relacionado a uma condição** (muito comum)
Exemplo: *Contanto que* ela estudasse (condição), **passaria** fácil.

Observação

Interessante é dizer que esta frase acima pode significar que ela não estudou, por isso não passou ou que, se ela estudasse, no futuro, a vaga estaria garantida.

Futuro do pretérito composto do indicativo

Verbo auxiliar *ter ou haver no "futuro do pretérito simples do indicativo + o principal no particípio"*, exprimindo o mesmo valor que o futuro do pretérito simples do indicativo nos casos acima.

Exemplo: **Teria feito** diferente se tivesse tempo.

Estilística do futuro do pretérito do indicativo

Substitui o presente do indicativo, indicando polidez:

Exemplo: **Pediria** que todos saíssem. Grato.

Pode indicar impossibilidade diante de um juízo de valor.

Exemplo: Eu lá **beijaria** aquela boca!

5.1.2 O modo subjuntivo

Presente do subjuntivo

- Geralmente utilizado quando desejamos expressar desejos, possibilidades, suposições, cuja concretização pode depender da realização de um outro acontecimento.

Exemplo:

Deus te *guie*.

Nada de cerimônias: *pensem* que estão em sua casa.

Talvez a realidade *seja* mais forte que a ficção.

Receio que *aconteça* o pior.

É provável que *surja* outra oportunidade.

Pretérito perfeito composto do subjuntivo

Verbo auxiliar *ter ou haver no "presente do subjuntivo + o principal no particípio"*, indicando normalmente desejo de que algo já tenha ocorrido ou um fato futuro já terminado em relação a outro.

Exemplo:

Espero que você *tenha estudado* essas classes gramaticais.

Quando chegarmos, é provável que a palestra já *tenha acabado*.

Domínio da estrutura morfossintática do período – II **175**

Observação

É de se observar a presença da palavra *que* antes de quase todas as formas do subjuntivo dos exemplos, o que nos leva a usá-la na conjugação desse tempo verbal: *que eu faça, que tu faças* etc.

Pretérito imperfeito

■ Este tempo, que expressa uma hipótese (no passado, presente ou futuro), se usa nas orações subordinadas, quando a principal tiver o verbo num tempo do pretérito ou futuro do pretérito. Expressa uma condição não realizável quando vem junto a uma ideia condicional:

Exemplo:

Não *admitia* que se *fizesse* greve.

Era provável que *surgisse* outra oportunidade.

Proibiu que *revelassem* o acordo.

Se *tivesses* paciência, *obterias* o que pretendes. (mas não tiveste, logo, nada obtiveste)

Pretérito mais-que-perfeito composto do subjuntivo

Verbo auxiliar *ter ou haver no "pretérito imperfeito do subjuntivo + o principal no particípio"*, exprimindo o mesmo valor que o pretérito imperfeito do subjuntivo simples.

Exemplo: Teríamos ficado aqui, se você não *tivesse arrumado* problemas.

Observação

Nunca é demais falar o óbvio: perceba que todas as frases remetem a ação obrigatoriamente para o passado. A frase "Se eu tivesse dinheiro, faria um curso" *é completamente diferente de* "Se eu tivesse dinheiro, eu teria feito um curso". Na primeira frase, há a possibilidade de transportarmos a hipótese para o futuro, o que não acontece na segunda frase, que só tem ideia de passado hipotético.

Futuro do subjuntivo

- Exprime uma ocorrência futura possível, eventual. É um tempo verbal que ocorre sobretudo com orações iniciadas com conjunção temporal ou condicional:
  Exemplo:

  Quando **puderes**, vem visitar-nos.

  Assim que ele se **desocupar**, virá atendê-lo.

  Se (ou *caso*) ele **puder**, trará o livro.

Observação

Não confunda o verbo no futuro do subjuntivo com o verbo no infinitivo; este vem antecedido de preposição e aquele, de conjunção: *Para* eu **estudar**, precisarei de apoio (infinitivo) / *Quando* eu **estudar**, precisarei de apoio (subjuntivo).

Futuro composto do subjuntivo

Verbo auxiliar *ter ou haver* no *"futuro do subjuntivo simples + o principal no particípio"*, exprimindo o mesmo valor que o futuro do subjuntivo simples.

Exemplo: Assim que você **tiver terminado** sua leitura, descanse um pouco.

- É de se observar que, na fala das pessoas incultas, aparece o indicativo em lugar do subjuntivo. É comum ouvir "O senhor quer que eu **faço**?", por "O senhor quer que eu **faça**?".

Domínio da estrutura morfossintática do período – II   177

■ Sempre que se trate de uma possibilidade, de uma eventualidade, e não de uma certeza, usa-se o subjuntivo. Compare-se:

O cidadão que **ama** sua pátria engrandece-a. (realidade)

O cidadão que **ame** sua pátria engrandeça-a. (conjectura)

■ Nas orações subordinadas adverbiais concessivas iniciadas pelas conjunções embora, ainda que, mesmo que, conquanto, posto, posto que e outras, usa-se o subjuntivo:

"Sendo preciso despir a camisa e dá-la a um mendigo, Nóbrega o faria, ainda que a camisa **fosse** bordada." (Machado de Assis)

■ Nas orações subordinadas adverbiais temporais introduzidas por antes que, assim que, até que, enquanto, depois que, logo que, quando ocorrem nas indicações de possibilidade (e não de realidade, caso em que ocorre o indicativo), usa-se o subjuntivo:

Cuide dessa gripe, antes que ela se **transforme** em pneumonia.

Carol, amar-te-ei até depois que a morte nos **separe**.

Enquanto o mundo **for** mundo, não te esquecerei.

Só sairei depois que ela **chegar**.

Logo que **termine** esta carta, vou atendê-lo.

Compare:

Assim que **terminou** a carta foi atendê-lo.

Amaram-se até que a morte os **separou**.

Nosso amor foi grande enquanto **durou**.

(Nestas três frases, não se trata de uma eventualidade, mas de um fato real, acontecido, por isso o verbo está no indicativo.)

5.1.3 O modo imperativo

■ Para expressar ordens, conselhos e exortações:

Exemplo:

"– Que é que estava lendo? Não **diga**, já sei, é o romance dos Mosqueteiros." (Machado de Assis, 1899)

Faça já o dever de casa!

Estude mais, isso fará seu futuro melhor.

■ Para expressar pedidos, súplicas:
Exemplo:

Perdoai as nossas ofensas, assim como...

Por favor, **venha** comigo agora!

5.2 Correlação verbal

A *correlação entre tempos e modos verbais* se dá pela ligação semântica entre os verbos de um período composto por subordinação do modo que haja uma harmonia de sentido na frase em que os verbos se encontram.

Imagine a seguinte frase: "Caso eu *fosse* rico, *ajudo aos necessitados*".

O que você diria dela? Há uma boa relação de sentido entre os verbos dessa frase? O verbo SER está no pretérito imperfeito do subjuntivo (fosse), indicando hipótese, certo? O outro verbo, AJUDAR, está no presente do indicativo, indicando certeza e ação atual, certo? Podemos misturar hipótese e certeza na mesma frase? Faz sentido? **Nenhum!**

Bem, acho que você já começou a entender. É preciso que determinados tempos e modos verbais se complementem na frase para que ela tenha um sentido harmônico, e isso se deve muito à correlação entre tempos e modos verbais. Veja como a frase acima deveria ficar, para haver harmonia de sentido na frase:

Domínio da estrutura morfossintática do período – II **179**

Caso eu *fosse* rico, *ajudaria* aos necessitados.

"Fosse: hipótese. Ajudaria: hipótese. Ah...! Agora sim...! Entendi, professor!"

É isso aí, meu/minha nobre! Para haver harmonia é preciso que haja "dobradinhas" harmônicas entre os tempos e os modos verbais.

Existem três modos verbais: *indicativo* (certeza, fato), *subjuntivo* (incerteza, hipótese) e *imperativo* (ordem, pedido). Existem três noções temporais: *passado* (pretérito perfeito/imperfeito/mais-que-perfeito), *presente* e *futuro* (presente/pretérito).

Vamos ao que interessa? Além de dois verbos de mesmo tempo e mesmo modo poderem se "combinar", há outras "combinações" possíveis. Ah! Não é para ficar que nem um louco devorador de quadros; perceba a relação de sentido entre os verbos.

Conheça algumas possibilidades de "dobradinhas" verbais para que você não erre mais questões desse tipo:

■ Iniciando com o tempo **presente**
  □ Presente do indicativo + Pretérito perfeito do indicativo
    Exemplo: Hoje eu *sei* que *tive* chances com aquela pessoa.

  □ Presente do indicativo + Pretérito perfeito composto do subjuntivo
    Exemplo: *Espero* que ele *tenha te apresentado* àquela pessoa.

  □ Presente do indicativo + Pretérito imperfeito do indicativo
    Exemplo: Só hoje **eu** *vejo* que naquela época *tinha* chances com ela.

  □ Presente do indicativo + Futuro do presente do indicativo
    Exemplo: *Sei* que você me *apresentará* àquela pessoa.

180   Língua Portuguesa e Redação Oficial

☐ Presente do indicativo + Presente do subjuntivo
Exemplo: **Quero** que você me **apresente** àquela pessoa ainda hoje!

■ Iniciando com o tempo **pretérito**
☐ Pretérito perfeito do indicativo + Pretérito imperfeito do subjuntivo
Exemplo: **Pedi** que **você me apresentasse àquela pessoa.**

☐ Pretérito perfeito do indicativo + Pretérito imperfeito do indicativo
Exemplo: **Notei** que você **ia** me apresentar àquela pessoa.

☐ Pretérito perfeito do indicativo + Pretérito mais-que--perfeito composto do subjuntivo
Exemplo: **Quis** que você **tivesse** me **apresentado** àquela pessoa.

☐ Pretérito perfeito do indicativo + Futuro do pretérito do indicativo
Exemplo: **Disseram** que ela **seria** apresentada a mim.

☐ Pretérito imperfeito do indicativo + Pretérito imperfeito do subjuntivo
Exemplo: **Desejava** que você me **apresentasse** àquela pessoa.

☐ Pretérito imperfeito do subjuntivo + Futuro do pretérito (simples ou composto) do indicativo
Exemplo: Se eu **passasse** por ela, **apresentaria/teria apresentado** a você.

☐ Pretérito imperfeito do indicativo + Pretérito mais-que--perfeito composto do subjuntivo
Exemplo: **Queria** que ela **tivesse** sido apresentada a mim.

☐ Pretérito mais-que-perfeito do indicativo + pretérito imperfeito do subjuntivo

Domínio da estrutura morfossintática do período – II   **181**

Exemplo: *Apelara* que você me *apresentasse* àquela pessoa.

☐ Pretérito mais-que-perfeito composto do subjuntivo +
Futuro do pretérito composto do indicativo
Exemplo: Se eu *tivesse passado* por ela, *teria apresentado* a você.

■ Iniciando com o tempo **futuro**

☐ Futuro do pretérito + pretérito imperfeito do subjuntivo
Exemplo: *Desejaria* que me **apresentasse** àquela pessoa.

☐ Futuro do pretérito do indicativo + Pretérito mais-que-
-perfeito composto do subjuntivo
Exemplo: *Gostaria* que você *tivesse visto* aquela pessoa.

☐ Futuro do subjuntivo + Futuro do presente indicativo/
presente do indicativo
Exemplo: Quando eu *passar* por ela, *apresentarei/apre-
sento* a você.

☐ Futuro do subjuntivo + Futuro do presente composto do
indicativo
Exemplo: Quando *chegarmos* até ela, já *terá ido* embora.

Tenha certeza de que este material, apesar de não extenso, vai ajudar você em qualquer concurso em que haja o
domínio do registro culto da Língua Portuguesa como critério
de avaliação. Então, respire fundo, e vamos juntos!

5.3 Emprego das formas nominais

O infinitivo

É a forma verbal que às vezes se comporta como um
substantivo (principalmente nos casos de não flexão), daí ser

chamado de forma nominal. É também verbal no seu estado estático, não variado, terminando em –AR, –ER ou –IR.

Pode ser ou não flexionado, desde que tenha um sujeito, como se vê abaixo:

Era para eu cantar.
Era para tu cantares.
Era para ele cantar.
Era para nós cantarmos.
Era para vós cantardes.
Era para eles cantarem.

Observação

Cuidado com o infinitivo flexionado, nas conjugações dos verbos regulares, é idêntico ao futuro simples do subjuntivo. Este participa de orações iniciadas pela conjunção **se** ou pela conjunção **quando**, indicando hipótese condicional ou temporal; aquele, de orações iniciadas geralmente por preposição (a, de, para, por...), indicando significado declarativo.
Exemplo:
Quando eu *chegar*, quererei festa. (futuro do subjuntivo)
Ao *chegar*, quererei festa. (infinitivo)

Infinitivo flexionado

■ **Quando o sujeito for claro**
Exemplo:
Não é necessário vocês **chegarem** mais cedo.
Nunca mediremos esforços para vós *serdes* bem recebidos.

■ **Mesmo não sendo claro o sujeito, é possível a flexão do infinitivo** (favorece muitas vezes a clareza)
Exemplo: Esse é o momento de ***pausarmos*** as atividades.
(se fosse "pausar", não haveria clareza de quem praticaria a ação)

Domínio da estrutura morfossintática do período – II   183

■ **Frase com dois sujeitos não expressos**
Exemplo: (Eu) Falei sobre o desejo de (nós) *aprontarmos* o site logo.

Observação

Se o sujeito do verbo no infinitivo for o mesmo do verbo da outra oração, a flexão do infinitivo não é necessária, mas não é proibida: "Falamos sobre o desejo de *aprontar* o *site* logo" ou "Falamos sobre o desejo de *aprontarmos* o *site* logo".

■ **Antecedido de preposição**
Exemplo: *Para* **seres** bem-sucedido, empenha-te nos estudos.

■ **Com verbos pronominais ou acompanhados de pronome reflexivo ou apassivador**
Exemplo:

Para nós *nos* **precavermos**, precisaremos de víveres.

Eles ficaram sem *se* **cumprimentarem** durante anos.

Por *se* **reunirem** os familiares, tudo ficou bem.

■ **Verbo "ser", indicando tempo, concorda com o numeral.**
Exemplo: Visto **serem** *10 horas*, deixei o local.

■ Querendo-se indeterminar o sujeito (3ª pessoa do plural)
Exemplo:

Faço isso para não me *considerarem* um inútil.

Precisamos agir assim para nos *admitirem* na empresa.

184 Língua Portuguesa e Redação Oficial

Infinitivo pessoal composto

Verbo auxiliar *ter ou haver* no *"infinitivo pessoal simples +
o principal no particípio"*, indicando ação passada em relação ao
momento da fala.

Exemplo: Para vocês **terem adquirido** este conhecimento
todo, precisou de muito estudo?

Infinitivo não flexionado

■ **Nas locuções verbais** (como auxiliar ou principal):
Exemplo:

Os alunos *desejam sair* mais cedo.

Patrícia não *poderia ter feito* isso comigo sem me conhecer.

Tornou a discutir religião e ideologias.

Acabou de passar no concurso.

Observação

Cuidado com o infinitivo que faz parte de uma locução verbal, mas vem
distante do auxiliar ou este está subentendido, é incrivelmente (na
minha opinião) facultativo: "**Poderemos**, depois das lutas acirradas,
vencidas duramente, **cantarmos** vitória" ou "**Poderemos**, depois das
lutas acirradas, vencidas duramente, **cantar** vitórias". Alguns bons
gramáticos, entre eles o mestre Evanildo Bechara, afirmam assim.

■ **Sujeito do infinitivo é um pronome oblíquo átono ou um
substantivo no singular** (normalmente tais verbos são causativos (*mandar, deixar, fazer*) ou sensitivos (*ver, ouvir, sentir*))
Exemplo:

Deixei-*os* **brincar** aqui.

Domínio da estrutura morfossintática do período – II   185

Deixaram-*nos* **brincar** ali.

Deixaste o *garoto* **brincar** lá?

"Virgília deixou-*se* **cair** no divã." (Neste trecho de Machado de Assis, além de sujeito do verbo *cair*, o se é reflexivo.)

Observação

Quando o sujeito do infinitivo for um substantivo no plural, pode-se usar tanto o infinitivo flexionado quanto o infinitivo não flexionado: "Mandei os garotos sair" ou "Mandei os garotos saírem".

■ **O infinitivo não se refere a sujeito algum, com valor genérico**
Exemplo:

Navegar é preciso, *viver* não é preciso. (Fernando Pessoa)

É proibido *proibir*. (Caetano Veloso)

■ **Após adjetivo ou substantivo, precedidos, respectivamente, de preposição "de" ou "para"**
Exemplo:

São casos difíceis *de* **solucionar**.

Eles têm aptidão *para* **aprender** línguas estrangeiras.

■ **Quando der ao infinitivo valor de imperativo**
Exemplo:

Soldados, *recuar*!

Esquerda, *volver*!

Dar descarga ao usar o vaso. Grato.

Com o verbo parecer, impessoal (flexiona-se o infinitivo)

186 Língua Portuguesa e Redação Oficial

Exemplo: Pareceu-me **estarem** os candidatos confiantes.

Neste exemplo, a construção nos mostra duas orações.

1ª: Pareceu-me (verbo que exprime dúvida)

2ª: **estarem** *os candidatos confiantes* (infinitivo flexionado por apresentar sujeito próprio)

O verbo parecer pode ser auxiliar de uma locução verbal, aí varia se o sujeito estiver no plural; o infinitivo não se flexiona, pois verbo principal nunca varia:

Exemplo: Eles parecem **estudar** bastante.

O particípio

O particípio é a forma nominal do verbo porque por vezes se assemelha a um adjetivo. Sua natureza verbal, que normalmente indica passado, manifesta-se nas locuções verbais, nos tempos compostos e em orações reduzidas (pode variar em gênero e número):

Exemplo:

Não há nada que *possa ser* feito. (locução verbal)

Se me *tivesses* ajudado, teríamos conseguido. (tempo composto)

Terminadas as obrigações, precisamos sair depressa. (oração reduzida)

Assume função adjetiva quando atua como caracterizador de substantivos:

Exemplo:

Teve papel **destacado** na filmagem.

Pessoas **perturbadas** não têm vez aqui.

Não confunda adjetivo com particípio dentro de uma estrutura parecida com uma locução verbal, porque este indica ação praticada por alguém, e aquele indica mera qualidade do substantivo.

Exemplo:

O aluno foi **reprovado** no exame. (Reprovaram o aluno. (locução verbal/particípio))

O aluno foi **resfriado** para escola. (Resfriaram o aluno? (adjetivo))

O gerúndio

Além de atuar como verbo nas locuções verbais, nos tempos compostos e nas orações reduzidas, o gerúndio pode desempenhar as funções de advérbio e de adjetivo.

Como verbo, indica normalmente um processo incompleto ou prolongado:

Exemplo:

Estava lendo o livro que você me emprestou. (locução verbal)

Estou lutando para mudar minha vida financeira. (locução verbal)

Obtendo a nota exigida na prova, resignou-se. (oração reduzida)

Tendo feito várias reclamações por escrito que não foram atendidas, resolvi vir pessoalmente aqui. (tempo composto)

Sua natureza adverbial pode ser percebida em frases em que indica circunstância de modo:

Exemplo: **Chorando** muito, o menino se despediu do pai.

O uso do gerúndio em função adjetiva é menos usual:

Exemplo: Tire essa água *fervendo* daqui.

BREVE RESUMO DE TEMPOS COMPOSTOS

Os tempos compostos da voz ativa são formados pelos verbos "ter/ haver + particípio". No indicativo:

188   Língua Portuguesa e Redação Oficial

- Pretérito perfeito: Temos/havemos casado.
- Pretérito mais-que-perfeito: Eu tinha/havia casado.
- Futuro do presente: Eu terei/haverei casado.
- Futuro do pretérito: Eu teria/haveria casado.

No subjuntivo:

- Pretérito perfeito: Espero que ele tenha/haja casado.
- Pretérito mais-que-perfeito: Se ele tivesse/houvesse casado...
- Futuro do subjuntivo: Quando ele tiver/houver casado...

Nas formas nominais:

- Infinitivo impessoal: Para ele ter/haver casado...
- Infinitivo pessoal: Para ele ter/haver casado.
- Gerúndio: Tendo/havendo estudado...

6

Domínio da estrutura morfossintática do período – III: vozes verbais e Sintaxe I

6.1 Vozes verbais

É a maneira como o verbo se encontra/aparece para indicar sua relação com o sujeito; logo não há voz verbal em orações sem sujeito, diga-se de passagem; dependendo de sua forma, o verbo pode indicar uma ação praticada pelo sujeito (voz ativa), uma ação sofrida pelo sujeito (voz passiva) ou uma ação praticada e sofrida pelo sujeito (voz reflexiva).

Ocorre **voz ativa** quando o verbo indica uma **ação praticada pelo sujeito**. Em todas as frases abaixo, há voz ativa.

Exemplo: *João acordou* atrasado. **Resolveu pegar** um táxi, mas **precisou** de dinheiro para isso. Foi a um banco ainda. **Chegou**, enfim, ao trabalho. **O homem resolveu** todas as pendências do dia. **Informaram**-no daquela hora extra. Coitado.

Se você não se lembra da **voz passiva**, aqui vai a definição clássica: ocorre voz passiva quando o verbo indica que **o sujeito sofre a ação verbal**. Nas frases abaixo, há voz passiva.

Exemplo: Hoje, **nosso amigo João foi derrotado** pelo cansaço da rotina, mas — como todo brasileiro — ele não desiste fácil. Por isso, **será recompensado** por seu patrão. Sendo assim, devemos crer nisto: "**Recompensam-se os esforçados!**".

No primeiro e no segundo casos, há uma locução verbal (normalmente formada pelo verbo *ser/estar/ficar + particípio*: *"foi derrotado"*, *"será recompensado"*). Esta é a marca principal da **voz passiva** *analítica*; há como traço de passiva analítica também o *agente da passiva*: "pelo cansaço da rotina" e "por seu patrão".

No terceiro caso do exemplo acima, ocorre a chamada **voz passiva** *sintética*, cuja característica principal é a presença do pronome apassivador "se"; vale o meu ressalto: não há agente da passiva nesta voz!

Resumindo:

VOZ ATIVA: o sujeito é agente da ação verbal.

Exemplo: Eu **penteei** os cabelos.

VOZ PASSIVA: o sujeito é paciente da ação verbal; pode ser analítica (ser/ estar/ ficar + particípio) ou sintética (VTD + "se" apassivador).

Exemplo:

Os cabelos **foram penteados** por mim. (analítica)

Pentearam-se os cabelos. (sintética)

Além disso, há a **voz reflexiva**, em que o sujeito é o agente e paciente da ação verbal; ocorre voz reflexiva recíproca quando o verbo se encontra no plural e há pelo menos dois seres praticando a mesma ação verbal, um no outro.

Exemplo:

Penteei-me com esmero. (o "me" é pronome reflexivo)

Eles **se pentearam** com esmero. (o "se" é reflexivo *recíproco*)

Domínio da estrutura morfossintática do período – III: vozes verbais e Sintaxe I   191

Agora você vai aprender a fazer a passagem da ativa para a passiva. Lembre-se: só há passagem de voz ativa para a passiva se o verbo for transitivo direto (VTD) ou transitivo direto e indireto (VTDI). Veja:

(O homem) (resolveu) (todas as pendências do dia). (Voz ativa)

Sujeito (S)   VTD   Complemento (objeto direto)

Passando para a voz passiva analítica: o OD vira S, o S vira AGP e o verbo vira uma locução verbal (ser/estar/ficar + particípio), mantendo-se o tempo verbal. Veja:

Todas as pendências do dia *foram resolvidas* pelo homem.

Sujeito (S)   *Ser + Particípio*   *Agente da passiva*

Você agora deve estar se perguntando: "Ok. Entendi. Mas não é possível passar essa frase da ativa para a passiva sintética?". Resposta: Não!

Entenda: *os elementos que estão na voz ativa precisam aparecer na voz passiva quando a passagem for feita*. Está certo? Então, veja se esta transformação seria possível:

Resolveram-se todas as pendências do dia. (Voz passiva sintética)

Não está faltando algum elemento que aparece na voz ativa? É claro! "O homem", ora. Portanto, chegamos à seguinte conclusão: a passagem da ativa para a passiva sintética acima está errada, pois falta um elemento da voz ativa!

E mais: só é possível passar da voz ativa para a voz passiva sintética se o sujeito da ativa estiver **indeterminado**, *verbo na 3ª pessoa do plural* (nota: na passiva analítica, o AGP ficará igualmente indeterminado). Ok? Veja:

Exemplo:

(S?) Resolveram as pendências da empresa. (VA)

Resolveram-se as pendências da empresa. (VPS)

As pendências da empresa foram resolvidas (AGP?). (VPA)

Observação

■ Preste atenção em como vai ficar a passagem de voz ativa para a passiva analítica quando houver locuções verbais e tempos compostos; note abaixo a conservação do tempo verbal do verbo auxiliar e a estrutura "ser" + particípio; **note também como vai ficar o tempo composto *na voz passiva!***

Exemplo:

Vou comprar uma casa. (VA)

Uma casa *vai ser comprada* por mim. (VPA)

Estou comprando uma casa. (VA)

Uma casa *está sendo comprada* por mim. (VPA)

Espero que **tenham resolvido** as pendências (VA)

Espero que as pendências *tenham sido resolvidas*. (VPA)

■ Não confundir verbo reflexivo com verbo pronominal. Os verbos reflexivos são verbos acompanhados de pronomes reflexivos. Sempre são verbos transitivos diretos e/ou indiretos (VTD/ VTI/ VTDI). Segundo a maioria dos gramáticos, ele "faz refletir sobre o sujeito a ação que ele mesmo praticou." Diz-se que o pronome reflexivo, que acompanha tal verbo, é também recíproco quando há mais de um ser no sujeito e o verbo se encontra no plural. É possível substituir o pronome átono por *a mim mesmo, a ti mesmo, a si mesmo(s), a nós mesmos, a vós mesmos.*

Exemplo: A menina se cortou. / Se está doente, trate-se. / Os namorados se deram as mãos. (recíproco) / A avó e a neta se queriam muito. (recíproco) / Eles se beijaram. (recíproco) / Ela se impôs uma dieta muito

Domínio da estrutura morfossintática do período – III: vozes verbais e Sintaxe I   193

severa. / Ele se achou culpado por ter perdido a luta. / Sofia deixou-se estar à janela.

■ Existe um terceiro caso de voz passiva (não popular na gramática tradicional) que ocorre com o verbo no infinitivo ligado pela preposição "de" a um adjetivo. Veja:

Exemplo:

Elas eram pessoas *difíceis de contentar*. (Eram pessoas difíceis de **serem** contentadas.)

Este remédio é *ruim de tomar* (Este remédio é ruim de **ser** tomado.)

■ Pode haver passagem de voz ativa para passiva quando o objeto direto na ativa é preposicionado, pois a preposição é expletiva.

Exemplo: Eu cumpri com o dever > O dever foi cumprido por mim.

6.2 As relações de sintaxe e o verbo

É a parte da gramática que trata da **ordem**, da **relação** e da **função** das palavras na frase.

Observe a seguinte frase:

Prof. Ben Noach alunos os do próximo classificarão o se concurso para ano neste.

Ahn?! Estranha, não? Adivinha por quê? "Ah, Andre, deve ter alguma coisa a ver com a sintaxe". Não tenha dúvidas, meu/ minha nobre. Leia de novo a definição de sintaxe. Percebeu?

A definição diz: "... trata da **ordem**...", e ORDEM é sinônimo de ORGANIZAÇÃO. Logo, você já chegou à conclusão desejada por mim: as palavras estão fora de... *ordem, ou sequência* – mais do que isso, elas estão tão embaralhadas que nem chegam a refletir a estrutura sintática da nossa língua. Até aí, tudo bem, certo?

Colocando-as na **ordem** (usual, comum, normal) sintática da Língua Portuguesa, veja se não ficaria assim:

Os alunos do Prof. Ben Noach se classificarão para o próximo concurso neste ano.

Perfeito! Em outras palavras, os falantes da língua organizam as palavras mentalmente antes de formar frases; *normalmente* segue-se esta ordem: Sujeito, Verbo, Complemento e Adjunto (S V C A), chamada de ***ordem direta***. Foi o que fiz.

Bem, o *primeiro passo* já foi cumprido: fazer você entender que a sintaxe da língua envolve a disposição, a sequência, a organização das palavras dentro da frase. Vamos para o *segundo passo*.

Percebeu que determinadas palavras ficaram juntas de outras, formando uma espécie de grupo/conjunto de palavras? Note o primeiro grupo (ou sintagma):

<u>Os alunos do prof. Ben Noach</u> se classificarão para o próximo concurso neste ano.

Note agora o segundo grupo:

<u>Os alunos do prof. Ben Noach</u> **se classificarão** para o próximo concurso neste ano.

Note o terceiro:

<u>Os alunos do prof. Ben Noach</u> **se classificarão** *para o próximo concurso neste ano.*

Por fim, o quarto:

<u>Os alunos do prof. Ben Noach</u> **se classificarão** *para o próximo concurso <u>neste ano.</u>*

Domínio da estrutura morfossintática do período – III: vozes verbais e Sintaxe I   195

Por que as palavras foram divididas em grupos (ou sintagmas)? Simples! Algumas inexoravelmente mantêm *relações* com outras, logo não podem vir desvinculadas. Vou explicar melhor. Se alguém perguntasse para você assim: Aluno(a), quem "se classificará para o próximo concurso neste ano"? O que você responderia? "Os", ou "alunos", ou "do", ou "prof. Ben Noach", ou "Os alunos do prof. Ben Noach"?

Certamente seria esta sua resposta: "Os alunos do prof. Ben Noach". Adivinha por quê? A resposta é que as palavras mantêm uma **relação** entre si. Ok? Está acompanhando? Então, continue.

Por fim, a *função* das palavras na frase, ou seja, a famosa função ou classificação sintática dos termos da oração. Para os concursos, você tem de saber os nomes que são dados para classificar as funções que as palavras (ou os grupos de palavras) exercem na frase.

Você já teve aula disso alguma vez em sua vida, por isso, voltando para a frase exemplar, observe que:

(S) é o sujeito;

(V) é o verbo;

(C) é o complemento;

(A) é o adjunto adverbial.

Veja:

> **Os alunos do prof. Ben Noach (S) se classificarão (V) para o próximo concurso (C) neste ano (A).**

Acabamos de fazer uma breve análise sintática dos grupos de palavras nesta frase. Percebeu? É importante dizer também que os grupos de palavras (sintagmas) podem estar invertidos na frase:

Para o próximo concurso (C) neste ano (A) os alunos do prof. Ben Noach (S) se classificarão (V).

ou

Neste ano (A) os alunos do prof. Ben Noach (S) se classificarão (V) para o próximo concurso (C).

Tal inversão respeita a relação das palavras na frase, os sintagmas (grupos de palavras) continuam juntos. Percebeu? O que mudou apenas foi a ordem, por isso chamamos de **ordem indireta/inversa**. Esta ordem é prevista na Língua Portuguesa, pois reflete a estrutura sintática da nossa língua.

Enfim... a noção de sintaxe não é mais um mistério. Enquanto o objeto de estudo da Fonologia é o som das palavras, enquanto o objeto de estudo da morfologia é a forma das palavras, o objeto de estudo da sintaxe é a palavra dentro da frase, dentro da oração, dentro do período.

6.3 Enunciados da língua portuguesa e o verbo

O verbo é o principal "ator" dos enunciados da Língua Portuguesa – que serão importantíssimos para nosso de estudo de Sintaxe. Portanto, vamos entender mais os mecanismos da sintaxe, como **frase**, **oração** e **período**.

Frase é qualquer enunciado (curto ou longo) que estabelece comunicação. Ela pode ser *nominal* ou *verbal*. Imagine a seguinte situação: o Vasco perde do Flamengo e um torcedor vascaíno se lamenta com outro: "E agora, com o Flamengo campeão?".

Domínio da estrutura morfossintática do período – III: vozes verbais e Sintaxe I   197

Percebeu que não há sequer um verbo na frase dele? Logo a frase é **nominal**. Agora, se ele dissesse assim (ainda lamentando): "Agora, com o Flamengo campeão, com certeza vamos ser zoados!", a frase seria **verbal**, pois nela há uma forma verbal (uma locução verbal, "vamos ser zoados"). Simples assim.

Vale dizer que no fim dessas duas frases há sinais de pontuação diferentes, percebeu? "E isso significa alguma coisa, professor?" Certamente.

Existem estes cinco tipos de frase, segundo a gramática normativa:

■ **Declarativa**: o enunciado é *afirmativo* ou *negativo*; termina em ponto (.) ou reticências (...).
Exemplo: Eu sou você amanhã. / Você nunca será como eu.

Observação

É praxe encontrar palavras de sentido negativo em frases declarativas negativas: não, nunca, jamais, nada, nenhum...

■ **Interrogativa**: o enunciado apresenta um questionamento direto ou indireto; termina em ponto de interrogação (?) se a indagação for direta; em ponto, se for indireta.
Exemplo: Aonde você pretende chegar? / Não sei onde ela pode estar.

Observação

Para perceber uma interrogativa indireta, ignore o "Não sei" e se dará conta de que é possível fazer uma pergunta direta com o restante da frase: "onde ela pode estar (?)".

---

198   Língua Portuguesa e Redação Oficial

■ **Exclamativa**: o enunciado exprime um sentimento e uma altissonância; termina em ponto de exclamação (!)
Exemplo: Que pena! (lamento) / Deus ouviu as minhas preces! (alegria)

Observação

O que realmente determina uma frase exclamativa é a expressão de uma emoção.

■ **Imperativa**: o enunciado apresenta um tom de ordem, pedido, súplica, exortação, advertência etc.; verbos no imperativo (afirmativo ou negativo) marcam tal tipo de frase; termina em ponto, ponto de exclamação ou reticências.
Exemplo: Volte! / Seja mais razoável. / Não faça isso...

■ **Optativa**: o enunciado exprime um desejo; termina em ponto ou ponto de exclamação, normalmente.
Exemplo: Bons ventos o tragam. / Deus te ouça, meu filho! / Boa sorte!

Observação

Alguns gramáticos consideram a optativa (com tom de maldição, praga) como frase **imprecativa**: Vá para o inferno, e que o Diabo o carregue!

Para ilustrar os tipos de frase, veja este diálogo:

– Você vai à festa hoje? (frase interrogativa)

– Sim! (frase declarativa afirmativa)

– Tomara que a Carol esteja lá. (frase optativa)

– A Carol nunca falta. (frase declarativa negativa)

– Que bom! (frase exclamativa)

Domínio da estrutura morfossintática do período – III: vozes verbais e Sintaxe I   199

Agora você, meu/minha nobre leitor(a), precisa entender o que é a **Oração**. Uma **Oração** não é nada mais que uma frase verbal; seu núcleo é um verbo (ou uma locução verbal). Portanto, todas essas frases do diálogo, exceto a segunda e a última, são orações. Diz-se que uma *oração* é *absoluta* quando apresenta só um *verbo*:

Todos os alunos da coleção Método Essencial, leitores do professor Andre, *preparam-se* para concursos.

Há outras orações. As coordenadas, as principais, as subordinadas (justapostas, desenvolvidas e reduzidas) e as interferentes são designadas assim quando fazem parte de um período composto. Por isso, precisamos entender o que é um *período*.

Período é uma frase que possui uma ou mais orações; começa com letra maiúscula, apresenta um verbo (ou locução verbal) e termina em ponto, ponto de interrogação, ponto de exclamação ou reticências. Há dois tipos:

■ **Simples**: constituído de uma oração (o período acima em negrito é simples).

Exemplo: *Estudo* com o Andre. / Muitos professores da universidade *continuam escrevendo* artigos para seus alunos! / *Seria* essa a resposta certa?

■ **Composto**: constituído de mais de uma oração; pode ser formado por coordenação, subordinação ou coordenação e subordinação (período misto)

Exemplo: Os resultados *foram* ótimos, por isso *ficamos* satisfeitos. (coordenação) / *Pedi* que todos *viessem* preparados. (subordinação) / *Sei* que eles *passaram* e que se *estabeleceram* na profissão. (coordenação e subordinação)

Em um primeiro momento, não se preocupe com o que venha a ser coordenação ou subordinação.

7

Sintaxe II – Relações de coordenação e subordinação entre termos de uma oração

7.1 Sintaxe do período simples

Nesta parte irei falar sobre o sujeito, o predicado, os predicativos (do sujeito e do objeto), os objetos (direto e indireto), o complemento nominal, o agente da passiva, os adjuntos (adnominal e adverbial), o aposto e o vocativo, os quais fazem parte dos *termos da oração* (*essenciais, integrantes e acessórios*, segundo as gramáticas normativas). Estes termos fazem parte da análise sintática do período simples, ou seja, uma sentença constituída por uma só oração. Acompanhe!

7.2 Termos essenciais da oração

Aqui se encaixam o **sujeito** e o **predicado**, que, dentro da oração, não deixam de figurar, por isso são essenciais. Na oração sem sujeito, o sujeito não é essencial, mas é só *neste* caso.

O sujeito (S)

- É o termo sobre o qual se declara alguma coisa, concordando em número e pessoa com o verbo/locução verbal.
- É o termo que normalmente pratica ou sofre a ação verbal.
- É o termo cujo *núcleo* pode ser um *substantivo*, um *pronome*, um *numeral*, um *verbo no infinitivo* ou uma *palavra substantivada*.

Exemplo:

Aquelas questões de sintaxe estavam muito fáceis.

Elas estavam muito fáceis.

As *duas* estavam muito fáceis.

Estudar é muito fácil.

Teu porquê continua sendo um mistério para mim.

Percebeu que eu coloquei em negrito o núcleo do sujeito? O *núcleo* é a palavra mais importante de um termo sintático; normalmente os *determinantes* – artigos, pronomes, numerais, adjetivos e locuções adjetivas - vêm ao redor do núcleo, formando um sintagma (grupo de palavras relacionadas).

Uma boa maneira de identificarmos o sujeito de uma oração é fazer a pergunta "**o que...?**" ou "**quem...?**" antes do verbo. Observe a primeira oração do exemplo acima: "O que estava muito fácil?", resposta: "Aquelas questões de sintaxe". Achou o sujeito!

Às vezes, a ordem da oração pode ser inversa, logo, o sujeito, o qual normalmente vem antes do verbo, pode vir depois: "Estavam muito fáceis *aquelas questões de sintaxe*" ou "Agradou-me *o fato de ter uma pessoa amiga ao meu lado em situações difíceis*". Não confunda com objeto direto. Vou dizer mais, meu/minha nobre: as bancas adoram trabalhar questão com sujeito em orações com a **ordem indireta**.

Sintaxe II – Relações de coordenação e subordinação entre termos de uma oração   203

Vejamos agora os **tipos de sujeito**:

a) **Simples:** apresenta somente um núcleo; aparece explícito ou implícito (**oculto**).

Exemplo:

Alguém escondeu a minha bolsa. (explícito)

A minha bolsa foi escondida. (explícito)

Escondeste a minha bolsa? (implícito/oculto)

Observação

■ No último exemplo, fica fácil perceber que o sujeito oculto é o "tu", pois a desinência/terminação do verbo é de 2ª pessoa do singular, ou seja, "**Tu** escondeste a minha bolsa?" Cabe dizer mais uma palavrinha de cautela: se o verbo vier no imperativo, o sujeito normalmente virá implícito: "Nunca mais *esconda* (você) a minha bolsa!" Alguns gramáticos, como Celso Cunha, dividem o sujeito simples do sujeito oculto, daí não seriam quatro tipos, mas cinco.

■ Em frases com verbos causativos (mandar, deixar, fazer) e sensitivos (ver, ouvir, sentir) + pronome oblíquo átono + infinitivo ou gerúndio, tais pronomes são sujeitos simples do verbo no infinitivo ou gerúndio: Mandei-a chegar cedo (= Mandei que **ela** chegasse cedo).

■ Ainda há um tipo de sujeito, semelhante ao oculto, chamado de sujeito partitivo: "Neste coração, cabe *de tudo* (algo/qualquer coisa)".

■ Ainda há sujeito simples em frases nas quais dois termos são ligados pela conjunção "e", mas equivalem a uma ideia só, formando uma expressão: "***Ordem e Progresso** é nosso lema*" ou "***Servir e Proteger** é o mote de todas as polícias*".

---

b) **Composto:** apresenta mais de um núcleo explícito.

Exemplo:

Ele e ela esconderam a bolsa.

Minha chave e minha bolsa foram escondidas.

Observação

■ Se o sujeito composto vier depois do verbo, este pode concordar com o termo mais próximo, ficando no singular: *"Foi escondida minha bolsa* e **minha chave**".

■ Cuidado com este falso sujeito composto: *"Ordem e Progresso* é o lema nacional da República Federativa do Brasil", pois trata-se de uma expressão substantiva que equivale a um núcleo apenas. Por isso classificamos o sujeito como simples.

c) **Indeterminado:** este tipo de sujeito é interessante, pois se assemelha ao implícito/oculto; só que, apesar de o verbo indicar que houve uma ação praticada por alguém, a **identidade** do sujeito é desconhecida, indeterminada; existem três situações clássicas:

■ *Verbo na 3ª pessoa do plural sem sujeito explícito*

Exemplo: (?) *Esconderam* minha bolsa. (Alguém escondeu, mas quem?)

Observação

Em "Meus filhos André e Hadassa vivem aprontando. Outra vez *esconderam* minha bolsa", o verbo esconder não apresenta sujeito explícito e está na 3ª pessoa do plural, no entanto, não há indeterminação do sujeito, pois o contexto indica quem são os que praticaram a ação de esconder. Logo, o sujeito do verbo esconder é oculto, e não indeterminado. Fique esperto(a)!

■ *Verbo na 3ª pessoa do singular acompanhado de partícula de indeterminação do sujeito "se" (PIS), indicando uma ideia de generalização/indefinição*

Sintaxe II – Relações de coordenação e subordinação entre termos de uma oração **205**

Exemplo:

Só *se é* feliz neste lugar por causa de vocês. (Quem é feliz? Todos que são de lá.)

Vive-se bem na Islândia. (Quem vive? Todos que lá vivem.)

Necessita-se de muita segurança nas periferias das capitais. (Quem necessita? Todos que estão lá.)

Ama-se a Deus nesta Igreja. (Quem ama? Todos que a frequentam.)

Observação

Na última frase, o sujeito só é indeterminado porque o *verbo transitivo direto* (VTD) está seguido de preposição! Falando nisso, não confunda a partícula **SE** (PIS) com **SE** (PA). A partícula apassivadora (PA) aparece com VTD sem preposição e pode-se desdobrar a oração que a contém; isso já não ocorre com o verbo com a partícula de indeterminação do sujeito (PIS).

Exemplo:

Vendeu-**se** tudo na loja. (Tudo foi vendido na loja.)

Duvida-**se** de tudo hoje em dia. (De tudo é duvidado hoje em dia?)

■ *Verbo no infinitivo impessoal*
Exemplo: É proibido *entrar* aqui. (Quem não pode entrar?)

Observação

O interessante desta frase logo acima é que o sujeito do verbo ser é o verbo no infinitivo entrar, ou seja, "**Entrar aqui** é proibido". Sempre acho muito importante dizer que, quando o núcleo é um pronome indefinido, não há indeterminação do sujeito, ou seja, há sujeito simples nestas frases: "**Quem** me ligou?" "**Alguém** ligou, pai".

---

206   Língua Portuguesa e Redação Oficial

d) **Oração sem sujeito (sujeito inexistente):** traz verbos impessoais, os quais não apresentam um sujeito promovendo a ação verbal; tais verbos são usados na 3ª pessoa do singular:

■ **Haver** com sentido de existência, ocorrência ou tempo decorrido

Exemplo:

Havia poucas pessoas aqui.

Houve duas confusões ali.

Abandonei o cigarro *há* um mês.

Observação

■ O verbo **ter** pode ser existencial (É coloquial neste sentido, ok? Por isso, não empregue em sua prova discursiva.): "Terá reuniões aqui", "Tinha uma pedra no meio do caminho".

■ Lembrando que o verbo **haver** pode ser pessoal, ou seja, ter sujeito, se fizer parte de uma locução verbal ou se tiver outros sentidos: "**Ele** *haveria de fazer* isso", "**Os rivais** se *houveram* no ringue", "**Eu** me *haverei* bem diante de qualquer concurso após ler o livro do Bem Noach"...

■ **Fazer e Estar** indicando tempo ou aspectos naturais (clima)

Exemplo:

Faz meses que não a vejo.

Aqui *faz* invernos rigorosos.

Estava frio naquele dia.

Observação

Os verbos **fazer** e **estar** podem ser pessoais, ou seja, ter sujeito: "*Fazem* 10 anos de casamento hoje **os meus amigos**", "**Ele** *fez* todos os exercícios", "**Vocês** *estão* bem?"...

Sintaxe II – Relações de coordenação e subordinação entre termos de uma oração   207

■ **Ir + para** indicando tempo decorrido
   Exemplo: *Vai para* dois anos que ela se casou.

Observação

O verbo **ir** pode ser pessoal: "Já se *foram* **duas horas de aula**", "**Ele** *foi* à festa"...

■ **Passar + de** indicando tempo
   Exemplo: Já *passava* das cinco horas.

Observação

Verbo **passar** pessoal: "*Passou*-se **meia hora de aula**", "**Ele** *passou* 10 minutos aqui"...

■ **Bastar/Chegar + de** no imperativo, indicando suficiência
   Exemplo: *Basta de* tolices! *Chega de* problemas!

Observação

Verbo **bastar/chegar** pessoal: "**Quatro fatias** de pão não *chegam* para tua satisfação?", "Não *basta* **ser amigo**, ok?"

■ **Parecer/Ficar** indicando tempo ou aspectos naturais
   Exemplo:
   Parecia tarde da noite.
   Ficou escuro do nada.

Observação

Verbo **parecer/ficar** pessoal:

"**Todos** *pareciam* abobalhados", "**Alguém** *ficou* sem dinheiro aí?"...

208 Língua Portuguesa e Redação Oficial

■ **Ser** indicando hora, data, distância e aspectos naturais
Exemplo:

São treze horas e cinquenta e cinco minutos.

Hoje *são* 20 de março.

São dois quilômetros daqui a sua casa.

Já *era* quase manhã de outono quando acordei.

Observação

O verbo ser é o único impessoal que fica no plural, como vocês puderam ver!
Verbo **ser** pessoal: "**Ela** *é* gente boa", "**O presidente** *será reeleito?*"...

■ Verbos que indicam **Fenômenos Naturais** (chover, ventar,
nevar, gear, trovejar, amanhecer, escurecer...)
Exemplo: ***Ventou, trovejou, choveu*** e depois ***nevou*** no
Pampa Gaúcho.

Observação

Em **sentido figurado**, são pessoais. "**O patrão** *escureceu* de raiva", "*Amanheceu*
um dia lindo", "Todos os dias *chovem* **notícias tristes** nos jornais"...

- -

Importante!

Todos os verbos impessoais, quando acompanhados de auxiliares,
transmitem a estes sua impessoalidade, ficando no **singular**.
Exemplo:
Há sinais de recuperação econômica para 2023.
Deve haver sinais de recuperação econômica para 2023.
Fará dias quentes em dezembro.

Vai fazer dias quentes em dezembro. (...)

- -

Deixarei para falar dos *sujeitos oracionais* e suas peculiaridades mais à frente, em período composto.

O predicado (P)

■ É a soma de todos os termos da oração, exceto o sujeito e o vocativo. É tudo o que se refere ou se atribui ao sujeito.

■ Pode ser verbal, nominal ou verbo-nominal, levando-se em conta que normalmente o núcleo do predicado é o verbo. Exemplo: A língua portuguesa *sofreu uma reforma recentemente*.

Para o reconhecimento dos tipos de predicado, precisamos entender o conceito de predicação verbal ou transitividade verbal, afinal, **não existe predicado sem verbo**. O verbo tem um papel muito importante, pois mantém relações com os outros termos da frase. Portanto, estude bem esta parte.

Predicação verbal

Também chamada de transitividade verbal, é a relação entre o verbo e outros termos da oração dentro do predicado. Existem dois grupos de verbos: os *nocionais* (*intransitivos e transitivos*) e os *relacionais* (de *ligação*, normalmente: *ser, estar, permanecer, continuar, parecer, ficar, tornar-se, transformar-se...*). Vamos ver primeiro os relacionais:

■ **Verbo de ligação** (VL): é aquele que relaciona o sujeito ao seu *predicativo* (atributo que indica estado, qualidade ou condição do sujeito); não indicam ação alguma por parte do sujeito, por isso são "vazios" de significado, indicando apenas estado. Exemplo:

Carol **é** alegre. (estado permanente)

Carol **está** alegre. (estado transitório)

Carol **ficou** alegre. (estado mutatório)

Carol **permanece** alegre. (estado continuativo)

Carol **parece** alegre. (estado aparente)

Observação

A predicação do verbo depende do seu valor no contexto frasal. Assim, o VL pode deixar de ser VL para ter outra predicação, e verbos que não são VL podem passar a ser. Logo, não confundir:

Exemplo:

Carol **viveu** o momento. (verbo nocional)

Carol **vive** alegre. (verbo relacional/VL)

Carol **anda** rápido. (verbo nocional)

Carol **anda** feliz. (verbo relacional/VL)

Carol **está** em casa. (verbo nocional)

Carol **está** satisfeita. (verbo relacional/VL)

Há verbos nocionais que passam a relacionais, e vice--versa. Fique ligado(a) nisso!

E agora os **verbos nocionais**, ou seja, aqueles que apresentam conteúdo significativo, indicando normalmente ação ou movimento.

- **Intransitivo** (VI): não exige complemento verbal, pois tem sentido completo; normalmente uma expressão adverbial (de lugar, tempo...) acompanha os verbos intransitivos que indicam deslocamento ou moradia.

  Exemplo:

  Há alguns anos, o famoso inventor Steve Jobs **morreu**. (quem morre, morre)

  Todos **chegaram** ao teatro à noite. (quem chega, chega a algum lugar)

Sintaxe II – Relações de coordenação e subordinação entre termos de uma oração   211

Observação

Aluno(a), cuidado com os verbos **ir, chegar, voltar, regressar, retornar, morar, residir, habitar** e sinônimos, pois eles aparentemente exigem um complemento, mas não exigem complemento algum, apenas são especificados por uma expressão indicando lugar, pois, caso contrário, o interlocutor não entenderia plenamente uma frase como esta: "Ele foi, amigo". (pergunta óbvia: Ele foi **aonde?**). Estes verbos precisam de um especificador de tempo e não de um complemento. Tais verbos são considerados **intransitivos!**

■ **Transitivo direto** (VTD): para o sentido ficar pleno, exige um *complemento* (*objeto direto*) sem preposição obrigatória; uma maneira de saber que o verbo é VTD se dá por meio de uma passagem de voz ativa para passiva; se for possível, VTD.
Exemplo: Por que os homens **destroem** assim *a natureza?* (quem destrói, destrói alguma coisa)

Observação

Não raro, o complemento deste tipo de verbo vem em forma de pronome átono (o, a, os, as/ lo, las, los, las/no, na, nos, nas): Por que os homens destroem-*na* assim?

■ **Transitivo indireto** (VTI): para o sentido dele ficar pleno, exige um complemento (*objeto indireto*) com preposição obrigatória.
Exemplo: **Concordo** *com você*, realmente **tenho de acreditar** *em Deus*.

212 Língua Portuguesa e Redação Oficial

Observação

Note que "tenho de acreditar" é uma locução verbal, cujo verbo principal contém a predicação, ou seja, é ele quem dita a transitividade verbal da locução (quem acredita, acredita em...).

- Transitivo direto e indireto (VTDI): exige dois complementos, um sem preposição e outro com preposição.
  Exemplo: Eu comuniquei o problema a todos.

Atenção!

Só o contexto determinará a classificação, a transitividade do verbo.
Exemplo:
Ela escreve bem. (VI)
Ela escreveu dois poemas. (VTD)
Ela ainda não me escreveu. (VTI)
Ela não me escreveu nada. (VTDI)

Vamos entender agora um pouco do que é o **predicativo**, porque este conhecimento servirá para entendermos os tipos de predicado de uma maneira melhor. Veja:

Predicativo é o termo sintático que expressa estado, qualidade ou condição do ser ao qual se refere; seu núcleo pode ser um adjetivo (normalmente), um substantivo, um numeral, uma palavra substantivada etc. São dois tipos (do sujeito e do objeto (OD/OI)):

- **Do sujeito** (PS): refere-se ao sujeito, caracterizando-o; não necessariamente aparece só com VL.
  Exemplo:

  (Nós) Estamos **felizes**. (VL)

  O trem chegou **atrasado**. (VI)

Sintaxe II – Relações de coordenação e subordinação entre termos de uma oração 213

Ele foi nomeado **supervisor** pelo gerente. (VTD)

Eles assistiram **nervosos** à partida. (VTI)

Eles deram, **ansiosos**, um presente ao irmão. (VTDI)

Observação

Pode vir preposicionado: A taça é **de cristal.**

■ **Do objeto direto** (POD): normalmente é uma característica dada pelo sujeito ao objeto direto; enfim, é um termo sintático que modifica o objeto direto.

Exemplo:

O povo elegeu *Bolsonaro* **presidente.**

Satisfeita, convocaram *a Carol* na primeira chamada.

Observação

■ Nesse último exemplo note que o POD (satisfeita) está deslocado do objeto (Carol).

■ Acho importante dizer que pode haver predicativo referente a uma oração: Eu considero **válido** *que você arrume um emprego*. O que é considerado válido pelo sujeito? ISTO: "que você arrume um emprego", complemento (objeto direto) do verbo considerar.

■ **Do objeto indireto** (POI): refere-se ao objeto indireto, caracterizando-o.

Exemplo:

Gosto *de abraços* **quentinhos.** (Frase do Olaf, de *Frozen*)

Eu preciso *de você* **consciente.**

214 Língua Portuguesa e Redação Oficial

Atenção!

Nas orações do tipo "São **três horas**", "São **100 metros** daqui até lá"", os termos destacados são predicativos do sujeito; apesar de o verbo ser impessoal.

Os termos que parecem advérbios, ligados ao sujeito por verbo de ligação, indicando estado, condição ou qualidade são predicativos do sujeito.

Exemplo: Sua casa é **longe?**/ Ela ainda está **de pé!**/ Eu estou **sem sono.**

A ordem do predicativo do sujeito **pode** mudar a predicação verbal.

Exemplo: O garoto ficou **curado** em casa. (VL) / O garoto ficou em casa **curado.** (VI)

Normalmente indicando opinião, os verbos transobjetivos (julgar, chamar, nomear, eleger, proclamar, designar, considerar, declarar, adotar, tornar, encontrar, achar...) exigem um objeto e um predicativo do objeto.

Exemplo: O juiz julgou o recurso (OD) **improcedente** (POD)./ O juiz considerou o réu (OD) **culpado** (POD).

O verbo transobjetivo "chamar" no sentido de nomear, apelidar, cognominar, classificar é interessante, pois pode ser VTD ou VTI. A preposição **de** é facultativa.

Exemplo:

Chamei-lhe (de) **vigarista.** (VTI / POI)

Chamei ao rapaz (de) **vigarista.** (VTI / POI)

Chamei-o (de) **vigarista.** (VTD / POD)

Chamei o rapaz **vigarista.** (VTD / POD)

Tipos de predicado

São três tipos: nominal, verbal e verbo-nominal.

■ **Nominal** (PN): tem como palavra mais importante (ou seja, o núcleo) um nome; constituído de VL + PS.

Exemplo: Os alunos *parecem bem interessados ultimamente.*

■ **Verbal** (PV): expressa ideia de ação/movimento e tem como núcleo um verbo; constituído de qualquer verbo, exceto de ligação.

Sintaxe II – Relações de coordenação e subordinação entre termos de uma oração   215

Exemplo:

Meus alunos **não** estão em sala de aula.

Alguns animais **só** se alimentam **de plantas**.

Todos nós visamos **a uma carreira estável**.

O rapaz informou **sua classificação ao mestre**.

■ **Verbo-nominal** (PVN): é a mistura dos dois de cima; composto de um verbo qualquer que não seja de ligação + um predicativo (do sujeito ou do objeto)

Exemplo:

O trem *chegou* à estação *atrasado*.

O povo *reelegerá* **o presidente** *nas próximas eleições?*

Convidaram **o professor** emocionados **para a despedida**.

Forneci **um vultoso material aos alunos** feliz da vida.

Esses foram os *termos essenciais da oração*: **sujeito** e **predicado**. Faça bastantes exercícios para internalizar as informações apresentadas até agora.

7.3 Termos integrantes da oração

São os complementos verbais (OD e OI), o complemento nominal (CN) e o agente da passiva (AGP). São chamados assim, pois integram, completam uma parte da oração.

Complementos verbais

São elementos que estabelecem uma relação sintática com o verbo e completam seu sentido. Existem dois tipos:

216 Língua Portuguesa e Redação Oficial

■ **Objeto direto (OD):** complemento do *VTD*, sem o auxílio de preposição.

Exemplo:

O político desonesto quebrou **todos os protocolos**.

A Língua Portuguesa e todas as suas regrinhas, só mesmo o professor domina.

Atenção!

■ Os pronomes oblíquos **o(s) e a(s) (e suas variações)** quase sempre exercem a função de **OD**. Os pronomes oblíquos *me, te, se, nos, vos* podem exercer a função de OD.

Exemplo:

O político **os** quebrou sem cerimônia.

Só mesmo o professor **as** domina.

Levou-**me** à sabedoria esta aula.

Admira-**te** que eu tenha voltado?

■ Existe o **objeto direto preposicionado**, geralmente pela preposição **a** ou **de**; lembre-se sempre de que não é o verbo que exige a preposição, mas, sim, ela é posta por motivo de ênfase ou clareza (existem muitos casos, abordarei apenas aqueles que costumo ver no seu concurso); esse tipo de complemento pode aparecer quando:

☐ OD é pronome **oblíquo tônico**.

Exemplo: Não entendo nem **a ele** nem **a ti**.

☐ OD com o nome **Deus** e verbos de sentimento.

Exemplo: Nós amamos **a Deus**.

☐ Evitando a **ambiguidade**.

Exemplo: Venceram **aos vascaínos** os flamenguistas. (Perceba que, se não houvesse a preposição "a", ficaríamos na dúvida de quem venceu quem...)

☐ OD é **pronome indefinido**

Sintaxe II – Relações de coordenação e subordinação entre termos de uma oração **217**

Exemplo: O amor fere **a uns**, mas **a outros**, não.

☐ OD é de um sujeito indeterminado pela partícula **se (PIS)**.

Exemplo: Admira-se **aos mais dispostos**.

☐ OD é constituído por **expressões idiomáticas**

Exemplo: beber **da água**, comer **do pão** (essas preposições indicam parte de um todo), dar **do leite**, puxar **da faca**, arrancar **da espada**, sacar **do revólver**, pedir **por socorro**, pegar **pelo braço**, cumprir **com o dever**, esperar **por alguém**, gozar **de liberdade**, saber **da verdade**...

■ Existe o **objeto direto pleonástico**, cujos elementos são repetidos em motivo de ênfase; o *oblíquo* é normalmente o pleonástico.

Exemplo:

Este carro (OD), comprei-**o** (ODP.) hoje.

A mim (ODPrep.) ele nunca **me** (ODP) vê.

■ Existe o **objeto direto interno ou intrínseco**, cujo núcleo possui radical normalmente cognato, semelhante ao radical do verbo da oração; sempre há um *modificador* do núcleo.

Exemplo: Ele vive **uma vida** *de rei*. / Chorei **lágrimas** *amargas* por ti.

■ **Objeto indireto (OI):** complemento do VTI, com preposição obrigatória; se o OI for um oblíquo, a preposição não aparece.

Exemplo:

Acredito muito **em Deus**.

O inimigo resistiu **ao ataque**.

Desobedeceu-**me** propositalmente.

Atenção!

■ Se o verbo for transitivo direto e indireto (VTDI), haverá presença obrigatória de OD e OI.

Exemplo:

Comprei **um carro para mim.**

Sempre dou **graças a Deus** por minhas realizações.

■ Geralmente, o pronome oblíquo **LHE** tem função de OI e pode ser substituído por "A/PARA/EM ELE(A/S)"

Exemplo:

Entreguei-**lhe** o livro.

O filme é bom; já assisti **a ele.**

Observação: Pode ter função de adjunto adnominal (ADN), quando indicar posse: Beijei-**lhe** o rosto = Beijei o **seu** rosto. Alguns gramáticos dizem que pode ter função de complemento nominal.

■ Existe o **objeto indireto pleonástico**, cujos elementos são repetidos para enfatizar algo, em forma de pronome oblíquo átono, como se pode ver:

Exemplo:

De que **lhe** vale ao homem ganhar o mundo?

A mim não **me** agrada esse cantor.

Ao ingrato, nada **lhe** daremos.

Complemento nominal (CN)

É o complemento de um nome (substantivo abstrato, adjetivo ou advérbio); sempre regido por preposição.

Exemplo:

Eu tenho *certeza* **da vitória.** (substantivo)

A sala está *cheia* **de gente.** (adjetivo)

O júri votou *favoravelmente* **ao réu.** (advérbio)

Independentemente **disso**, volte para mim. (advérbio)

O livro é *útil* **à humanidade.** (adjetivo)

A *lembrança* **da namorada** ocorreu de repente. (substantivo)

Sintaxe II – Relações de coordenação e subordinação entre termos de uma oração   219

Atenção!

1. Diferença entre CN e OI: enquanto o VTI exige um OI, o nome exige um CN.

Exemplo:

Creio **em Deus**. (OI)

A crença **em Deus** é importante. (CN)

O povo necessita **de atenção**. (OI)

O povo tem necessidade **de atenção**. (CN)

Se você não notou, é *superválido* dizer que os nomes antes dos CNs são derivados dos verbos; normalmente o CN está ligado a um substantivo deverbal, ou seja, derivado de verbo (crer > crença; necessitar > necessidade...).

2. Mera curiosidade: *Vamos direto ao que interessa.* Onde está o CN?

3. Para alguns gramáticos em frases como esta: Estou perto **de casa**, há complemento nominal, pois "perto" é interpretado como advérbio de lugar exigindo a preposição "de", mas a maioria dos gramáticos, como Bechara, entendem que "perto de" é locução prepositiva.

Observação: Há divergência gramatical nas locuções prepositivas "dentro de, perto de, longe de, diante de", pois Ulisses Infante, Pasquale Cipro Neto, Luiz Antonio Sacconi e Celso Pedro Luft entendem que tais expressões, na verdade, são advérbios seguidos de preposição. Do ponto de vista da vastíssima maioria dos gramáticos, porém, tais expressões são, de fato, locuções prepositivas. Na parte de complemento nominal, o gramático Manoel Pinto Ribeiro é mais taxativo ainda: "Em 'Perto de casa', não ocorre complemento nominal do advérbio 'perto', pois 'perto de' é locução prepositiva que introduz um adjunto adverbial de lugar, ou seja, 'perto de casa' em "Estou *perto de casa*" é um adjunto adverbial de lugar.

Agente da passiva (AGP)

É o complemento de um verbo na voz passiva precedido da preposição **por** ou **de**; o núcleo normalmente é um nome.

220 Língua Portuguesa e Redação Oficial

Voz passiva analítica

Sujeito paciente + locução verbal + **agente da passiva**

Exemplo:

O cantor ficou rodeado **de fãs**.

Os governantes foram repreendidos **pelo povo**.

■ O agente da passiva corresponde ao sujeito da ativa.
Exemplo: **Os fãs** rodearam o cantor = O cantor ficou rodeado **por/de fãs**.

■ O agente da passiva pode estar indeterminado se o sujeito da ativa for indeterminado.
Exemplo: Nossas casas foram atacadas (por alguém) ontem.

■ **Diferença entre AGP e CN**
Simples: Se você conseguir passar da passiva para a ativa, mantendo o significado, achará a resposta a sua dúvida.

Exemplo:

O rapaz foi apaixonado **pela professora**. (CN) = A professora apaixonou o rapaz?

O rapaz foi assediado **pela colega**. (AGP) = A colega assediou o rapaz.

7.4 Termos acessórios da oração

São estes: o adjunto adnominal, o adjunto adverbial, o aposto e, tradicionalmente, o vocativo formam o conjunto de termos acessórios. Chamados assim, pois são, em tese, dispensáveis como um mero acessório.

Adjunto adnominal (ADN)

É um termo sintático que determina um núcleo substantivo; nunca separado por pontuação (vírgula e afins).

As classes gramaticais que podem funcionar como ADN são:

Pronome

Locução Adjetiva

Adjetivo

Numeral

Artigo

Exemplo: **O** homem **de negócios** comprou só **um** imóvel: **aquela bela** casa.

Diferença entre complemento nominal (CN) ou adjunto adnominal (ADN)

1. Será **sempre CN** se a expressão regida de preposição estiver ligada a *adjetivo* ou *advérbio* terminado em -mente.

Exemplo: Estou *desgostoso* **com vocês** / Nada faremos *relativamente* **a este caso**.

2. Será **sempre CN** se a expressão ligada a *substantivo abstrato* estiver antecedida de *qualquer preposição*, exceto a preposição **de**.

Exemplo: Fiz *menção* (substantivo abstrato) **a você** ontem. / Tenho *amor* (substantivo abstrato) **pelo meu filho**.

Observação

Note que **menção** e **amor** têm verbos correspondentes: mencionar e amar.

---

222 Língua Portuguesa e Redação Oficial

3. Será **sempre ADN** se a expressão preposicionada, semelhante ao CN, estiver ligada a *substantivo concreto*, inclusive iniciado por **de**.

Exemplo: Comprei um *material* (substantivo concreto) **do Ouse Saber.**

4. Normalmente o **ADN** mantém uma relação de posse com o substantivo.

Exemplo: A atitude **do professor** foi justa. (A atitude pertence ao professor.)

5. O **CN** tem valor paciente (*normalmente* o seu núcleo não é uma pessoa) e encontra respaldo na reescritura de voz passiva analítica; já o **ADN** tem valor agente (*normalmente* o seu núcleo é uma pessoa) e encontra respaldo na reescritura de voz ativa.

Exemplo: A resolução **da questão** foi ótima. (CN/*A questão foi resolvida*/valor paciente) / A resolução **do professor** foi ótima (ADN/*O professor resolveu*/valor agente).

Observação

Nos dois exemplos abaixo, há de se observar se o substantivo antes do CN ou do ADN é abstrato ou concreto, para encontrar a diferença.

Exemplo:

A plantação **de cana** é lucrativa. (CN)

A plantação **de cana** incendiou. (ADN)

Depois dessa explicação acima, dá para errar alguma questão na prova? Duvido! Internalize aos poucos esta diferença, por ler e reler as informações.

Diferença entre adjunto adnominal (ADN) e predicativos (PS/PO)

Sintaxe II – Relações de coordenação e subordinação entre termos de uma oração   223

O ADN expressa uma característica já inerente, permanente ao ser indicado; outra coisa, o ADN nunca é separado por vírgulas.

O PS ou PO trata de uma informação que é atribuída ao ser, indica um estado transitório; o PO é normalmente uma opinião do sujeito; se não estiver após o verbo, vem separado por vírgula.

Exemplo:

O exame deixou o aluno **preocupado**. (PO)

O aluno **preocupado** negou o erro. (ADN)

O aluno, **preocupado**, negou o erro. (PS)

O homem encontrou, **bela e elegante**, a moça. (PO)

Depois de tanto procurar, encontrei a Carolina **bela e elegante**. (ADN)

Observação

Às vezes, pode existir ambiguidade em uma frase, o que dificultará a análise; portanto, fique atento ao contexto.

Exemplo: Achei o homem **perdido**. (AMBÍGUO)

Dica para diferenciar o ADN do PO: passe para a voz passiva, se o adjetivo ficar ao lado do nome, será ADN.

Exemplo: Resolvi uma *questão* **difícil** > Uma *questão* **difícil** foi resolvida por mim. (ADN nos dois casos, pois o adjetivo ficou AO LADO DO NOME.)

Alguns pronomes oblíquos podem ser considerados adjuntos adnominais, desde que tenham **valor de pronome possessivo**.

Exemplo:

Beijou-**lhe** as mãos. (Beijou as mãos **dela**.)

Roubaram-**me** o carro. (Roubaram **o meu** carro.)

Levaram-**nos** a motivação. (Levaram **a nossa** motivação.)

Adjunto adverbial (ADV)

É um termo ou expressão de valor adverbial que se relaciona a um verbo, um adjetivo ou outro advérbio, modificando-os. Pode vir representado, portanto, por um advérbio, uma locução adverbial ou um pronome relativo (veremos isso em orações subordinadas adjetivas). Abordo os principais, presentes em concursos. Veja, em ordem alfabética:

- **Assunto**: Falemos **sobre futebol** agora, e não **de política**.
- **Causa**: Crianças morrem **de fome** no mundo, e vocês discutem **por nada**?!
- **Companhia**: Saiu **com a namorada** ontem.
- **Concessão**: **Apesar da gripe**, saiu de casa.
- **Condição**: **Sem nota fiscal**, não pago nem levo o produto.
- **Conformidade**: Você dança **conforme a música**?
- **Dúvida**: **Talvez** os juros caiam.
- **Finalidade**: Ele estuda **para juiz**.
- **Instrumento**: Escreveu **com a caneta-tinteiro**.
- **Intensidade**: Estava **meio** tonta.
- **Lugar (real ou virtual)**: Cheguei **à sala**, mas entrei atrasado **no assunto**.
- **Meio**: Mandei o recado **por WhatsApp**.
- **Modo**: A cerveja que desce **redondo**. / Estamos bem, no entanto, **mal** conseguimos explorar a verdade, pois há uma infinidade de informação.
- **Tempo**: **Jamais** serei zilionário.

Sintaxe II – Relações de coordenação e subordinação entre termos de uma oração   225

Lembre-se de que o **ADV** modifica *verbo*, *adjetivo* ou outro *advérbio*; já o **PS/PO** e o **ADN** modificam um termo de valor *substantivo*.

Diferença entre **ADV** e **PS/PO**

Exemplo:

O aluno continua **sério**. (PS)

O aluno falou **sério** em sala com o professor. (ADV)

Diferença entre **ADV** e **ADN**

Exemplo:

Preciso de **muito** pensamento positivo. (ADN)

As pessoas trabalham **muito**. (ADV)

Aposto (APO)

É um termo de valor *substantivo* que explica, esclarece, desenvolve ou resume outro termo *anterior*. Pode aparecer entre vírgulas, depois de dois pontos ou travessão. Há cinco tipos básicos de aposto, vejamos:

■ **Explicativo**
Exemplo: Carolina, **uma ótima pessoa**, e seu amigo, **um estudioso**, estavam preparando-se para a prova.

■ **Distributivo**
Exemplo: Tenho dois filhos: **um** baixinho, **outro** altinho.

■ **Resumitivo**
Exemplo: João, Maria e eu, **ninguém** resolvia a questão.

■ **Enumerativo**
Exemplo: Atenderemos a todos: **homens**, **mulheres**, **velhos** e **crianças**.

226   Língua Portuguesa e Redação Oficial

■ **Especificativo**

Exemplo: No mês **de outubro de 2018**, o presidente **Bolsonaro** foi eleito e usou a palavra **satisfação** no seu discurso.

Observação

Note que o aposto especificativo é um termo que tem o mesmo valor semântico da palavra especificada anterior, ou seja, "presidente Bolsonaro", Bolsonaro é o quê? Um presidente. Existem vários presidentes, e a palavra específica Bolsonaro aponta qual presidente é.

O **APO** pode se referir a uma oração inteira por meio das palavras *sinal, coisa, fato, motivo, razão, o...*

Exemplo: As nuvens estão chegando, o que pode aborrecer a todos. (ou seja, *"isso* pode aborrecer a todos")

O **APO** pode ser de um pronome relativo.

Exemplo: Veja o **que** achei: *um anel e um cordão.*

O **APO** pode aparecer antes do termo a que se refere.

Exemplo: **Pessoa feliz**, o palhaço atrai a todos. (note que o núcleo do aposto é um substantivo (pessoa))

Diferença entre **APO** e **ADN**

Há correspondência semântica entre o aposto e o termo a que se refere; é possível retirar a preposição que precede o aposto. O ADN não tem correspondência semântica, e, se a preposição for retirada, a estrutura ficará esdrúxula.

Exemplo:

A cidade **(de)** **Fortaleza** é quente. (APO/Fortaleza é uma cidade.)

O clima **de Fortaleza** é quente. (ADN/ Fortaleza é um clima?)

Sintaxe II – Relações de coordenação e subordinação entre termos de uma oração   227

Diferença entre **APO** e **PS**

Lembre-se: o aposto não pode ser um adjetivo, logo:

Exemplo:

Desesperado, João perdeu o dinheiro. (PS)

Homem desesperado, João sempre perde o controle. (APO/núcleo: homem.)

Vocativo (VOC)

É o termo que põe em evidência algum ser a quem se dirige; indica a invocação de alguém ou algo; vem sempre separado por vírgula; pode se deslocar pela oração.

Exemplo:

Só tem uma garrafa, **mãe!**

Ó, querida, não faça isso comigo.

Diferença entre **VOC** e **APO**

O vocativo não mantém relação sintática com nenhum termo de uma oração.

Exemplo:

Solte os rapazes, **senhor**, urgentemente. (VOC)

Os rapazes, **amigos entre si**, são honestos. (APO)

Pode haver ambiguidade entre VOC e APO; só o contexto desfará a ambiguidade.

Exemplo: Aqueles candidatos, **meus alunos**, passaram na prova. (VOC? / APO?)

8

Sintaxe III – Relações de coordenação e subordinação entre orações

8.1 Sintaxe do período composto

No período simples estudamos apenas a **relação entre as palavras** dentro de uma só oração. A análise desta vez é macro, pois olhamos aqui para a **relação entre as orações**. Nesta parte irei falar sobre as orações (coordenadas, subordinadas [justapostas, desenvolvidas e reduzidas] e interferentes), que muita gente considera "carma". Este tipo de estudo agora faz parte da análise sintática de uma sentença constituída por mais de uma oração e a relação entre elas.

8.2 Período composto por coordenação

A **coordenação** trata da relação de *independência* entre palavras e orações. Fique tranquilo(a), pois explicarei com bastante cautela este assunto. Fique sabendo que, para os concursos, o que importa de verdade é a coordenação entre as **orações**.

230   Língua Portuguesa e Redação Oficial

Vamos lá. Quando você lê uma frase com duas orações (período composto), é certo que elas mantêm algum tipo de relação. No caso da coordenação, percebemos que as **orações** estão simplesmente **uma ao lado da outra** (<u>co</u>ordenadas), com uma **estrutura sintática completa**, de modo que **uma oração não depende da outra**. Falar que uma oração tem estrutura sintática completa significa dizer que ela tem sujeito + predicado (nas orações sem sujeito, só vai haver predicado). Veja:

Os alunos se encontram muito ansiosos; já as alunas estão tranquilas.

Note que a primeira oração (Os alunos se encontram muito ansiosos) tem sujeito e predicado, está completa; perceba também que é até possível colocar um ponto (.) no fim dela. "Por que, Ben Noach?" Simples. O ponto indica que o período se concluiu, terminou, não há mais nada o que dizer. O mesmo ocorre com a segunda oração (já as alunas estão tranquilas), que também tem sujeito e predicado, está com a estrutura sintática completa. Concluindo: uma oração não depende da outra, porque cada uma tem sua estrutura completa, uma não precisa da outra sintaticamente.

É por isso que se diz que o período composto por coordenação apresenta **orações sintaticamente independentes**.

Tenho mais a dizer. Assim como em aulas presenciais dos cursos onde ensino a norma culta da Língua Portuguesa, depois de explicar tudo isso, não me satisfaço. Então, vou apresentar mais argumentos para que seu entendimento seja ainda mais pleno.

Vamos lá, é o seguinte... as orações coordenadas podem ser separadas por *vírgula, ponto e vírgula* (já visto acima), *dois-pontos ou travessão*. Veja:

Sintaxe III – Relações de coordenação e subordinação entre orações **231**

Os alunos se encontram muito ansiosos, já as alunas estão tranquilas.

Meus alunos estão se esforçando muito: com certeza serão classificados.

Tirei a ansiedade de um só aluno – não fui bem-sucedido com os outros.

Percebeu que as orações separadas por pontuação se encontram coordenadas, independentes sintaticamente? Muito bem! Falarei agora de dois tipos de orações coordenadas: as **assindéticas** e as **sindéticas**. Não há mistério algum nisso. Os nomes são meio feios, mas não se assuste! As *assindéticas* são aquelas não ligadas por conjunção, não são iniciadas por conjunção de jeito nenhum! Adivinha quais são as *sindéticas*? Isso mesmo, são as iniciadas por síndeto? Síndeto = conjunção.

Vejamos as **assindéticas** e as *sindéticas*:

"**Sou um gigolô das palavras, vivo às suas custas** e *tenho com elas exemplar conduta de um cáften profissional*; **abuso delas... maltrato-as, sem dúvida,** *e jamais me deixo dominar por elas*; **não me meto na sua vida particular, não me interessa seu passado, suas origens, sua família...**"
(Luís Fernando Veríssimo)

Percebeu que nenhuma assindética (em **negrito**) é iniciada por conjunção coordenativa? O contrário não é verdadeiro, ou seja, as sindéticas (em *itálico*) são SEMPRE iniciadas por conjunção coordenativa (no caso, a conjunção "e"). **Dica: decore as conjunções coordenativas que você já vai ter mais do que meio caminho andado.** Vamos ver mais sistematicamente as orações coordenadas sindéticas.

Orações coordenadas sindéticas

São orações com a estrutura sintática completa, iniciadas por uma conjunção (chamada também de síndeto ou conectivo). Existem cinco tipos (em **negrito**; as que não estão em negrito são assindéticas):

232　Língua Portuguesa e Redação Oficial

■ **Aditivas:** exprimem ideia de soma, adição; iniciadas pelas conjunções coordenativas aditivas sempre.

e, nem, tampouco; (não só/apenas/somente)... mas/(assim, bem) como/senão (também, ainda); (tanto)... quanto/como...

Exemplo:

Eu compro *e* **vendo.**

José não trabalha *nem* **estuda.**

Tanto leciono, *quanto* **escrevo romances.**

O Brasil não só sediou a Copa, **bem** *como* **sediou as Olimpíadas.**

■ **Adversativas:** exprimem ideia de contraste, oposição, ressalva, adversidade; iniciadas pelas conjunções coordenativas adversativas sempre.

mas, porém, *todavia*, contudo, entretanto, no entanto, *não obstante*, só que...

Exemplo:

A polícia invadiu a comunidade; **o tiroteio,** *porém*, **continuava.**

O conhecimento enfuna, *todavia* **é uma necessidade.**

Enriqueceu-se, *não obstante* **continuou a defender as classes mais** *desfavorecidas*.

Observação

O e pode ter valor adversativo, e a *oração* será considerada *sindética adversativa* (isso é polêmico entre alguns gramáticos, mas a tradição nos "força" a analisar assim).

Exemplo: Acordou cedo, **e** *chegou tarde*. (= mas)

Sintaxe III – Relações de coordenação e subordinação entre orações **233**

■ **Alternativas:** exprimem ideia de opção, exclusão, alternância; iniciadas pelas conjunções coordenativas alternativas sempre.

ou, ou...ou, ora...ora, quer...quer, seja...seja, umas vezes...outras vezes, talvez...talvez...

Exemplo:

A mulher *ora* o agradava, ora o ofendia.

Você vai *ou* não (vai)?

Quer chovesse, *quer* fizesse sol, tinha de sair.

■ **Conclusivas:** exprimem ideia de conclusão; iniciadas pelas conjunções coordenativas conclusivas sempre.

logo, portanto, por isso, *por conseguinte*, então, assim, em vista disso, sendo assim, pois (entre vírgulas e depois do verbo), *destarte, dessarte...*

Exemplo:

Vocês são especiais em minha vida, *por isso não vivo sem vocês*.

Ele estuda todo dia, *logo* resolverá fácil as questões.

Não me sinto preparado ainda, *destarte* prestarei concurso no próximo ano.

Observação

■ A palavra *logo*, de acordo com o contexto, poderá ser conjunção conclusiva ou advérbio de tempo.

Exemplo:

234   Língua Portuguesa e Redação Oficial

Ele virá de avião; *logo* chegará mais rápido que ela. (conjunção conclusiva)

Ele virá de avião; *logo* chegará aqui, antes dela. (advérbio de tempo)

■ A conjunção *pois* será conclusiva quando vier após o verbo, e a oração será considerada sindética conclusiva.

Exemplo: O povo não consegue alimentar-se bem; é um fato, *pois*, **a necessidade de empregos.**

■ **Explicativas**: exprimem ideia de motivo, razão, explicação; iniciadas pelas conjunções coordenativas explicativas sempre.

porque, que, *porquanto*, pois (antes do verbo)...

Exemplo:

A necessidade de empregos é fato, *pois* **o índice de desemprego aumenta a cada dia.**

A criança devia estar com dor, *porquanto* **chorava muito.**

Amai, *porque* **amor é tudo.**

Observação

Se vier um verbo no imperativo antes de uma dessas conjunções, como no último exemplo, tenha certeza de que a oração iniciada por uma dessas conjunções é coordenada sindética explicativa, sempre!

8.3 Período composto por subordinação

A **subordinação** trata da relação de *dependência* entre palavras e orações. Fique tranquilo(a), novamente, pois explicarei com bastante cautela este assunto. Fique sabendo ainda que, para os concursos, o que importa de verdade é a subordinação entre as **orações**.

Sintaxe III – Relações de coordenação e subordinação entre orações   235

Vamos lá. Quando você lê uma frase com duas orações (período composto), é certo que elas mantêm algum tipo de relação. No caso da subordinação, percebemos que as **orações** estão "presas" uma à outra, porque uma das orações (a subordinada) completa a estrutura sintática da outra (principal), ou simplesmente depende da outra (principal) para ampliar a estrutura desta. De uma forma ou de outra, uma oração é subordinada à outra (principal) quando mantém uma relação de dependência. Veja:

Os alunos estavam temerosos **de que a prova viesse em um nível difícil.**

Os alunos **que mantêm uma constância nos estudos** se sentem confiantes.

Quando eles precisam de ajuda, o professor sempre busca assisti-los.

As orações em negrito são subordinadas. Note que a primeira (**de que a prova viesse em um nível difícil**) completa a estrutura sintática da oração principal (Os alunos estavam temerosos). Eu digo que completa, porque "quem está temeroso, está temeroso DE ALGUMA COISA". Percebe que o adjetivo "temeroso" exige um complemento? Então, o complemento dele vem em forma de oração (**de que a prova viesse em um nível difícil**). Logo, a primeira oração em negrito está "presa" à oração principal, porque completa sua estrutura sintática. Imagine: eu chego até você e digo: "Aí, os alunos estão temerosos". Você responde: "Ah, ok?". Claro que não! Você vai me perguntar: "Estão temerosos DE QUÊ, André?" Aí eu respondo: "Ah, eles estão temerosos de que a prova venha difícil". Percebe, então, que a oração principal PRECISA de um complemento? Por sua vez, a oração subordinada exerce uma função sintática de complemento nominal (um termo *integrante*, lembra-se?), completando a principal? Esta relação é de dependência, portanto. Subordinação!

236   Língua Portuguesa e Redação Oficial

Analisando a segunda oração em negrito, notamos que ela é acessória, ou seja, pode ser retirada do período sem prejuízo para a estrutura da outra (principal); certo? Vou riscar a subordinada para você perceber:

Os alunos ~~que mantêm uma constância nos estudos~~ se sentem confiantes.

Notou que a oração riscada é acessória? "Hmmm... acessória... isso me lembra termos *acessórios* da oração... adjunto adnominal, adjunto adverbial... Ah! Entendi!" Entendeu mesmo? "Entendi. A segunda oração em negrito exerce função de adjunto adnominal, pois está determinando um substantivo (alunos); certo?" Isso aí. Percebeu também que a oração principal não depende dela? Mas a subordinada depende da principal, pois a subordinada é um termo acessório e depende da existência da principal para ampliar sua estrutura.

A terceira oração também funciona sintaticamente como um termo acessório, mais especificamente como um adjunto adverbial de tempo. Note que também podemos riscar e perceber que a principal não depende dela, mas, sim, o contrário:

~~Quando eles precisam de ajuda~~, o professor sempre busca assisti-los.

Logo, existem orações subordinadas completando a principal (a primeira em negrito) e existem orações subordinadas "acessórias", ampliando/determinando a principal (a segunda e a terceira em negrito).

Existem três tipos de orações subordinadas: as **substantivas**, as **adjetivas** e as **adverbiais**.

Orações subordinadas substantivas

São iniciadas pelas conjunções integrantes **que** ou **se**; exercem função própria dos substantivos; segundo a famosa dica, po-

Sintaxe III – Relações de coordenação e subordinação entre orações **237**

dem ser substituídas por **isso**; são seis tipos tradicionais (as subordinadas vêm em negrito; as outras são as orações principais):

■ **Subjetivas (osss):** funcionam como **sujeito** da oração principal; há quatro casos ou construções clássicos:
1º caso: Verbo ser + adjetivo/substantivo/advérbio + *que/se...*

Era importante *que* **você entendesse a matéria.**
(O que era importante? **Isso** era importante.)
Será verdade *que* **ele internalizou a informação?**
É assim *que* **eu vou ensinar a matéria.**

2º caso: Verbo transitivo direto (na 3ª pessoa do singular) **+ se** (partícula apassivadora) **+** *que/se...*

Está-se comentando *que* **ele explica bem a matéria.**
(O que está se comentando? **Isso** está sendo comentado.)
Não se sabe *se* **haverá aula.**
Viu-se *que* **o aluno entendeu direito a explicação.**

3º caso: Locução verbal (SER/ESTAR/FICAR + PARTICÍPIO) **+** *que/se...*

Foi dito *que* **todos ficaram satisfeitos com os resultados.**
(O que foi dito? / **Isso** foi dito.)
Está decidido *que* **o professor vai ministrar aulas on-line.**
Ficou provado *que* **ele foi classificado no exame.**

4º caso: parecer, convir, suceder, acontecer, importar... + *que/se...*

Convém *que* **todos estudem com frequência.**
(O que convém? **Isso** convém.)
Não me importa nem um pouco *se* **o concurso estiver difícil!**
Parece *que nós estamos aprendendo Português.*

238   Língua Portuguesa e Redação Oficial

Observação

Às vezes, as orações subordinadas substantivas, em geral, vêm iniciando o período: *Se o concurso estiver difícil*, não me importa nem um pouco.

■ **Objetivas diretas**: funcionam como objeto direto da principal, que apresenta um *verbo transitivo direto* ou um *verbo transitivo direto e indireto* obrigatoriamente.
Exemplo:
Espero *que* você aprenda português.
(Eu espero o quê? Eu espero **isso**.)
Não sabemos *se* **haverá aula**.
Ela te disse *que* **esperaria aqui**?

■ **Objetivas indiretas**: funcionam como objeto indireto da principal; que apresenta um *verbo transitivo indireto* ou um *verbo transitivo direto e indireto* obrigatoriamente; a preposição exigida pelo verbo da principal *pode* vir elíptica, segundo alguns gramáticos, tenha atenção.
Exemplo:
Ele não me informou *de* **que o concurso seria este ano**.
(Ele não te informou de quê? Ele não me informou **disso**.)
O professor insiste (**em**) *que* **eu tenho de estudar mais**.
Não resisti **a** *que* **tu me ajudasses**.

■ **Completivas nominais**: funcionam como complemento nominal da principal, que apresenta um nome (substantivo, adjetivo ou advérbio) exigindo um complemento preposicionado obrigatoriamente; se bem que, tanto quanto nas

Sintaxe III – Relações de coordenação e subordinação entre orações **239**

objetivas indiretas, segundo alguns bons gramáticos, a preposição também pode vir implícita.

Exemplo:

Eu tinha certeza **(de)** *que* **você aceitaria minha sugestão.**

(Você tinha certeza de quê? Eu tinha certeza **disso.**)

A notícia **de** *que* **ela se classificou me alegrou muito.**

Fiz menção **a** *que* **você tinha passado logo de primeira.**

■ **Predicativas:** funcionam como predicativo do sujeito da principal, que apresenta o verbo de ligação SER obrigatoriamente.

Exemplo:

A verdade é *que* **a prova não é tão difícil.**

A impressão era **(de)** *que* **ela não desistiria tão fácil.** (preposição "de" expletiva – realce)

O certo é *que* **todos querem a felicidade.**

Observação

Certo é *que* **todos querem a felicidade** (Isso é certo). A oração é subjetiva, pois na principal não há artigo ou pronome. Se houver artigo ou pronome na principal, a oração subordinada será predicativa. Veja:

Sua certeza é *que* **as pessoas estudiosas sempre passam.**

■ **Apositivas:** funcionam como aposto da principal, normalmente separadas por dois-pontos, vírgula ou travessão.

Exemplo:

Quero isto: *que* **você aprenda português.**

Tenho um grande sonho, *que* **você aprenda português!**

240 Língua Portuguesa e Redação Oficial

A minha vontade – *que* **aprendesses** – se realizou.

Entre as subordinadas substantivas poderíamos incluir as que exercem a função de **agente da passiva**, iniciadas por **de** ou **por + pronome indefinido.**

Exemplo: O livro foi escrito *por quem* entende do assunto.

São chamadas de orações subordinadas substantivas **justapostas** as que não são iniciadas por conjunção integrante, mas, sim, por nenhum vocábulo ou pronomes interrogativos (que, quem, qual, quanto) e advérbios interrogativos (onde, como, quando, por que). Essa de cima (com função sintática de agente da passiva) é justaposta.

Exemplo: *Quem* **espera** *sempre alcança. (subjetiva) / Eu achei* **quem** **me ama de verdade.** (objetiva direta) / O amor é *quando* **a gente mora um no outro.** (predicativa) / Eu tenho pavor **de** *onde* **ele mora** (completiva nominal)/ Agora eu lhes mostro **com quantos paus se faz uma canoa** (objetiva direta) (...)

Orações subordinadas adjetivas

São equivalentes a um adjetivo, pois caracterizam um substantivo ou termo de valor substantivo; todas as orações subordinadas adjetivas exercem **sempre** função sintática de adjunto adnominal (ADN); **sempre** são iniciadas por pronome relativo: que, o qual, quem, quanto, cujo, onde, quando, como. Há **dois** tipos: **explicativas** e **restritivas**.

Explicativas

Vêm sempre separadas por vírgulas, travessões ou parênteses; modificam um termo, generalizando a ideia ou simplesmente tecendo um comentário extra sobre ele.

Exemplo: Brasília, *que é a capital do Brasil*, foi fundada em 1960.

Brasília é a capital do Brasil, certo? Então, é só uma informação extra, acessória sobre Brasília.

Restritivas

Não vêm separadas por pontuação; limitam a significação do termo antecedente, por restringir um ser (ou alguns seres) dentre um grupo de seres.

Exemplo: Os alunos do prof. Ben Noach **que estudaram os capítulos anteriores** não estão encontrando grandes dificuldades.

São **todos** os alunos do prof. Ben Noach que não estão encontrando grandes dificuldades? Claro que não! **Apenas** alguns, ou seja, só aqueles que estudaram os capítulos anteriores não estão encontrando grandes dificuldades.

1. Valor semântico das orações adjetivas.

Exemplo:

Ela saiu com o namorado – **que mora em Brasília**. (explicativa)

Ela saiu com o namorado **que mora em Brasília**. (restritiva)

A frase 1 indica que ela tem **SÓ** um namorado, e ele mora em Brasília.

Já a 2ª frase indica que ela tem outros namorados; e eles moram em outras cidades. **Percebeu que a pontuação fez toda a diferença?!**

2. O antecedente do pronome relativo pode ser um pronome demonstrativo (o, a, os, as).

Exemplo: Eu comprei apenas **o que me interessou**.

3. Pronomes relativos e suas funções sintáticas

É muito fácil reconhecer a função sintática do pronome relativo. Basta substituí-lo pelo termo anterior. Em seguida leia a frase a partir dele, analise-a sintaticamente. Pronto! Descobrir-se-á a função sintática! Vamos ver?

Exemplo: O livro **que** *sumiu* é meu. > O livro sumiu. > Que sumiu? > O livro sumiu. Logo, a função do "que" é sujeito.

Vamos ver em detalhes:

242   Língua Portuguesa e Redação Oficial

Como eu já disse, para determinar o papel sintático que o pronome relativo desempenha, basta reconstruir a oração adjetiva que ele introduz, substituindo-o pelo termo antecedente a que se refere. O pronome relativo QUE é o que realmente nos importa para a prova, ok?

A) QUE (= O QUAL)

Sujeito: o pronome relativo é o sujeito do verbo da oração subordinada adjetiva.

Exemplo: Comprei um livro **que** (= *o qual*) fez sucesso. (**O livro** fez sucesso.)

Objeto direto: o pronome relativo é o objeto direto do verbo da oração subordinada adjetiva.

Exemplo: Comprei um livro **que** (= *o qual*) você vai amar. (Você vai amar **o livro.**)

Objeto indireto: o pronome relativo é o objeto indireto do verbo da oração subordinada adjetiva.

Exemplo: Comprei um livro **de que** (= *do qual*) você vai gostar. (Você vai gostar **do livro.**)

Predicativo do sujeito: o pronome relativo é o predicativo do sujeito da oração subordinada adjetiva.

Exemplo: Este é o homem **que** (= *o qual*) eu serei algum dia. (Eu serei **este homem** algum dia.)

Complemento nominal: o pronome relativo é o complemento nominal da oração subordinada adjetiva.

Exemplo: Comprei um livro **de que** (= *do qual*) tinha necessidade. (Tinha necessidade **do livro.**)

Agente da passiva: o pronome relativo é o agente da passiva da oração subordinada adjetiva.

Exemplo: Comprei um livro **por que** (= *pelo qual*) fiquei seduzido. (Fiquei seduzido **pelo livro.**)

Adjunto adverbial: o pronome relativo é o adjunto adverbial da oração subordinada adjetiva.

Exemplo: Comprei um livro **de que** (= *do qual*) falaram bem. (Falaram bem **do livro.**)

Sintaxe III – Relações de coordenação e subordinação entre orações   243

B) QUEM

Pode exercer função de **objeto direto preposicionado**, **objeto indireto**, **complemento nominal** e **agente da passiva** pelos mesmos motivos que o QUE acima.

C) CUJO

Exerce sempre função sintática de **adjunto adnominal**.

D) ONDE

Exerce sempre função sintática de **adjunto adverbial de lugar**.

E) COMO

Exerce sempre função sintática de **adjunto adverbial de modo**.

F) QUANDO

Exerce sempre função sintática de **adjunto adverbial de tempo**.

G) QUANTO (não usual nos concursos)

Exerce função sintática de **sujeito** ou **objeto direto**.

Orações subordinadas adverbiais

Funcionam como adjuntos adverbiais da oração principal, sendo introduzidas por conjunção subordinativa. Grave as conjunções subordinativas e dificilmente vai errar uma questão de oração subordinada adverbial!

Existem nove tipos alistados pela NGB (Nomenclatura Gramatical Brasileira): **causais, comparativas, concessivas, condicionais, conformativas, consecutivas, temporais, finais** e **proporcionais**.

■ **Causais**: exprimem ideia de causa, motivo, razão.

Conjunções subordinativas: porque, que, porquanto, pois, visto que, visto como, já que, uma vez que, como (início de oração), posto que, dado que, na medida em que...

Exemplo:

A aluna chorou intensamente, *porque* **passou na prova**.

Como hoje está nublado, fiquemos em casa e estudemos.

Uma vez que é possível entender a matéria, insistirei.

Atenção!

Diferença entre **subordinada causal** e **coordenada explicativa**

Na subordinada causal, a circunstância de causa precede e gera o fato ou o ocorrido (na linha do tempo, primeiro vem a causa, depois a consequência). Na coordenada explicativa, a circunstância não precede nem gera o fato ou o ocorrido.

A confusão é gerada, geralmente, por causa do uso das conjunções *porque, pois, que* e *porquanto.*

Exemplos clássicos:

Choveu aqui, *porque* a calçada está molhada. (explicativa) – O fato de a calçada estar molhada não provocou a chuva, ou seja, não é a causa da chuva, certo?

A calçada está molhada, *porque* choveu. (causal) – É fato que a chuva provocou o molhamento da calçada.

Nesses exemplos clássicos, vemos que a relação causa-consequência é muito nítida só no segundo período.

Por ser uma situação difícil e polêmica, explicarei com mais fluidez ainda. Existem três casos importantes a considerar, meu nobre; veja:

1° caso: Se o verbo que antecede a conjunção vier no **imperativo**, é certo que a conjunção será coordenativa **explicativa.**

Exemplo: Estude, *que* **seu futuro estará garantido!**

2° caso: Se a afirmação anterior à conjunção vier expressando uma **opinião/tese**, uma subjetividade, a conjunção será tomada como coordenativa **explicativa.**

Exemplo: O Brasil se beneficiou muito com a Operação Lava-Jato, *pois* **houve efetivo combate à corrupção.** – Será que o Brasil, realmente, se beneficiou com a Operação Lava-Jato ou isso é uma mera opinião?

Sintaxe III – Relações de coordenação e subordinação entre orações   **245**

3º caso: Se a afirmação anterior à conjunção for uma suposição ou uma constatação por dedução, gerada por uma apuração ou comprovação, a conjunção será **explicativa** (este é o caso de "Choveu, porque a rua está molhada"; ou seja, você deduz que choveu por causa de uma apuração (a rua molhada)).

Exemplo: João agora deve estar cheio de dinheiro, *porque* vive **comprando carros novos**, ora.

Qualquer outra relação que não se encaixe nestes casos será **causal**.

Só de curiosidade, veja este **que** causal:

Escreve Machado em *Memórias Póstumas*: "Começo a arrepender-me deste livro. Não *que* ele me canse..." Esse *que* pode ser substituído por *porque*, conjunção subordinativa causal.

■ **Consecutivas:** exprimem ideia de consequência, efeito, resultado.

Conjunções subordinativas: que (após tanto, tão, tamanho, tal, ou após de sorte, de modo, de maneira, de forma)...

Exemplo:

Nesta cidade, chove *que* **é o Diabo!** ("tanto" não expresso antes do "que")

Comer hambúrgueres é *tão* prazeroso *que* **vicia.**

Observação

Diferença entre **oração adjetiva** e **oração adverbial consecutiva**
Exemplo:
Nós fizemos um barulho *que* **ninguém conseguia conversar.** (consecutiva)
– Fizemos um barulho *tão* grande *que* **ninguém conseguia conversar.**

Nós fizemos um barulho *que* **incomodava a todos.** (adjetiva restritiva) –
O barulho incomodava a todos.

246   Língua Portuguesa e Redação Oficial

■ **Comparativas:** exprimem ideia de comparação; normalmente o verbo da oração subordinada vem elíptico.

Conjunções subordinativas: (mais, menos, maior, menor, melhor, pior)... (do) que; (tal)... qual/ como; (tão, tanto)... como/quanto; como; assim como; como se; que nem, feito...

Exemplo:

Amo-o *como* (amo) a um filho.

O professor hoje é mais didático **do *que* nunca (foi).**

A sua sabedoria é tão intrigante *quanto* **sua humildade (é).**

■ **Concessivas:** exprimem um fato contrário, em oposição ao da oração principal, sem anulá-lo.

Conjunções subordinativas: embora, *malgrado,   conquanto,* ainda que, mesmo que, *se bem que, posto que,* nem que, apesar de que, por (mais, menos, melhor, pior, maior, menor) que, sem que (= embora não)...

Exemplo:

Embora **estivesse cansado,** foi fazer a prova.

Por pior que **esteja sua vida,** não desista de estudar.

Nunca paro de estudar, *conquanto* **eu trabalhe.**

Observação

Dado que e **posto que** podem ser locuções conjuntivas causais, modernamente, dependendo do contexto (com verbo no indicativo): *Dado que/Posto que ele estudou,* nunca mais esqueceu as explicações do professor Ben Noach. Outra coisa: apesar de o verbo depois da

Sintaxe III – Relações de coordenação e subordinação entre orações **247**

conjunção concessiva vir no subjuntivo, poderá indicar hipótese ou não: *Mesmo que ele chegue* agora, não vai adiantar. (hipótese) / *Sem que tenha estudado*, ficou em primeiro lugar (certeza).

■ **Condicionais:** exprimem ideia de condição, hipótese.

Conjunções subordinativas: se, caso, contanto que, *exceto se, salvo se*, desde que (verbo no subjuntivo), *a menos que*, a não ser que, sem que (= se não)...

Exemplo:

Chegaremos hoje, *salvo se* **houver imprevistos.**

Tudo ficará bem, ***desde que* façamos nossa parte.**

Se **você acordar cedo**, comece a estudar.

Observação

■ Modernamente o **SE** vem sendo considerado como causal quando equivaler a "já que", daí que a oração iniciada por ele será subordinada adverbial causal. Apenas alguns poucos gramáticos concordam com isso, mas eu não poderia deixar de apresentar.

Exemplo: *Se* **(= já que) os humanos são imperfeitos**, não podemos esperar atitudes sempre perfeitas.

■ A expressão coesiva **sem que** pode indicar uma relação de concessão ou condição:

Exemplo:

Sem que **estudasse**, passou. (concessão)

Sem que **estude**, dificilmente passará. (condição)

■ Às vezes, a oração pode vir elíptica: O candidato disse que, <u>se</u> **(for) eleito**, cumprirá as promessas.

■ A oração principal da subordinada condicional exprime consequência. Cuidado com questões de causa e consequência ou questões de valor semântico, pois você vai buscar conjunções causais, con-

248   Língua Portuguesa e Redação Oficial

secutivas ou conclusivas, e pode não encontrar. Exemplo: Se você estudar muito (causa incerta), passará (consequência incerta).

■ **Conformativas:** exprimem ideia de acordo, conformidade.

Conjunções subordinativas: conforme, *consoante*, segundo, como (= conforme), em consonância com que, de acordo com que...

Exemplo:

Como **todos sabemos**, o Brasil já é autossuficiente em petróleo.

Em consonância com que **ele disse**, vale a pena estudar.

Essa notícia, *consoante* **já anunciamos**, é verdadeira.

■ **Finais:** exprimem ideia de finalidade, objetivo.

Conjunções subordinativas: para que, a fim de que, que (= para que), porque (raro; = para que), com o objetivo/escopo/fito/intuito de que...

Exemplo:

Entre em silêncio *para que* **as crianças não acordem.**

Tudo fiz *porque* **ela se casasse comigo.**

Estudem mais *a fim de que* **resolvam bem as questões.**

■ **Proporcionais:** exprimem ideia de concomitância, simultaneidade, proporção.

Conjunções subordinativas: à proporção que, à medida que, ao passo que, quanto (mais, menos, menor, maior, melhor, pior)...

Exemplo:

Quanto mais **conheço os homens**, mais confio nos cachorros.

À medida que **o país progride**, o meio ambiente sofre.

Sintaxe III – Relações de coordenação e subordinação entre orações **249**

Eu só estudo *ao passo que* me motivam.

Observação

"à medida em que" e "na medida que" *não* são formas cultas!

■ **Temporais:** exprimem ideia de temporalidade.

Conjunções subordinativas: quando, logo que, depois que, antes que, sempre que, desde que (verbo no indicativo), até que, assim que, enquanto (indica simultaneidade), mal...

Exemplo:

A gente vive bem *enquanto* ama.

Desde que essas explicações chegaram à minha vida, nunca mais fui o mesmo estudante.

Mal entrei em sala, começaram os aplausos!

Observação

O *que* é conjunção temporal nesta construção, segundo o mestre Evanildo Bechara:

Exemplo: Faz dois meses *que* não leio os artigos do Andre.

Só de curiosidade: algumas orações adverbiais não listadas na NGB:

■ de **modo:** Saiu da sala *sem que* ninguém percebesse.

■ de **lugar:** Fico *onde* me põem.

■ de **companhia:** Só saio *com* quem conheço.

■ de **assunto:** Só falo *sobre* quem conheço.

8.4 A palavra COMO

a) Conjunção coordenativa aditiva

Introduz orações coordenadas sindéticas aditivas.

250   Língua Portuguesa e Redação Oficial

Exemplo: Tanto estudo, como trabalho.

b) Conjunção subordinativa causal

Introduz orações que dão ideia de causa. Equivalente a porque, é usado no início da frase.

Exemplo:

Como estive doente, não compareceu ao serviço.

Como passou mal, não foi a festa.

c) Conjunção subordinada comparativa

Introduz orações que exprimem o segundo elemento de uma comparativa, equivale a quanto, é precedido de tanto, tão,...

Exemplo:

Ela é tal como me disseram.

Você o conhece tão bem como eu.

d) Conjunção subordinativa conformativa

Introduz orações que exprimem conformidade de um fato com outro, equivale a conforme.

Exemplo:

Fizemos o trabalho como o professor pediu.

Em certas situações, devemos agir como manda nossa consciência.

e) Pronome relativo

Possui um antecedente que dá ideia de "modo": maneira, jeito, forma...

Sintaxe III – Relações de coordenação e subordinação entre orações **251**

Exemplo:

Este foi o único modo como ele fez o trabalho.

Esta é a maneira como faço o meu serviço.

f) Substantivo

Por meio da derivação imprópria (conversão) a palavra *como* muda de classe gramatical e passa a ser sujeito.

Exemplo:

Não sei o como de tudo isso.

Diga-me o como daquilo.

g) Advérbio interrogativo

O advérbio interrogativo como (de modo) pode aparecer tanto nas interrogativas diretas quanto nas indiretas.

Exemplo:

Não sei como resolver o problema.

Como resolver o problema?

h) Preposição

Aparece como preposição *acidental* por ser proveniente de outra classe gramatical, geralmente equivale a "por".

Exemplo:

Obtiveram como resposta o bilhete.

Os ganhadores tiveram como prêmio uma medalha de ouro.

O conceito de cultura ***como* recurso** (adjunto adnominal) ganhou legitimidade.

252   Língua Portuguesa e Redação Oficial

i) Interjeição

Classifica-se como interjeição devido além da classe gramatical como também devido o seu tom exclamativo.

Exemplo:

Como você não!

Como é assim e acabou!

j) Advérbio de intensidade

Quando se pode mudar para quão ou quanto.

Exemplo: Como é lindo teu rosto!

k) Verbo

Conjugado na 1ª pessoa do singular do presente do indicativo.

Exemplo: Eu como muito!

Ufa! E aí, como está o andamento da matéria? *Beleza*? Lembre-se sempre de que a persistência e a paciência andam de mãos dadas; não as deixe soltas, pois você vai precisar dessas virtudes ao longo de sua vida, seja como estudante, seja como profissional. O fim de tudo vale o sacrifício: **vaga garantida!** Portanto, não esmoreça! Desistir, nunca! Render-se, jamais!

8.5 Orações reduzidas

- São as que apresentam o verbo numa das formas nominais (gerúndio, particípio e infinitivo).
- Nunca são iniciadas por conjunções (no caso das substantivas e adverbiais) nem por pronomes relativos (no caso das adjetivas).
- Normalmente podem ser reescritas (desenvolvidas) com esses conectivos.

Sintaxe III – Relações de coordenação e subordinação entre orações   253

■ Podem ser iniciadas por preposição.

Exemplo:

Agindo assim, nada ocorrerá. (reduzida)

Se agirmos assim, nada ocorrerá. (desenvolvida)

Saí da sala, **sem ser incomodado.** (reduzida)

Saí da sala, **sem que me incomodassem.** (desenvolvida)

Terminada a prova, fomos ao restaurante. (reduzida)

Quando terminou a prova, fomos ao restaurante. (desenvolvida)

Atenção!

Os particípios nem sempre serão orações reduzidas; poderão assumir valor de adjetivo com função de adjunto adnominal ou predicativo.

Exemplo:

Os alunos foram *apaixonados* pela professora. (predicativo)

Os alunos *apaixonados* estão felizes. (ADN)

Em um período composto, a locução verbal ou o tempo composto não constituem oração reduzida. Para que haja oração reduzida com locução verbal, é necessário que o verbo auxiliar esteja em forma nominal do verbo (gerúndio, infinitivo, particípio).

Exemplo:

Tendo recebido *o dinheiro,* comprarei o carro. (oração reduzida de gerúndio)

Olhe com cuidado, *pois* as crianças *estão brincando.* (locução verbal com o verbo auxiliar flexionado, fazendo parte de uma coordenada explicativa)

8.6 Período composto por coordenação e subordinação

Chamado também de período misto, é a junção da oração subordinada à coordenada.

254   Língua Portuguesa e Redação Oficial

Veja estes dois exemplos:

Exigimos (oração principal) *que* **chegasse a nós** (oração subordinada substantiva objetiva direta ligada à principal) *e* **apresentasse sua explicação** (oração coordenada sindética aditiva à anterior e subordinada substantiva objetiva direta à principal). — Duas orações subordinadas, coordenadas entre si.

A professora não corrigiu as provas ainda (oração coordenada assindética), *mas* **assistiu os alunos** (oração coordenada sindética aditiva à anterior e principal à posterior) *que* **estavam com dificuldade** (oração subordinada adjetiva restritiva).

Há ainda, as orações interferentes ou intercaladas. Veja:

8.7 Orações intercaladas/interferentes (de narrador)

São orações que interferem na sequência lógica do período; indicam uma intervenção do narrador para fazer algum comentário; não são introduzidas por conjunção, mas separadas por vírgula, travessão ou parênteses.

Exemplo:

Você ficou maluco? – perguntou a mulher.

Precisamos, **dizia ele,** trabalhar muito.

No dia de minha colação de grau **(eu me lembro muito bem!)**, fiquei extremamente feliz.

9

Emprego dos sinais de pontuação. Concordâncias verbal e nominal

9.1 Pontuação

Sem olhar para trás nem esmorecer, hein? O que vou dizer agora tem tudo a ver com a aula de Sintaxe e também tem uma relação muito grande com a semântica e com o objetivo discursivo do falante. Você já deve ter ouvido falar que "uma vírgula muda tudo", não é?

9.1.1 A vírgula

Há situações gerais em que não se pode usar a vírgula. Perceba que vou falar de sintaxe agora (especificamente de *sujeito, verbo, complemento e adjunto adverbial* [ordem direta]). As regras gerais, conforme a norma padrão da língua, nos informam que:

■ A vírgula *não* pode ser usada entre o sujeito (S) e logo após seu verbo (V)

256   Língua Portuguesa e Redação Oficial

Todos os alunos do prof. Ben Noach, entenderam a explicação.

Observação

Em orações substantivas com *função de sujeito* iniciadas por QUEM, a vírgula entre tal oração e o verbo da principal é *facultativa*, segundo alguns autores: Quem lê sabe mais ou Quem lê, sabe mais.

■ **A vírgula *não* pode ser usada entre o verbo (V) e logo após seu complemento (C) (objeto direto, indireto – em forma de oração, inclusive – e o predicativo do sujeito)**

Os alunos entenderam, toda aquela explicação do professor sobre vírgula.

Os alunos precisam, de uma explicação detalhada sobre vírgula.

Os alunos entenderam, que precisam estudar bem a vírgula.

Os alunos precisam de, que os professores os ajudem.

Os alunos ficaram, satisfeitos com a explicação.

Observação

■ Alguns verbos de ligação que se tornam intransitivos, quando vêm acompanhados de adjunto adverbial de lugar, **não** são separados por vírgula deste adjunto: Os alunos ficaram, em casa (errado) / Os alunos ficaram em casa (certo). Por motivo de ênfase, pode-se colocar a vírgula.

■ Se o complemento vier deslocado da sua posição original, a vírgula deverá ser colocada: Toda aquela explicação do professor sobre vírgula, os alunos entenderam / De uma explicação detalhada sobre vírgula, os alunos precisam / Satisfeitos com a explicação, os alunos ficaram.

■ **A vírgula é *facultativa* entre o complemento de um verbo (C) e logo após um adjunto adverbial (ADV)**

Emprego dos sinais de pontuação. Concordâncias verbal e nominal 257

Nossos alunos ficaram exercitando questões de vírgula, ontem à noite ou

Nossos alunos ficaram exercitando questões de vírgula ontem à noite.

Observação

■ Um advérbio só, como o **não** ou o **nunca** antes do verbo, jamais é separado por vírgula: Eu **não** vou mais errar esta questão. / **Nunca** errarei esta questão.

■ Se o adjunto adverbial de **curta extensão** (normalmente uma ou duas palavras) estiver deslocado em qualquer posição na frase, a vírgula será **facultativa** também: De fato estes alunos são mais interessados ou De fato, estes alunos são mais interessados. O gramático Celso Cunha diz que a vírgula é facultativa entre o adjunto adverbial (mesmo não sendo de curta extensão) no início da oração e logo após o verbo: Por cima daquele prédio(,) formavam-se muitas nuvens. Esta questão de curta ou longa extensão às vezes é subjetiva.

■ **A vírgula *não* pode ser usada entre o núcleo do sujeito (NS) e algum complemento nominal (CN) ou adjunto adnominal (ADN) ligado a ele**

Todos os alunos, do prof. Ben Noach entenderam a explicação.

■ **A vírgula *não* pode ser usada entre o núcleo do objeto (NO) e algum complemento nominal (CN) ou adjunto adnominal (ADN) ligado a ele**

Convidamos todos os alunos, do prof. Ben Noach para a festa.

■ **A vírgula *não* pode ser usada entre a locução verbal de voz passiva (LVP) e o agente da passiva (AGP)**

Todos os alunos foram convidados, pelo prof. Ben Noach para a festa.

258   Língua Portuguesa e Redação Oficial

Resumindo, *na ordem direta*, **não** se pode usar vírgula nestes casos principais:

1. S, V
2. V, C
3. NS, CN ou NS, ADN
4. NO, CN ou NO, ADN
5. LVP, AGP

Atenção!

Normalmente as questões de concursos relativas à vírgula tratam do que eu acabei de falar. As pontuações erradas acima são bizarrices de grande porte! Se aparecer isso na prova não titubeie, acerte e seja feliz!

"Ben Noach, e se houver um termo ou uma oração intercalada entre o sujeito e o verbo, ou entre o verbo e o complemento, ou entre o complemento e o adjunto adverbial? Como fica a posição da vírgula?" Bem, normalmente as vírgulas são colocadas entre termos que interrompem a estrutura **S V C A**. Exemplo:

Sujeito , ... , Verbo + Complemento + Adjunto adverbial

O professor do curso, *Andre Ben Noach*, ministra aulas de Português.

Estamos diante de um *aposto explicativo*.

Sujeito + Verbo , ... , Complemento + Adjunto adverbial

Eu estudei, *Andre*, toda a aula ontem, ok?

Estamos diante de um *vocativo*.

Sujeito + Verbo + Complemento , ... , Adjunto adverbial

O professor explicou Português, *que é minha matéria preferida*, ontem.

Estamos diante de uma *oração subordinada adjetiva explicativa.*

E se o adjunto adverbial estiver antes do sujeito, entre o sujeito e o verbo ou entre o verbo e seu complemento, dependendo de sua extensão (como já vimos em **observação** anterior), a vírgula poderá ser usada assim:

Adjunto adverbial, Sujeito + Verbo + Complemento

Sujeito, **Adjunto adverbial**, Verbo + Complemento

Sujeito + Verbo, **Adjunto adverbial**, Complemento

9.1.2 O ponto e vírgula

O ponto e vírgula (;) é usado para marcar uma pausa maior do que a da vírgula. Seu objetivo é colaborar com a clareza do texto – pouco usado hoje em dia, mas frequente nos concursos. Por isso, fique esperto!

Não há mistérios; entenda quando se deve usar (percebeu que eu usei um agora?). O ponto e vírgula serve para:

■ **Separar orações coordenadas assindéticas, normalmente entre trechos já separados por vírgula**

Exemplo: Criança, foi uma garota sapeca; moça, era inteligente e alegre; agora, mulher madura, tornou-se uma doidivanas.

■ **Separar vários itens de uma enumeração** (frequente em leis)
Exemplo:

Art. 206. O ensino será ministrado com base nos seguintes princípios:

I – igualdade de condições para o acesso e permanência na escola;

II – liberdade de aprender, ensinar, pesquisar e divulgar o pensamento, a arte e o saber;

260   Língua Portuguesa e Redação Oficial

III – pluralismo de ideias e de concepções, e coexistência de instituições públicas e privadas de ensino;

IV – gratuidade do ensino em estabelecimentos oficiais;

(...)

(Constituição da República Federativa do Brasil)

■ **Separar orações coordenadas cuja conjunção "implícita" é facilmente percebida**
Exemplo: Comeu muito na festa, exageradamente; não conseguiu ir à aula de hoje. (= *Comeu muito na festa, exageradamente, por isso não conseguiu ir à aula hoje.*)

■ **Separar orações coordenadas adversativas e conclusivas com conectivo deslocado** (ou não)
Exemplo:
Ficarei com ela; (porém) não posso, porém, pagá-la à vista.

Vencemos; fiquemos, pois, felizes com nossa conquista!

9.1.3 Os dois-pontos

Os dois-pontos (:) marcam uma supressão de voz em frase ainda não concluída. Em termos práticos, este sinal é usado para:

■ **Abrir uma citação (discurso direto)**
Exemplo: Assim disse Voltaire: "Devemos julgar um homem mais pelas suas perguntas que pelas respostas."

■ **Abrir um aposto *explicativo*, *enumerativo*, *distributivo* ou uma oração subordinada substantiva apositiva**
Exemplo:

Amanda tinha conseguido finalmente realizar seu maior propósito: seduzir Pedro, que, por sua vez, amara duas pessoas: Magda e Luana.

Em nosso meio há bons profissionais: professores, jornalistas, médicos...

■ **Abrir uma explicação após as expressões "por exemplo, isto é, ou seja, a saber, como" etc.**
Exemplo: Adquirimos várias aulas, a saber: a do Andre, a do Felipe, a da Iara etc.

■ **Marcar uma pausa entre orações coordenadas (normalmente a relação semântica entre elas é de oposição, explicação ou consequência)**
Exemplo:

Ele já leu muitos livros: é um homem considerado culto.

Há certas pessoas muito generosas: visam a uma rápida ascensão.

Precisamos ousar na vida: devemos fazê-lo com cautela.

■ **Marcar a invocação em correspondências**
Exemplo: Prezados senhores:

Importante!

Só há letra maiúscula após os dois-pontos se a palavra for uma expressão em que se exija a letra maiúscula, como topônimos, antropônimos, siglas etc.; em citações também a letra maiúscula pode vir após os dois-pontos; ainda é usada a letra maiúscula após "nota:" ou "obs.:".

9.1.4 O travessão

O travessão (–) é um sinal bastante usado na narração, na descrição, na dissertação e no diálogo, portanto, figura repetida em qualquer prova; é um instrumento eficaz em uma

262 Língua Portuguesa e Redação Oficial

redação. Pode vir em dupla se vier intercalado na frase. Veja seus usos:

■ **Indica a mudança de interlocutor no diálogo (discurso direto)**
Exemplo:

– Que gente é aquela, seu Alberto?
– São japoneses.
– Japoneses? E... é gente como nós?
– É. O Japão é um grande país. A única diferença é que eles são amarelos.
– Mas então não são índios?

(Ferreira de Castro)

■ **Coloca em relevo certos termos, expressões ou orações; substitui nestes casos a vírgula ou os dois-pontos**
Exemplo:

Maria José sempre muito generosa – sem ser artificial ou piegas – a perdoou sem restrições. (oração adverbial modal)

Um grupo de turistas estrangeiros – todos muito ruidosos – invadiu o saguão do hotel no qual estávamos hospedados. (predicativo do sujeito)

Os alunos – amigos meus do Rio de Janeiro – vão passar este ano. (aposto explicativo)

Só não se inventou a máquina de fazer versos – *já havia o poeta parnasiano*. (orações coordenadas assindéticas – conectivo implícito)

A decisão do Ministério da Saúde foi a seguinte – que todos se unissem contra o mosquito transmissor da dengue. (oração substantiva apositiva)

O Brasil – que é o maior país da América do Sul – tem milhões de analfabetos funcionais. (oração adjetiva explicativa)

Meninos – pediu ela – vão lavar as mãos, que vamos jantar. (oração intercalada)

Carol é linda – linda! (travessão usado como mero realce)

Observação

A vírgula pode vir após um travessão, se houver necessidade dela. Em outras palavras, toda vez que vier uma questão trabalhando travessões intercalados e vírgula após eles, por favor, faça o seguinte: ignore a existência dos travessões e do que está dentro dele, ok? Se houver necessidade de vírgula, use-a após o último travessão. Veja um exemplo:

Quando penso que não desfrutei mais da companhia de minha mãe – lamento muito tal fato, pois a amava e gostava de nossas caminhadas –, não consigo até hoje conter minhas lágrimas.

Se você ignorar os travessões e a oração interferente dentro deles, o período ficará assim:

Quando penso que não desfrutei mais da companhia de minha mãe, não consigo até hoje conter minhas lágrimas.

Essa vírgula aí está, pois a primeira oração é uma subordinada adverbial iniciando período (sempre separada por vírgula, portanto). Tal regrinha vale também para os parênteses, ou seja:

Quando penso que não desfrutei mais da companhia de minha mãe (lamento muito tal fato, pois a amava e gostava de nossas caminhadas), não consigo até hoje conter minhas lágrimas.

Veja outro exemplo, com vocativo: "Professor – chamou o diretor –, precisamos conversar."

9.1.5 Os parênteses

Os parênteses ( ), muito semelhantes aos travessões e às vírgulas, são empregados para:

264   Língua Portuguesa e Redação Oficial

■ **Colocar em relevo certos termos, expressões ou orações; substitui nestes casos a vírgula ou os travessões**
Exemplo:

Maria José, sempre muito generosa (sem ser artificial ou piegas), perdoou-a sem restrições. – oração adverbial modal

Um grupo de turistas estrangeiros (todos muito ruidosos) invadiu o saguão do hotel no qual estávamos hospedados. – predicativo do sujeito

Os alunos (amigos meus do Rio de Janeiro) vão passar este ano. – aposto explicativo

O Brasil (que é o maior país da América do Sul) tem milhões de analfabetos funcionais. – oração adjetiva explicativa

Meninos (pediu ela) vão lavar as mãos, que vamos jantar. – oração intercalada

■ **Incluir dados informativos sobre bibliografia (autor, ano de publicação, página etc.)**
Exemplo: Mattoso Câmara Jr. afirma que, às vezes, os preceitos da gramática e os registros dos dicionários são discutíveis: consideram erro o que já poderia ser admitido e aceitam o que poderia, de preferência, ser posto de lado.

■ **Indicar marcações cênicas numa peça de teatro**
Exemplo:

Abelardo I – Que fim levou o americano?

João – Decerto caiu no copo de uísque!

Abelardo I – Vou salvá-lo. Até já! (sai pela direita)

Os colchetes ([ ]) fazem o mesmo papel dos parênteses, porém, são mais usados na Matemática.

9.1.6 As aspas

As aspas (" ") duplas e simples (' ') são empregadas igualmente; as simples, porém, são usadas comumente em citações fragmentadas ou dentro de citações. Atualmente o negrito e o itálico vêm substituindo frequentemente o uso das aspas. Resumindo, elas são empregadas:

■ **Antes e depois de citações textuais**
Exemplo: Roulet afirma que "o gramático deveria descrever a língua em uso em nossa época, pois é dela que os alunos necessitam para a comunicação cotidiana". (ou 'o gramático... comunicação cotidiana').

■ **Para assinalar estrangeirismos, neologismos, arcaísmos, gírias e expressões populares ou vulgares, conotativas**
Exemplo:

O "lobby" para que se mantenha a autorização de importação de pneus usados no Brasil está cada vez mais descarado. (*Veja*)

Não me venham com problemática, que tenho a "*solucionática*". (Dadá Maravilha)

O homem, "ledo" de paixão, não teve a "fortuna" que desejava.

Time do Equador "passou o carro" no Flamengo.

■ **Para realçar uma palavra ou expressão imprópria; às vezes com objetivo irônico ou malicioso**
Exemplo:

Ele reagiu impulsivamente e lhe deu um "não" sonoro.

Veja como ele é "educado": cuspiu no chão!

Se ela fosse "minha"...

266   Língua Portuguesa e Redação Oficial

■ **Quando se citam nomes de mídias, livros etc.**

Exemplo:

Ouvi a notícia no "Jornal Nacional".

"Os Lusíadas" foi escrito no século XVI.

Atenção!

Quanto à posição das aspas

Se o fim da citação, assinalado por ponto, ponto de interrogação ou ponto de exclamação ou reticências coincidir com o término da frase, as aspas são colocadas após esses pontos; não se usa após isso nenhum sinal de pontuação.

A torcida, depois dos 45 do segundo tempo, gritou na final entre Flamengo e River: "Gol!!!"

Há gramáticos que acham que é necessária a colocação de um ponto ao fim do período. Logo, a frase acima ficaria: A torcida, aos 45 do segundo tempo, gritou na final entre Flamengo e River: "Gol!!!".

Quando não fizerem parte da citação, o ponto de interrogação e o ponto de exclamação deverão vir depois das aspas:

Conheces a famosa frase "Penso, logo existo"?

9.2 Concordâncias verbal e nominal

A *concordância nominal* trata da adequada variação em gênero e número de artigos, adjetivos, numerais e pronomes com o substantivo, pois tais classes dependem dele e relacionam-se com ele.

A *concordância verbal* trata da adequada flexão de um verbo (pessoa e número) às flexões correspondentes do sujeito da oração. Sujeito no singular = verbo no singular; sujeito na 1ª pessoa = verbo na 1ª pessoa.

Emprego dos sinais de pontuação. Concordâncias verbal e nominal **267**

9.2.1 Concordância verbal

Em regra geral, o verbo concorda com o núcleo do sujeito simples ou com os núcleos do sujeito composto.

Casos dignos de nota:

a) Quando o núcleo do sujeito for um substantivo coletivo, havendo adjunto adnominal plural, a concordância será facultativa; se não houver, a concordância será obrigatoriamente pelo singular:

A *multidão de torcedores* gritou (ou *gritaram*) entusiasticamente.

A *multidão* gritou entusiasticamente o nome do jogador.

b) Quando o sujeito sintático é um pronome relativo que retoma um pronome de 1ª pessoa, o verbo deverá concordar com a pessoa pronominal:

Depois de participar da promoção, presentearam a *mim*, **que** nunca *ganhei* um "par ou ímpar".

c) Quando o sujeito verbal for a expressão "**um dos + substantivo/pronome**" vindo antes do pronome relativo **que**, a concordância será facultativa:

Aquela aluna é *uma das pessoas* **que precisava/precisavam** de ajuda.

d) Quando o sujeito for o pronome relativo "quem" que retoma o pronome "eu", a concordância será facultativa (pode ser pela 1ª pessoa ou pela 3ª); alguns gramáticos consideram a concordância pela 1ª pessoa como preferencial, mas não há consenso.

Fui *eu quem resolveu/resolvi* a questão.

Serei *eu quem erguerei/erguerá* o prédio "Vivendas de Carolina".

268   Língua Portuguesa e Redação Oficial

e) Quando o sujeito plural for a expressão "Quais de vós" a concordância será facultativa – pela 3ª pessoa do plural ou pela 2ª.

Quais de vós me *ajudarão*? / Quais de *vós* me *ajudareis*?

f) Quando o sujeito for um topônimo plural, o verbo deverá ficar no singular; caso haja especificador, o verbo obrigatoriamente irá para o plural.

Santos *fica* em São Paulo.

Os Estados Unidos ainda *continuam* sendo a maior potência mundial?

g) Quando o sujeito for a expressão "mais de" seguida por numeral, o verbo concordará com o numeral.

Mais de *um* aluno não *compareceu* à aula.

Mais de *cinco* alunos não *compareceram* à aula.

h) Quando o sujeito for formado por núcleo numeral fracionário, decimal ou percentual, seguido de adjunto adnominal de flexão distinta, a concordância será facultativa, levando-se em consideração que, no caso dos fracionários e decimais a parte inteira do numeral.

Apenas *1/3* **das pessoas** do mundo *sabe* o que é Twiter.

Apenas **1/3** *das pessoas* do mundo *sabem* o que é Twiter.

Apenas **30% do povo sabem** o que é Twiter.

0,3% do povo não *compareceu* às urnas.

i) O verbo "dar", quando em orações que expressam horas, concorda com o número de horas.

Deram duas horas; a madrugada avançava rapidamente.

Deu meia-noite e quinze e nada de ela aparecer!

j) Quando houver a preposição "com" ligando o núcleo do sujeito singular a elemento plural, há de se levar em con-

Emprego dos sinais de pontuação. Concordâncias verbal e nominal   269

sideração a seguinte regra: se o termo preposicionado estiver entre vírgulas, será adjunto adverbial de companhia e, portanto, o verbo ficará no singular; se não houver vírgulas, o sujeito será considerado composto e, por isso, o verbo deverá ir para o plural.

O **ministro, com os assessores,** *chegou* de viagem.
O **ministro com os assessores** *chegaram* de viagem.

9.2.1.1 Concordância para o sujeito composto

Regra geral: o verbo concorda em número e pessoa com os núcleos do sujeito.

Casos dignos de nota:

a) Quando no sujeito houver "cada", o verbo obrigatoriamente ficará no singular.

Cada **jogador, cada time,** *cada* **um deles** *deve* manter o espírito esportivo.

b) Quando composto por pessoas gramaticais distintas, observar-se-á a ordem de preferência.

Eu (primeira pessoa) e *ele* (terceira pessoa) (= Nós – 1ª pessoa) nos tornaremos pessoas melhores.
Tu (2ª pessoa) e *ele* (3ª pessoa) (= Vós – 2ª pessoa) vos tornareis pessoas melhores.

Observação

Alguns gramáticos consideram que no último exemplo é possível fazer a concordância pela 3ª pessoa facultativamente, ficando assim:

Tu (2ª pessoa) e *ele* (3ª pessoa) (= Eles – 3ª pessoa) se tornarão pessoas melhores.

---

270   Língua Portuguesa e Redação Oficial

c) Quando os núcleos são sinônimos (ou palavras tomadas como tal pelo contexto em que aparecem), ou estiverem em gradação a concordância será facultativa, podendo o verbo ser ou não flexionado no plural.

A *angústia* e a *ansiedade* não o *ajudava* a se concentrar.

A *angústia* e a *ansiedade* não o *ajudavam* a se concentrar.

Um *toque*, um *cheiro*, um *olhar* **bastou** para me seduzir.

Um *toque*, um *cheiro*, um *olhar* **bastaram** para me seduzir.

d) Quando os núcleos forem infinitivos, o verbo deverá ficar no singular, salvo se houver especificador ou se os infinitivos forem antônimos, casos em que a concordância será facultativa.

Andar e *nadar faz* bem à saúde.

O *andar* e o *nadar* faz (ou fazem) bem à saúde.

Rir e *chorar* se alterna (ou alternam) no ser humano.

e) Quando houver resumitivo como o último núcleo, o verbo deverá ficar no singular.

Os **pedidos**, as **súplicas**, o **desespero**, *nada* o comoveu.

f) Quando os núcleos forem formados pelas expressões "um e outro" / "nem um nem outro", a concordância será facultativa.

Um e outro já *veio (ou vieram)* aqui.

Nem um nem outro já *veio (ou vieram)* aqui.

Observação

Caso haja reciprocidade, é obrigatório o verbo ser flexionado no plural.

Nem um nem outro se abraçaram aqui.

Se o sujeito for constituído pela expressão um ou outro, o verbo fica no singular.

Uma ou outra conseguirá uma boa classificação.

Emprego dos sinais de pontuação. Concordâncias verbal e nominal **271**

g) Os núcleos do sujeito são ligados por OU/NEM – se houver ideia de exclusão, o verbo ficará no singular, caso contrário, irá para o plural.

Coritiba ou Flamengo ganhará o Campeonato Brasileiro. (exclusão)
O Coritiba ou o Flamengo têm grande chance de conquistar o Campeonato. (adição, inclusão)
Nem o Coritiba nem o Palmeiras ganhará o Campeonato Brasileiro. (exclusão)
Nem o Coritiba nem o Palmeiras conquistaram meu coração, mas, sim, o Mengão! (adição, inclusão)

Observação

■ A conjunção *ou* exige o verbo no plural também se houver antonímia.
Exemplo: O amor ou o ódio exacerbados não levam a lugar algum.

■ Se entre os núcleos do sujeito aparecem as palavras "como, menos, inclusive, exceto" ou as expressões "bem como, assim como, tanto quanto" (geralmente entre vírgulas), a concordância será facultativa:
Exemplo: Vocês, assim como eu, gostam/gostamos muito de Português. (a preferência é a concordância com o primeiro elemento do sujeito composto)

■ Quando dois ou mais adjuntos modificam um único núcleo, o verbo fica no singular concordando com o núcleo único. Porém, se houver determinante após a conjunção, o verbo fica no plural.
Exemplo:
O preço dos combustíveis e dos alimentos aumentou.
O preço dos alimentos e o dos combustíveis aumentaram.

9.2.1.2 *Casos especiais de concordância verbal*

a) *Verbos impessoais (cai muito em prova!)*

São aqueles que não possuem sujeito (oração sem sujeito), ficarão sempre na 3ª pessoa do singular. O "campeão" em aparições é o verbo HAVER, mas há também os verbos fazer, estar, verbos que indicam fenômenos naturais etc.

Exemplo:

Havia sérios problemas na cidade.

Fazia 15 anos que ele havia parado de estudar.

Deve haver sérios problemas na cidade.

Vai fazer 15 anos que ele parou de estudar. (...)

Trata-se de problemas pedagógicos, meu caro.

Geou muitas horas no Sul.

b) *Sujeito oracional*

Quando o sujeito é uma oração subordinada, o verbo da oração principal fica na 3ª pessoa do singular.

Exemplo:

Ainda vale a pena investir nos estudos. (O que ainda vale a pena? Investir nos estudos. Isso ainda vale a pena.)

c) *Concordância com o infinitivo flexionado*

Quando o sujeito for claro

Exemplo:

Não é necessário vocês chegarem mais cedo.

Nunca mediremos esforços para vós serdes bem recebidos.

Mesmo não sendo claro o sujeito, é possível a flexão do infinitivo. (favorece muitas vezes a clareza)

Exemplo: Está na hora de começarmos o trabalho. (se fosse "começar", não haveria clareza de quem praticaria a ação)

Verbo "ser", indicando tempo, concorda com o numeral.

Exemplo: Visto serem 10 horas, deixei o local.

Com verbos pronominais ou acompanhados de pronome reflexivo ou apassivador

Exemplo: Para nós nos precavermos, precisaremos de víveres.

Quando o sujeito do infinitivo é um pronome oblíquo átono ou um substantivo no singular (normalmente tais verbos são causativos – mandar, deixar, fazer, permitir – ou sensitivos – ver, ouvir, sentir).

Exemplo:

Deixei-os brincar aqui.

Deixaram-nos brincar ali.

Viste o garoto brincar lá?

A menina deixou-se ficar na janela.

Observação

Quando o sujeito do infinitivo for um substantivo no plural, pode-se usar tanto o infinitivo flexionado quanto o infinitivo não flexionado:

Mandei os garotos sair. ou Mandei os garotos saírem.

Após adjetivo ou substantivo, precedidos, respectivamente, de preposição "de" ou "para"

Exemplo:

São casos difíceis de solucionar.

Eles têm aptidão para aprender línguas estrangeiras.

Observação

Nesse último caso alguns gramáticos toleram o plural, e encontrei a forma a seguir em questões e textos diversos.

Eles têm aptidão para aprenderem línguas estrangeiras.

Com o verbo PARECER, unipessoal (flexiona-se o infinitivo)

Exemplo: Pareceu-me estarem os candidatos confiantes.

Neste exemplo, a construção nos mostra duas orações.

1ª: Pareceu-me (verbo que exprime dúvida)

2ª: estarem os candidatos confiantes (isto é, "que os candidatos estavam confiantes – infinitivo flexionado por apresentar sujeito próprio).

O verbo parecer pode ser auxiliar de uma locução verbal, aí varia se o sujeito estiver no plural; o infinitivo não se flexiona, pois verbo principal nunca varia:

Exemplo: Eles parecem estudar bastante.

Concordância com COSTUMAR/PODER/DEVER/PRECISAR + SE + infinitivo + substantivo no plural

Existem duas análises possíveis para esta construção:

Em "Devem-se resolver rapidamente as questões de Português", analisamos "devem-se resolver" como uma locução verbal com partícula "se" apassivadora.

Passando para a voz passiva analítica fica mais fácil de perceber:

As questões de Português devem ser resolvidas rapidamente.

A segunda análise possível é feita se o verbo PODER/ DEVER estiver no singular, não mais formando uma locução verbal, mas sim um verbo principal seguido de uma oração reduzida.

Pode-se / resolver rapidamente estas questões de Português.

Pode-se = oração principal

Resolver rapidamente estas questões de Português = oração subordinada substantiva subjetiva reduzida de infinitivo.

9.2.2 Concordância nominal

De acordo com a regra geral, os determinantes artigo, pronome, numeral, adjetivo concordam em gênero e número com o substantivo (ou outra palavra de valor substantivo), normalmente.

Adjetivo com função de Adjunto adnominal

a) Quando o adjetivo se referir a dois ou mais substantivos, concordará com todos os substantivos ou com o mais próximo.

Exemplo: Os alunos e as alunas atentos (ou atentas) entenderam tudo.

b) Se o adjetivo vem antes dos substantivos, a concordância se faz obrigatoriamente com o mais próximo; mas se os substantivos exprimirem nomes próprios ou parentesco, o adjetivo aceitará apenas a concordância gramatical (prevalecendo o masculino).

Exemplo:

Comprei as velhas revistas e jornal de que precisava.

Queridos pai e mãe, estou com muita saudade de vocês.

276 Língua Portuguesa e Redação Oficial

c) É obrigatória a concordância com o substantivo mais próximo quando o sentido exige ou quando os substantivos
são sinônimos, antônimos ou em gradação.

Exemplo:

Eu comprei frango e carne bovina. (sentido)

Você tem ideias e pensamentos fixos. (sinônimos)

Neste lugar, é sempre calor e frio absurdo. (antônimos)

O sorriso, o riso, a gargalhada solta era sua maior característica. (gradação)

**Adjetivo com função de Predicativo do sujeito (PS) ou
Predicativo do objeto (PO)**

Os adjetivos predicativos fazem concordância gramatical em qualquer circunstância; no entanto, o PS só poderá concordar com o núcleo mais próximo se o sujeito composto vier
após o verbo no singular.

Exemplo:

O rapaz e a garota estavam tristonhos. (PS)

Estavam tristonhos a garota e o rapaz. (PS)

Estava tristonha a garota e o rapaz. (PS)

Considerei a garota e o rapaz tristonhos. (PO)

Considerei tristonhos a garota e o rapaz. (PO)

9.2.2.1 Casos especiais de concordância nominal

a) Adjetivo composto: varia-se apenas o último elemento.

Exemplo: As clínicas médico-cirúrgicas estão milionárias.
("cirúrgicas" – adjetivo – concorda em gênero e número com
"clínicas" – substantivo)

Emprego dos sinais de pontuação. Concordâncias verbal e nominal **277**

Observação

- Surdo(a/s)-mudo(a/s) e pele(s)-vermelha(s) são exceções; todos os elementos podem variar.

- São invariáveis sempre: azul-marinho, azul-celeste, furta-cor, ultravioleta, sem-sal, sem-terra, verde-musgo, zero-quilômetro...

- Se o último elemento do composto for um substantivo, o adjetivo ficará invariável: blusas verde-garrafa, amarelo-ouro, marrom-café...

- *Variam normalmente: mesmo, próprio, só, extra, junto, quite, leso, obrigado, anexo, incluso.*

- *Não variam nunca: padrão, fantasma, relâmpago, pirata, monstro, surpresa, menos, alerta, salvo, exceto, a olhos vistos, pseudo...*

---

b) Expressões como "É preciso, É necessário, É bom..." ficam invariáveis quando se ligam a um substantivo não determinado por artigo ou pronome adjetivo; mas quando determinado, variam.

Exemplo:

Água é bom. / A água é boa.

É proibido entrada. / Sua entrada é proibida.

c) Os particípios de orações reduzidas concordam com o sujeito.

Exemplo:

Feita a denúncia, regressaram.

Dados os retoques finais, partimos.

d) O vocábulo **tal** também pode se apresentar na expressão TAL QUAL, em que tal concorda com o antecedente e o qual com o consequente. É meio estranho, mas a regra é clara.

Exemplo:

O filho age tal qual o pai.

Os filhos agem tais qual o pai.

O filho age tal quais os pais.

Os filhos agem tais quais os pais.

e) **Possível** não varia se fizer parte de uma expressão superlativa com o elemento o no singular (o mais, o menos, o pior, o melhor...) ou se estiver acompanhando quanto; varia se o estiver no plural.

Exemplo:

Traga cervejas tão geladas quanto possível.

São exemplos os mais difíceis possíveis.

Comprei máquinas o melhor possível.

f) Quanto aos numerais:

Mil: Passou de "um", o numeral concorda com o substantivo:

Exemplo: Duas mil pessoas, dois mil alunos, foram aprovados.

Milhão: Concorda com a parte inteira do numeral cardinal a ele relacionado.

Exemplo: Minha empresa investiu 1,9 milhão de reais em mão de obra qualificada.

Milhares: substantivo sempre masculino.

Exemplo: Os milhares de torcedoras fizeram o "Maraca" tremer.

10

Regências verbal e nominal. Emprego do acento grave indicativo de crase

10.1 O que é regência?

Regência é a maneira como o **nome** ou o **verbo** se relacionam com seus **complementos**.

Quando um nome (substantivo, adjetivo ou advérbio) exige um complemento preposicionado, dizemos que este **nome** é um **termo regente** (pois rege), e que **seu complemento** é um **termo regido**. O fato é que há uma relação de dependência entre o nome e seu complemento. Enquanto o nome exige um complemento para ter seu sentido completo, o complemento só existe porque é projetado pelo nome. Lembre-se: o nome (substantivo, adjetivo e advérbio) exige um complemento sempre iniciado *por preposição*, exceto se o complemento vier em forma de pronome oblíquo átono.

No caso do verbo, a relação que ele mantém com seu complemento pode ou não ser pela preposição. Por isso é bom que relembremos os conceitos de transitividade verbal (ou predicação verbal). Assim como o nome, o verbo mantém uma relação de dependência sintática com seu complemento (objeto ou, em alguns casos, adjunto adverbial), em que o **verbo** é o **termo regente, e seu complemento,** o **termo regido.**

Veja a relação entre alguns **nomes** (substantivo, adjetivo e advérbio) e **seus complementos:**

Sempre senti **ojeriza** *a* qualquer atitude desonesta.

(**ojeriza** é um substantivo; quem sente ojeriza, sente ojeriza *a*, *contra, por* algo ou alguém; "a qualquer atitude desonesta" é um complemento nominal de "ojeriza")

Meus filhos sempre *me* foram **leais.**

(**leal** é um adjetivo; quem é leal, é leal *a* algo ou *a* alguém; neste exemplo, o complemento nominal veio em forma de pronome oblíquo átono, que, se passado a oblíquo tônico, ficaria assim, no contexto: leais *a* **mim**)

Paralelamente *a*o que foi dito, todos cochicharam.

(**paralelamente** é um advérbio que exige a preposição "a", que, no contexto, se combinou ao demonstrativo "o" (=aquilo), formando "ao", complemento nominal do nome paralelamente)

Veja agora a relação entre alguns **verbos** e **seus complementos:**

Já **fomos** *a* parques de todo o mundo.

(o verbo **ir** rege um complemento iniciado pela preposição "a", quem vai, vai *a* algum lugar; neste caso, a gramática tradicional considera tal complemento como um adjunto adverbial)

Conseguimos *a tão sonhada classificação* neste ano.

Regências verbal e nominal. Emprego do acento grave indicativo de crase **281**

(o verbo **conseguir** exige um complemento sem que nenhuma preposição intermedeie a ligação entre o verbo e seu complemento; quem consegue, consegue alguma coisa)

Em nenhum momento **desistimos** *de nossos objetivos!*

(o verbo **desistir** exige um complemento preposicionado, em que a preposição "de" liga o verbo a seu complemento; quem desiste, desiste de algo ou alguém)

Ofereça-*lhe o melhor prato do restaurante,* garçom.

(o verbo **oferecer** exige um complemento sem preposição (o nosso melhor prato) e um complemento com preposição – exceto quando vem em forma de pronome oblíquo átono, o que é o caso, com o "lhe" (= a ele(a)); quem oferece, oferece algo a alguém)

Enfim, a regência nominal ou verbal trata da relação de dependência entre termos dentro da oração, como atestamos.

É bom dizer também que ocorre regência nominal e verbal entre orações. Lembra-se das orações subordinadas substantivas? Entre elas e suas orações principais também há regência nominal e verbal. Quer ver?

Tenho **medo** *de* que não passe na prova.

(o nome **medo**, que faz parte da oração principal, exige um complemento preposicionado, que, neste exemplo, é uma oração subordinada substantiva completiva nominal, iniciada pela preposição "de"; quem tem medo, tem medo de algo ou alguém)

Gosto *de* quem gosta de mim.

(o verbo **gostar** da oração principal exige um complemento preposicionado, que, neste exemplo, é uma oração subordinada substantiva objetiva indireta, iniciada pela preposição "de"; quem gosta, gosta de algo ou alguém)

282 Língua Portuguesa e Redação Oficial

Atenção!

Se os "entes iluminados da banca" quiserem lhe derrubar, vão elaborar questões com estes detalhes a seguir.

---

1. É importante dizer que, se um verbo ou um nome da oração subordinada adjetiva exigir a presença de uma preposição, esta ficará antes do pronome relativo. Preste atenção!

O filho, *por quem* a mãe tinha **admiração**, era honesto. (quem tem admiração, tem admiração **POR**)

Atenção!

Na linguagem coloquial, a ausência da preposição é comum.

Exemplo: Este é o carro (!?) que precisamos. (quem precisa, precisa *de* algo ou alguém, portanto, a frase deveria estar assim escrita: "Este é o carro **de** que **precisamos**")

---

2. Acho *superválido* dizer também que alguns nomes e verbos, com regências diferentes, podem reger o mesmo complemento. Só que isso é polêmico... A maioria dos gramáticos tradicionais dizem que nomes de regências diferentes **não** podem ter um só complemento. No entanto, Evanildo Bechara e Domingos Paschoal Cegalla, por exemplo, dizem diferente. Enfim, veja os exemplos abaixo para ficar mais claro:

Pedro e Larissa **assistiram** e **gostaram** *da sessão de cinema.*

Saiba que o verbo assistir (no sentido de ver) rege um complemento pela preposição "a", e que o verbo gostar o faz pela preposição "de". Logo, se cada verbo tem sua maneira pró-

Regências verbal e nominal. Emprego do acento grave indicativo de crase **283**

pria de reger um complemento, é preciso haver um complemento para cada verbo – dizem as gramáticas mais tradicionais. Em outras palavras, a frase acima deveria estar escrita assim:

Pedro e Larissa **assistiram** à *sessão de cinema* e **gostaram** *dela*.

Não obstante, veja o que Cegalla diz: "Por concisão, pode-se... dar um complemento comum a verbos (e mais à frente ele fala o mesmo sobre os nomes) de regência diferente." Daí, segue o exemplo dele: "Os devotos entravam e saíam da igreja [Em vez de: Os devotos entravam na igreja e saíam dela]".

Com essas palavras concluímos que, na hora da prova, caso sua banca não costume divulgar bibliografia, devemos observar bem a questão, analisar todas as alternativas e, se figurar alguma com a visão moderna (a do Cegalla, por exemplo) e alguma com a tradicional, *opte pela tradicional*. Creio eu que os "entes iluminados da banca" não seriam malucos de fazer isso, mas "vai que...". "Mas, professor, e se só houver a visão moderna na questão, o que faço com a informação da tradicional na cabeça?" Resposta: Ignore-a completamente e marque a visão moderna de regência! Ponto final!

Ah, como já falei, o mesmo vale para **nomes**. Veja um exemplo (do Cegalla):

Você é a **favor** ou **contra** *esta lei*? [Você é a **favor** *desta lei* ou contra *ela*?]

3. Outra questão polêmica, só para fechar, é a seguinte: pode ou não um sujeito de verbo no infinitivo vir contraído com uma preposição? De novo, Cegalla e Bechara têm uma visão não ortodoxa do assunto, apesar de explicitarem a visão tradicional. Quer saber a visão ortodoxa? Então... lá vai: a visão ortodoxa diz que um sujeito não pode ser regido de preposição diante de qualquer verbo. Ponto. Exemplo do Bechara:

284   Língua Portuguesa e Redação Oficial

Está na hora *da* onça *beber* água ou está na hora *de* a onça *beber* água?

Para o imortal Bechara (e Cegalla), tanto faz, você decide. Mas a visão tradicional (perpetuada inclusive por gramáticos recentes, portanto "modernos" – mas ortodoxos ainda em alguns pontos, infelizmente)... bem, a visão tradicional repugna, refuta, rejeita, reprova toda a vida a primeira frase; a segunda é a queridinha da tradição gramatical. Aí vem sua pergunta: "Professor, o que faço na prova?" O mesmo que eu falei agora há pouco: "... devemos observar bem a questão, analisar todas as alternativas e, se figurar alguma alternativa com a visão moderna (a do Cegalla e a do Bechara) e alguma com a tradicional, opte pela tradicional..."

O fato *do* **Brasil** e *dos* **Estados Unidos** se acharem no mesmo continente é um acidente geográfico.

Certo ou errado? Depende da prova, depende da questão. Na dúvida, já expus a polêmica. Agora, estude! É com você.

4. Dizem alguns gramáticos (não todos) que *a* **preposição** *exigida por um verbo ou nome pode vir implícita antes de orações subordinadas substantivas objetivas indiretas e completivas nominais*:

Esqueceu-se (**de**) *que tenho 80 anos*? / Tinha a **impressão** (**de**) *que estava certo.*

5. Alguns verbos e nomes coordenados (de regências iguais) podem ter o mesmo complemento (que pode repetir-se ou não):

Nós *nos* **respeitamos** e *nos* **amamos** profundamente. / Nós *nos* **respeitamos** e **amamos** profundamente. / Sou não só **fiel** *a minha pátria* mas também **atento** *a minha pátria*. / Sou não só **fiel** mas também **atento** *a minha pátria*.

10.2 Regência nominal

Como já tinha dito, alguns nomes (substantivos, adjetivos e advérbios) exigem complementos preposicionados – exceto quando vêm em forma de pronome oblíquo átono.

Exemplo:

Eu tenho *certeza* **da vitória**. (substantivo)

A sala está *cheia* **de gente**. (adjetivo)

O júri votou *favoravelmente* **ao réu**. (advérbio)

Independentemente **disso**, volte para mim. (advérbio)

O livro é *útil* **à humanidade**. (adjetivo)

O *zelo* **por minha profissão** é natural. (substantivo)

Observação

Os advérbios derivados de adjetivos (terminados em –mente) seguem, normalmente, a regência dos adjetivos:

análoga/analogamente **a**; *contrária/contrariamente* **a**; *compatível/compativelmente* **com**; *diferente/diferentemente* **de**; *favorável/favoravelmente* **a**; *paralela/paralelamente* **a**; *próxima/proximamente* **a/de**; *relativa/relativamente* **a** (...)

Veja uma "pequena" lista de nomes e suas regências, em ordem alfabética (não entre em uma neurose de sair gravando tudo; isso é que nem academia de musculação, um pouquinho todo dia, por isso familiarize-se aos poucos):

A

Abrigado de; aceito a; acessível a; acostumado a, com; adaptado a, para; adequado a; admiração a, por; afável com, para, para com; afeição a, por; afeiçoado a, por; aflito em, para, por, com; agradável a, de, para; alheio a, de; aliado a, com; alienado a, de; alternativa a, para; alusão a; amante de; ambicioso de; amigo de; amizade a, com, por; amor a, por; amoroso com, para com; analogia com, entre; análogo a; ansioso de, para, por; anterior a; antipatia a, contra, por; apaixonado de, por; aparentado com; apto a, para; atencioso com, para, para com; atentado a, contra; atentatório a, de; atento a, em; atinar com; avaro de; aversão a, para, por; avesso a; ávido de, por.

B

Bacharel em; baseado em, sobre; bastante a, para; bem em, de; benéfico a; benevolência com, em, para, para com; boato de, sobre; bom de, para, para com; bordado a, com, de; briga com, entre, por; brinde a; busca a, de, por.

C

Capacidade de, para; capaz de, para; caritativo com, de, para com; caro a; cego a; certo(eza) de; cheio de; cheiro a, de; circunvizinho de; cobiçoso de; coerente com; coetâneo de; comemorativo de; compaixão de, para com, por; compatível com; compreensível a; comum a, de; condizente com; confiante em; conforme a, com; consciente de; cônscio de; constante de, em; constituído com, de, por; contemporâneo a, de; contente com, de, por, em; contíguo a; contraditório com; contrário a; convênio entre; cruel com, para, para com; cuidadoso com; cúmplice em; curioso de, para, por.

D

Dedicado a; depressivo de; deputado a, por; desagradável a; desatento a; descontente com; desejoso de; desfavorável a; desgostoso com, de; desleal a; desprezo a, se, por; desrespeito a, contra; dever de; devoção a, para com, por; devoto a, de; diferente de; difícil de; digno de; diligente em, para; disposto a;

dissemelhante de; ditoso com; diverso de; doce a; dócil a, para com; doente de; domiciliado em; dotado de; doutor em; duro de; dúvida acerca de, de, em, sobre.

E

Empenho de, em, por; êmulo de; encarregado de; estendido em; equivalente a; eriçado de; erudito em; escasso de; essencial a, para; estéril de; estranho a; estreito de, para; estropiado de; exato em.

F

Fácil a, de, para; falho de, em; falta a, com, para; falto de; fanático por; farto em; favorável a; fecundo em; feliz com, de, em, por; fértil de, em; fiel a; firme em; forte de, em; fraco de, em, para com; franco de, em, para com; frouxo de; furioso com, de.

G

Generoso com; gordo de; gosto por; gostoso a; grande de; grato a, por; gravoso a; grosso de; guerra a, com, contra, entre.

H

Hábil em, para; habilidade de, em, para; habilitado a, em, para; habituado a; harmonia com, entre; hino a; homenagem a; hora de, para; horror a; horrorizado com, de, por, sobre; hostil a, para, para com.

I

Ida a; idêntico a; idôneo a, para; imbuído de, em; imediato a; impaciência com; impaciente com; impenetrável a; impossibilidade de; impossível de; impotente contra, para; impróprio para; imune a, de; inábil para; inacessível a; incansável em; incapaz de, para; incerto de, em; incessante em; inclinação a, para, por; incompatível com; incompreensível a; inconsequente com; inconstante em; incrível a, para; indébito a; indeciso em; independente de, em; indiferente a; indigno de; indócil a; indulgente com, para com; inerente a; inexorável a; infatigável em; inferior a, de; infiel a; inflexível a; influência sobre; ingrato com, para com; inimigo de; inocente de; insaciável de; insensível a; inseparável de; insípido a; interesse em, por; intermédio a; intolerância a, contra, em, para, para com; intolerante com, para com; inútil a, para; isento de.

J

Jeito de, para; jeitoso para; jogo com, contra, entre; jubilado em; juízo sobre; julgamento de, sobre; junto a, de; juramento a, de; justificativa de, para.

L

Leal a, com, para com; lento em; liberal com; ligeiro de; limitado a, com, de, em; limpo de; livre de; longe/longínquo de; louco de, com, para, por.

M

Maior de, entre; manco de; manifestação a favor de, contra, de; manso de; mau com, para, para com; mediano de, em; medo a, de; menor de; misericordioso com, para, para com; molesto a; morador em; moroso de, em.

N

Nascido de, em, para; natural de; necessário a, para; necessitado de; negligente em; negociado com; nivelado a, com, por; nobre de, em, por; noção de, sobre; nocivo a; nojo a, de; notável em, por; núpcias com.

O

Obediente a; oblíquo a; obrigação de; obsequioso com; ódio a, contra, de, para com; odioso a, para; ojeriza a, contra, por; oneroso a; oposto a; orgulhoso com, de, para com.

P

Paixão por; pálido de; paralelo a; parco de, em; parecido a, com; pasmado de; passível de; peculiar a; pendente de; penetrado de; perito em; permissivo a; pernicioso a; perpendicular a; pertinaz em; perto de; pesado a; pesar a, de; piedade com, de, para, por; pobre de; poderoso para, em; possível de; possuído de; posterior a; prático em; preferível a; prejudicial a; preocupação com, de, em, para, para com, por, sobre; preocupado com, de, em, para com, por, prestes a, para; presto a, para; primeiro a, de, dentre, em; pródigo de, em; proeminência de, sobre; pronto a, em, para; propenso a, para; propício a; propínquo de; proporcionado a, com; próprio de, para; protesto a, contra, de; proveitoso a; próximo a, de.

Q

Qualificado de, para, por; queimado de, por; queixa a, contra, de, sobre; querido de, por; questionado sobre; quite com, de.

R

Rebelde a; relacionado com; relativo a; rente a, com, de; residente em; respeito a, com, de, para, para com, por; responsável por; rico de, em; rígido de; rijo de.

S

Sábio em; são de; satisfeito com, de, em, por; seco de; sedento de, por; seguido a, de, por; seguro de, em; semelhante a; senador por; sensível a; serviço em; severo com, em, para com; simpatia a, para com, por; sito em; situado a, em, entre; soberbo com, de; sóbrio de, em; sofrido em; solícito com; solidário com; solto de; sujo de; superior a; surdo a, de; suspeito a, de.

T

Tachado de; talentoso em, para; tardo a, em; tarjado de; tédio a, de, por; temente a, de; temerário em; temeroso de; temido de, por; temível a; temperado com, de, em, por; tenaz em; tendência a, de, para; teoria de, sobre; terminado em, por; terno de; terror de, por, sobre; testemunha de; tinto de, em; traidor a, de; transido de; trespassado de; triste com, de.

U

Último a, de, em; ultraje a; unânime em; união a, com, entre; único a, em, entre, sobre; unido a, a favor de, contra, entre; unificado em; useiro em; útil a, para; utilidade em, para; utilizado em, para.

V

Vacina contra; vaga de, para; vaia a, contra, em; vaidade de, em; vaidoso de; valioso a, para; valor em, para; vantagem a, de, em, para, sobre; vantajoso a, para; vassalagem a; vazado em; vazio de; vedado a; veleidade de; venda a, de, para; vendido a; veneração a, de, para com, por; verdade sobre; vereador a, por; vergonha de, para; versado em; versão para, sobre; vestido com, de, em; veterano em; vexado com, de, por; viciado em; vidrado em; vinculado a, com, entre; visível a; vital a, para; viúvo de; vizinhança com, de; vizinho a, com, de; vocação a, de, para; voltado a, contra, para, sobre; vontade de, para; vulnerável a.

Z

Zangado com, por; zelo a, com, de, para com, por; zeloso com, para com; zombaria com; zonzo com, de.

10.3 Regência verbal

É impossível que não se fale deste tópico, certamente o mais explorado em provas de concurso público!

Regências verbal e nominal. Emprego do acento grave indicativo de crase   **291**

É impossível também deixar de falar de transitividade verbal, pois se regência verbal é a maneira como os verbos se relacionam com seus complementos, precisamos relembrar 1) as transitividades verbais (verbos intransitivos – alguns regem –, verbos transitivos diretos, transitivos indiretos e transitivos diretos e indiretos); interessa-vos saber também que 2) existem alguns verbos que admitem mais de uma regência sem mudar de sentido, e 3) que há muitos verbos que mudam de sentido, mudando de regência. Ok? Portanto, se necessário, revisite o tópico sobre transitividade verbal que já vimos nesta obra.

Verbos que admitem mais de uma regência sem mudar de sentido

Veja aqui alguns exemplos:

O rei **abdicou** o trono. / O rei **abdicou** ao trono.

A secretária **atendeu** o cliente. / A secretária **atendeu** ao cliente.

A noite **antecede** o amanhecer. / A noite **antecede** ao amanhecer.

***Acredito** que Deus existe. / **Acredito** na existência de Deus.

Na prova, **atente** a ortografia. / Na prova, **atente para** a ortografia.

Anseio/Almejo uma vida estável. / **Anseio/Almejo por** ela.

****Cumpriremos** o nosso dever. / **Cumpriremos com** o nosso dever.

Cogito uma viagem pelo litoral brasileiro. / Hei de **cogitar no** caso.

Como o patrão **consente** tantos erros? / **Consentimos em** sair.

*****Desfrutemos** o bom da vida! / **Desfrutemos do** bom da vida!

Desdenho tua sabedoria. / **Desdenho de** tua sabedoria.

Esforcei-me **por** não contrariá-lo. / **Esforcei**-me **para** não contrariá-lo.

Ele **goza** sua melhor forma. / Ele **goza de** sua melhor forma.

Medite em sua vida. / **Medite sobre** sua vida.

O trovão **precedeu** o temporal. / O trovão **precedeu à** chuva.

O padre **presidirá** a cerimônia. / O padre **presidirá à** cerimônia.

O político, mais um, **renunciou** o cargo. / O político **renunciou ao** cargo.

Paulo não **tarda a** chegar. / Paulo não **tarda em** chegar.

292   Língua Portuguesa e Redação Oficial

*Os verbos **acreditar, crer, pensar e sinônimos** (ao expressar uma opinião) são VTDs quando seu complemento é uma oração subordinada substantiva objetiva direta: *Penso* (VTD) **que devo estudar mais** (OD).

**Alguns verbos são seguidos de preposição que, segundo Bechara, "dão um colorido especial o contexto". Lembra-se dos casos de objeto direto preposicionado? Então, lá há alguns verbos que fazem parte de expressões idiomáticas do português junto com seus complementos preposicionados. Exemplos:

Comi o bolo. / Comi do bolo. (Apenas um pedaço do bolo – não ele todo – foi comido; a preposição neste caso tem um papel semântico indicando "partição".)

Em uma edição da revista *Piauí* que li recentemente o professor Evanildo Bechara diz que "a função das preposições não é sintática, mas semântica. Pegar uma linha indicaria nada mais do que segurá-la. Mas pegar da linha implica que ela será utilizada". O erudito disse mais: "É impressionante como os bons autores aproveitam todas as faculdades da língua", comentou. No inglês, o fenômeno, conhecido como *two-word verbs*, é largamente utilizado. *Look* é "olhar". Acrescido da preposição *for*, quer dizer "procurar", *look for.* **Bechara explicou então que "cumprir o dever" é diferente de "cumprir com o dever", que exige sacrifício [zelo, esforço].**"

Aproveitando o ensejo, quero dar minha contribuição, assim como Bechara, no sentido de dizer que algumas preposições não exigidas pelo verbo exercem um papel fundamental para evitar a ambiguidade (ou falta de clareza). Veja:

Venceu o Vasco o Flamengo. (quem venceu quem?)

Com a preposição "a" desfaremos a ambiguidade:

Venceu ao Vasco o Flamengo.

Como não há sujeito preposicionado, o Flamengo é o sujeito e o Vasco é complemento (preposicionado) do verbo.

***Os verbos **desfrutar e usufruir** são tradicionalmente vistos, inclusive em manuais de redação oficiais, como VTD (complemento sem preposição), mas Celso Pedro Luft diz que "a variante regencial 'usufruir de...', não faz mais que seguir o modelo da base verbal fruir: fruir as utilidades, fruir dos bens". Isso porque o verbo **fruir**, em todas as suas acepções, pode ser usado como transitivo direto ou como transitivo indireto, regendo a preposição "de". A alternância de regência não implica alteração do sentido do verbo. Em outras palavras, tais verbos podem ser encontrados como VTIs, regendo a preposição "de".

Verbos que mudam de sentido, mudando de regência

Para facilitar sua vida, em ordem alfabética, apresentarei os verbos mais corriqueiros que podem gerar dúvidas. É óbvio que existem outros não tão populares assim em seu concurso... e de fácil percepção de sua regência. Caso você queira mais, recomendo consultar o dicionário de regência, de Celso Pedro Luft. Usarei VI (verbo intransitivo), VTD (verbo transitivo direto), VTI (verbo transitivo indireto) e VTDI (verbo transitivo direto e indireto, ou bitransitivo); suas respectivas preposições virão junto. Veja!

A

Agradar

■ Acariciar, fazer carinho (VTD)
Exemplo: A mãe agradou seu filho no colo.

■ Satisfazer, alegrar, contentar (VTI (a))
Exemplo: Este espetáculo sempre agrada **a**o público.

Observação

Não ortodoxamente, Luft diz que, neste último caso, o verbo pode ser VTD: este espetáculo agradou-o. Na hora da prova, analise todas as opções possíveis; caso haja confronto entre visões (tradicional/ moderna), fique sempre com a visão tradicional. Se só houver a visão moderna, marque-a.

Apelar

■ Interpor recurso judicial à instância superior, recorrer (VTI (de))
Exemplo: O advogado apelou da decisão.

■ Pedir socorro/ajuda (VTI (a, para))
Exemplo: Aquela mulher feia teve de apelar **para** o santo casamenteiro.

Aspirar

■ Respirar, inspirar, sugar (VTD)
Exemplo: Em regiões muito altas, é difícil aspirar o ar.

■ Almejar, pretender alcançar (VTI (a))
Exemplo: Nunca mais aspirarei a amores impossíveis.

Atenção!

Nunca é demais dizer que o "lhe", que pode ser substituído por "a ele(a)", tradicionalmente, só substitui ser animado e pessoa (física ou jurídica). Portanto, não poderíamos dizer: Eu aspiro a uma vaga de Analista (Eu aspiro-lhe – errado!). O certo seria, de acordo com a norma culta: Eu aspiro a ela, ou seja, a uma vaga de... Foi? O que eu acabei de dizer vale para todos os verbos que seguem.

Assistir

■ Morar, residir, habitar (VI (em))
    Exemplo: Assisti **em** Curitiba seis anos.

Observação

Lembre-se de que "em Curitiba" não é um complemento para os gramáticos tradicionais, em outras palavras, não é um objeto indireto, mas, sim, um adjunto adverbial de lugar! Lembrando que este é um dos verbos que indicam moradia/estaticidade/permanência.

■ Ajudar, auxiliar, apoiar, prestar assistência (VTD (preferentemente) ou VTI (a))
    Exemplo:

    O professor assistia frequentemente a aluna com dificuldade.

    O professor assistia-lhe (**a** ela) frequentemente.

■ Ver (e ouvir), presenciar, observar (VTI (a))
    Exemplo: Assistíamos **a** vários *shows* quando namorávamos.

Observação

Os gramáticos mais consagrados, inclusive modernos, justificam que é coloquial o uso do verbo assistir, no sentido de "ver", na voz passiva analítica: O jogo do Flamengo foi assistido pelo vultoso público (de acordo com a norma culta, é um erro, mas as bancas com a mente aberta podem "brincar" com isso). "Como eu devo proceder, professor?" Você já sabe.

■ Ser da competência de, caber, competir (VTI (a))

Exemplo: Não *lhe* assiste dizer se isto é certo ou errado. (Não assiste **a** ele...)

Atender

■ Independente do sentido, pode ser VTD ou VTI (a)
Exemplo:
Pode atender o telefone/**ao** telefone, por favor?
Nunca deixou de atender os amigos/**a**os amigos no sufoco.

C

Chamar

■ Convocar, convidar (VTD)
Exemplo: Tite chamou Bruno Henrique para a seleção.

■ Invocar para auxílio ou proteção, normalmente apelando (VTI (por))
Exemplo: Chamaram **por** Deus quando em extrema dificuldade.

■ Classificar, qualificar, nomear (é *transobjetivo* VTD ou VTI (a))
Exemplo:

Chamei o professor (de) inteligente (Chamei-o...)

Chamei ao professor (de) inteligente (Chamei-lhe...)

Observação

A preposição "de" é facultativa em "de inteligente", que é um predicativo do objeto. Relembrando: o verbo *transobjetivo* é aquele que exige um complemento (OD ou OI) + um predicativo do objeto.

Chegar

■ VI que indica deslocamento e precisa de um adjunto adverbial de lugar, iniciado sempre pela preposição **a**, nunca **em**.

Regências verbal e nominal. Emprego do acento grave indicativo de crase   297

Exemplo: Nosso time nunca chegou **a** uma posição decente na tabela.

Conferir

■ Examinar (VTD)
Exemplo: Conferimos a redação do candidato, e ela estava excelente.

■ Atribuir, imprimir certa característica (VTDI (a))
Exemplo:

O júri conferiu prêmios **a**os melhores concorrentes.

Os pormenores conferiam verossimilhança **à** história.

■ Estar de acordo (VI ou VTI (com))
Exemplo:

O laudo confere.

A descrição do suspeito não confere **com** o depoimento da testemunha.

Constar

■ Ser composto de, consistir em, conter; estar incluído (VTI (de/em))
Exemplo:

Este poema consta **de** 10 cantos.

Este consta **d**a/**n**a antologia do poeta Drummond.

■ Ser sabido (VTI (a)) – o sujeito da frase é normalmente uma oração
Exemplo: Não *me* (**a** mim) constava que ela passou na prova.

298   Língua Portuguesa e Redação Oficial

Custar

■ Indicando preço, valor (VI)
Exemplo: Nosso carro custou 200 mil reais.

■ Demorar (VI)
Exemplo: Custaram, mas chegaram, enfim.

■ Causar, provocar, acarretar, resultar (VTDI (a))
Exemplo: A arrogância pode custar-*lhe* (a ele) o emprego.

■ Ser custoso, difícil (VTI (a))
Exemplo:

Nós custamos a aprender Português. (construção coloquial)

Custou-nos aprender Português. (construção culta)

Observação

Lê-se a última frase assim: "Aprender Português (sujeito) custou (foi custoso, difícil) a nós (objeto indireto)".

E

Apesar de não mudar de sentido, faço questão de ensinar a regência do verbo "ensinar".

Ensinar

■ VTDI (quem ensina, ensina algo a alguém ou alguém a algo (verbo no infinitivo)
Exemplo:

Estou ensinando regência **a** você.

Estou ensinando-o **a** entender regência.

Os dois verbos adiante seguem a mesma regência, por isso eu os coloco juntos. Eles admitem três construções.

Esquecer (Lembrar)

Exemplo:

O aluno esqueceu a informação da aula anterior. (VTD)

O aluno lembrou a informação da aula anterior. (VTD)

(No sentido de "ser semelhante" também é VTD: O filho lembra muito o pai)

O aluno *esqueceu-se/lembrou-se* **d**a informação anterior.

(quem se esquece/se lembra, se esquece/se lembra **de** alguém ou **de** alguma coisa; são *verbos pronominais* neste caso, pois vêm acompanhados da parte integrante do verbo (se); são VTIs regendo a preposição **de**; é bom dizer também que, quando o complemento for uma oração subordinada substantiva objetiva indireta, a preposição pode ficar implícita: O aluno *se esqueceu/se lembrou* (de) **que tinha de estudar mais**)

Esqueceu-*me*/Lembrou-*me* a informação anterior.

(Neste caso, "a informação anterior" é a coisa esquecida ou lembrada (sujeito), o verbo é transitivo indireto regendo a preposição **a** (a mim), o "me" é o objeto indireto; ou seja, a frase é entendida assim: A informação anterior foi esquecida/lembrada por mim ou caiu no *esquecimento* – ou veio à *lembrança*.)

Observação

Esse último caso é raro em prova. O verbo lembrar também pode ser VTDI (com duas regências), ou seja: O professor lembrou o aluno **da** informação ou O professor lembrou a informação **ao** aluno.

F

Fugir

■ Distanciar-se (VTI (a))
Exemplo: O aluno fugiu **ao** tema.

■ Escapar (VTI (de))
Exemplo: O presidiário fugiu **dos** guardas e **da** penitenciária.

I

Implicar

■ Zombar, troçar, provocar rixa, amolar, hostilizar (VTI (com))
Exemplo: O pai vive implicando **com** o filho.

■ Envolver (alguém ou a si mesmo), comprometer (VTDI (em))
Exemplo: O policial se implicou **na** conspiração. (este "se" é reflexivo)

■ Acarretar, produzir como consequência (VTD)
Exemplo: Segundo uma das leis de Newton, *toda ação* implica uma reação de *igual* ou maior intensidade, mesma direção e em sentido contrário.

Observação

No entanto, por analogia com três verbos de significação semelhante, mas de regência indireta (resultar **em**, redundar **em**, importar **em**) o verbo **implicar** passou a ser usado com a preposição **em**. No *Dicionário Prático de Regência Verbal*, de Celso Pedro Luft, está registrado assim: "TI: implicar **em** algo", com a observação de que essa regência é um brasileirismo já consagrado e "admitido até pela gramática normativa".

Nos verbos a seguir, não há mudança de sentido, mas a regência é dupla.

Informar (Avisar, advertir, certificar, cientificar, comunicar, informar, noticiar, notificar, prevenir são VTDI, admitindo duas construções: Quem informa, informa algo a alguém ou Quem informa, informa alguém de algo.)

Exemplo:

Advertimos **a**os usuários (OI) *que não nos responsabilizamos por furtos ou roubos* (ISSO (OD)).

Advertimos os usuários (OD*) de que não nos responsabilizamos por furtos ou roubos* (DISSO (OI)).

Observação

No caso de **cientificar** (tornar alguém ciente de) — *avisar* e *certificar* também —, Luft diz que a regência culta, formal, é a seguinte: Cientifiquei o aluno (alguém) **d**a importância da aula (de alguma coisa).

N

Namorar (VTD)

Exemplo:

Namoro **com** Maria há cinco anos. (registro coloquial)

Namoro Maria há cinco anos. (registro culto)

O

Não há mudança de sentido, mas vale a pena comentar a regência destes verbos. E, como já dito, a voz passiva é liberada pela maioria dos gramáticos modernos.

Obedecer (Desobedecer) – VTI (a)

Exemplo:

Como filhos, devemos obedecer a nossos pais.

Meu pai, **a**o qual desobedeci, era um homem superamoroso.

302   Língua Portuguesa e Redação Oficial

Observação

Não me custa relembrar-lhe que a preposição exigida pelo verbo após o pronome relativo ficará antes deste, certo? Isso costuma cair em prova!

P

Estes primeiros verbos não mudam de sentido, mas apresentam peculiaridades iguais.

Pagar/Perdoar (Agradecer)

■ VTD quando o complemento é coisa; VTI (a) quando o complemento é pessoa (física ou jurídica); VTDI quando um complemento é coisa (OD) e o outro é pessoa (OI).

Exemplo:

Perdoei o erro. / Paguei a dívida. / Agradeci a explicação.

Perdoei a meu pai. / Paguei ao banco. / Agradeci aos alunos.

Perdoei/Paguei-lhe (a ele) a dívida. / Agradeci aos alunos os elogios.

Preferir

■ Muitos constroem erradamente a regência deste verbo assim: Prefiro muito mais Português do que Matemática. A pessoa que fala assim só prefere, mas não entende muita coisa de Português, não.

Exemplo: Prefiro Língua Portuguesa a Matemática. (Agora, sim! Quem prefere prefere alguém ou alguma coisa A alguém ou alguma coisa.)

Bem, este verbo é VTDI. Mas poderia ser só *VTD: Prefiro Português.*

Regências verbal e nominal. Emprego do acento grave indicativo de crase 303

Atenção!

Por causa de um princípio (estilístico, inclusive) da língua culta chamado paralelismo sintático, não ocorre crase no exemplo acima. "Por quê?" Porque se não há determinante (artigo, pronome...) antes do objeto direto, não haverá igualmente antes do objeto indireto (por isso não há crase antes de Matemática). No entanto, se houver determinante antes do OD, haverá crase no OI. Exemplo: Prefiro a Língua Portuguesa à Matemática. O paralelismo sintático é, portanto, a repetição de estrutura sintática igual; percebe que há dois objetos um ao lado do outro? Então, o que tiver do lado de cá terá do lado de lá. Há crase no OI, porque há a contração de preposição + artigo; este artigo só existe no OI, pois vem antes no OD.

Proceder

■ Ter fundamento, cabimento; portar-se, comportar-se; originar-se (de) (VI)
  Exemplo:

  Seus argumentos não procedem agora.

  Meu professor procede com elegância em sala de aula.

  Os brinquedos do Paraguai procedem da China ou Taiwan.

Observação

As expressões "com elegância" e "da China ou Taiwan" são adjuntos adverbiais de modo e lugar, respectivamente; isso é praxe quando o verbo *proceder* tem essas acepções!

■ Suceder, realizar, executar, iniciar (VTI (a))
  Exemplo: O juiz deseja proceder ao julgamento.

Q

Querer

■ Desejar possuir (VTD)
Exemplo: O Brasil quer o *status* de um país de primeiro mundo.

■ Estimar, querer o bem ou o mal (VTI (a))
Exemplo: Eu quero-*lhe* (**a** ela) como a uma irmã.

R

Responder

■ Falar, declarar (VTD)
Exemplo: Ele sempre responde que vai passar na prova.

■ Dar resposta a uma pergunta (VTI (a))
Exemplo: Fique tranquila, pois ele vai responder **a**os *e-mails* enviados.

■ Dar uma resposta a alguém (VTDI (a))
Exemplo: Respondeu-*lhe* (**a** ela) todas as indagações.

Observação

Como já disse, a voz passiva analítica tem sido aceita com este verbo: Os *e mails* foram respondidos prontamente pelo professor.

S

Servir

■ De acordo com o *Dicionário Houaiss da Língua Portuguesa* ou com o *Novo Dicionário Aurélio*, o verbo *servir* nas acepções "trabalhar como servo", "fazer de criado" ou "prestar servi-

Regências verbal e nominal. Emprego do acento grave indicativo de crase 305

ços ou trabalhar como empregado", pode ser intransitivo, transitivo direto ou transitivo indireto (a).
Exemplo:
O militar estava ali para servir.

O militar servia a Pátria com todo o carinho.

O militar servia à Pátria há anos.

■ Levar, ministrando, algo a alguém (VTDI (a))
Exemplo: O garçom serviu lagosta ao cliente.

■ Não ser útil, não prestar (VTI (a))
Exemplo: Esta roupa não *me* (a mim) serve mais.

Simpatizar (antipatizar) – VTI (com)

Exemplo: Simpatizo/Antipatizo com o atual governador do Rio de Janeiro.

Suceder

■ Acontecer (VI) – normalmente o sujeito vem em forma de oração.
Exemplo: Sucede que o professor Celso Pedro Luft é extraordinário.

■ Substituir (VTI (a))
Exemplo: Estou prestes a suceder ao presidente da empresa.

V

Visar

■ Mirar, fitar, apontar; pôr visto (VTD)
Exemplo:

O soldado visou o peito do inimigo.

306   Língua Portuguesa e Redação Oficial

O inspetor federal visou todos os diplomas.

■ Almejar, pretender, objetivar, ter como fim (VTI (a))
   Exemplo: Este trabalho visa **ao** bem-estar geral.

Atenção!

É muito frequente questão de regência verbal envolvendo *pronomes obliquos átonos* e *pronomes relativos*. Exemplos hipotéticos de questão deste tipo:

A substituição dos complementos verbais abaixo está correta?

Avisei *aos alunos* (OI) *aquela notícia tão esperada* (OD).

Avisei-*lhes* aquela notícia tão esperada (quem avisa, avisa *algo a alguém*) ou Avisei-*a* aos alunos (quem avisa, avisa *algo a alguém*).

Sim!

A regência abaixo está adequada?

Os assuntos gramaticais *que* venho tratando aqui são muito importantes.

Não! Pois quem vem tratando vem tratando **DE** alguma coisa. Logo, a frase deveria estar escrita assim:

Os assuntos gramaticais de *que* venho tratando aqui são muito importantes.

Chegamos ao fim no que tange à regência; decoreba pura, não é? Agora veremos a crase, a qual, por sinal, tem tudo a ver com regência, mas tem lá sua lógica, por isso não é tão decoreba assim. Você verá agora!

10.4 A crase

A **crase** é a *fusão* de duas vogais idênticas: A + A. A primeira vogal A é uma preposição, a segunda vogal A é um artigo ou um pronome demonstrativo. Eles se fundem (fundem!)

Regências verbal e nominal. Emprego do acento grave indicativo de crase **307**

e... *voilà!*... ocorre o fenômeno chamado crase. É isso mesmo, a crase é um fenômeno, e não um acento gráfico.

O acento gráfico que você provavelmente um dia chamou de crase nunca foi A CRASE. "Como assim?" De novo: a crase é um fenômeno. Está claro isso? Maravilha! O acento agudo ao contrário é chamado de acento GRAVE (`). Ele é o responsável por indicar que houve o fenômeno chamado **crase**. Resumindo: A + A = À.

"Muito bem. Mas como essas vogais se fundem formando a crase?" Muito simples, a preposição A se contrai com o A (artigo), ou com o A(S) (pronome demonstrativo), ou com o A (vogal que inicia os pronomes demonstrativos *aquele, aquela, aqueles, aquelas, aquilo*), ou, ainda, com o A (pronome relativo *a qual*). Nada melhor que exemplos:

A (preposição) + A (artigo) = À
Eu nunca resisto **à** lasanha da minha mãe.

Quem nunca resiste nunca resiste **A** (preposição) **+ A** (artigo que vem antes do substantivo feminino *lasanha*). Foi? Ou está se passando pela sua cabeça assim: "Poxa, como é que ele sabia que havia um artigo feminino *a* antes do substantivo feminino *lasanha*?" Muito simples.

Dica!

Para sabermos se haverá crase (A+A=À), basta colocarmos o artigo antes do substantivo e criar uma frase hipotética, colocando-o como sujeito da frase: "**A** *lasanha da minha mãe* é ótima". Percebe que a ausência do artigo tornaria a frase estranha? Veja: "Lasanha da minha mãe..." Estranho, não? Logo, o artigo antes da palavra *lasanha* é óbvio! Este método é ótimo para perceber se há ou não artigo antes de um substantivo.

308   Língua Portuguesa e Redação Oficial

Veja outro exemplo:

Eu cheguei à Brasil, mas, como de costume, ela estava engarrafadíssima!

"Ué, Andre, você está maluco? Brasil é uma palavra masculina, ora; é O Brasil e não A Brasil!" Às vezes, o substantivo vem implícito (lembra-se da elipse?). Você deveria ter visto assim: "Eu cheguei à avenida Brasil..." Ou seja, quem chega, chega **A** (preposição) + **A** (artigo) *avenida*. Percebeu agora? A+A=À. Simples assim.

A (preposição) + A(S) (pronome demonstrativo) = À

Antes de mais nada, há dois casos em que o vocábulo **A** pode ser um pronome demonstrativo, equivalendo ao pronome **aquela**: antes de pronome relativo *que* e antes de preposição *de*: **A** (= aquela) *que* chegou era minha filha. / Minha casa é linda, mas **a** (=aquela) *dele...*

Agora sim, o princípio da crase é o mesmo. Veja:

Nós nos referimos **à** que foi 01 do concurso para Juiz Substituto.

Sobre as aulas, fizemos alusão **às** do Andre e **às** do Felipe.

No primeiro caso, quem *se refere, se refere* **A** (preposição) + **A** (pronome demonstrativo). No segundo caso, quem faz *alusão*, faz *alusão* **A** + **AS** (pronome demonstrativo).

A (preposição) + Aquele(a/s), Aquilo (pronomes demonstrativos) = Àquele(a/s), Àquilo

A bebida é sempre nociva *àqueles* que se embriagam.

O que é *nocivo*, é *nocivo* **A** (preposição) + **Aqueles** (pronome demonstrativo).

A (preposição) + A QUAL (pronome relativo) = À QUAL

Regências verbal e nominal. Emprego do acento grave indicativo de crase   309

Espero que você se lembre agora de que, se um verbo ou um nome exigindo preposição vier depois do pronome relativo, a preposição ficará antes do pronome relativo. Lembrou?

Todas as professoras de Língua Portuguesa **às quais** me dirigi são boas.

A explicação **à qual** tenho direito finalmente me foi dada.

No primeiro caso, o verbo pronominal *dirigir-se* exige a preposição **A**, que se aglutina no **A QUAL** (pronome relativo). No segundo caso, o nome *direito* também exige a preposição **A**, que se aglutina no **A QUAL** (pronome relativo), formando **À QUAL**.

Não há só esses casos, há também mais quatro casos: **obrigatórios, proibidos, especiais e facultativos.** Veja:

Casos Obrigatórios

■ *Locuções adjetivas, adverbiais, conjuntivas e prepositivas* com núcleo feminino iniciadas pela preposição "a"
Exemplo:

Aquela briga **à toa** não serviu a nada. (locução adjetiva)

Comprei um barco **à vela**. (locução adjetiva)

Cheguei **às cinco horas da tarde**. (locução adverbial)

Às pressas tive de sair de casa. (locução adverbial)

À medida que/À proporção que estudo, fico melhor. (locução conjuntiva)

Einstein estava **à frente de** seu tempo. (locução prepositiva)

Observação

■ A locução adjetiva **a distância** não recebe acento indicativo de crase. Por exemplo: Fiz um curso **à distância** (errado). Fiz um curso **a**

310 Língua Portuguesa e Redação Oficial

distância (certo). Se ela vier especificada, ocorre acento indicativo de crase: Fiz um curso **à distância** de 100 metros da minha casa.

■ Há muitas outras expressões adverbiais que recebem acento grave. Mas algumas expressões adverbiais (de meio e de instrumento) recebem acento grave facultativo. Digo isso, pois a visão gramatical é polêmica. Alguns dizem que sim, outros dizem que não. Infelizmente não há unidade de pensamento. Use sempre seu bom senso na prova. Exemplo: Eu costumo escrever **a (à) caneta** (instrumento). Não gosto de comprar **a (à) prestação** (meio).

■ Alguns casos, por motivo de clareza e para evitar a ambiguidade, a presença do acento grave é muito importante. Veja um caso: "Matou a cobra **à onça**" (ou seja, a cobra matou a onça). Veja outro: "Eu lavei **a mão** (sem acento grave, significa higienizar a mão) / Eu lavei **à mão** (com acento grave, significa usar a mão para lavar)". Mais: "Chegou a noite" ("a noite" é o sujeito), mas "Chegou à noite" ("à noite" é um adjunto adverbial de tempo). A presença ou a ausência do sinal indicativo de crase faz toda a diferença. Veja este poema de Cineas Santos: "O amor bate à porta e tudo é festa / O amor bate a porta e nada resta". Percebeu a mudança sensível de sentido? Além disso, houve mudança de função sintática. Percebeu?

■ **A/em domicílio** (no lugar de residência): a expressão **a domicílio** é usada quando o verbo pede a preposição **a**: "Leva-se pizzas **a domicílio**" (Leva-se algo **a** algum lugar). Já **em domicílio** é usada se o verbo pede a preposição **em**: Pizzas? Entregamos em domicílio. (Entrega-se algo **em** algum lugar). Nunca **à domicílio**!

■ Cuidado com a expressão **as vezes de**, em frases do tipo "O professor fez as vezes de aluno", pois não representa uma locução prepositiva, logo, não há crase.

Regências verbal e nominal. Emprego do acento grave indicativo de crase **311**

■ Com as locuções prepositivas implícitas "à moda de, à maneira de".

Exemplo:

Comi uma caça **à espanhola** ontem. Hoje comerei um filé **à Osvaldo Aranha**. Quem sabe amanhã um tutu **à mineira**...

Sua poesia **à Drummond** chamou a atenção dos críticos.

Observação

Quando você vai a um restaurante, lá vem o cardápio... Procure da próxima vez estes pratos: frango a passarinho e bife a cavalo. Já viu, não é? Estavam escritos assim: frango à passarinho e bife à cavalo. "Por que o homem do cardápio faz isso, Andre?" Sei lá, meu/minha nobre! Acho que é porque ele não leu este livro ainda... Bem, o fato é que não se pode comer um frango à maneira do passarinho, porque passarinho não come frango de maneira alguma nem pode inventar uma maneira de assar um companheiro de penas. O mesmo vale para o cavalo, meu/minha nobre.

Casos proibidos

■ Antes de substantivos masculinos.
Exemplo: Andou a cavalo pela cidadezinha.

■ Antes de substantivos usados em sentido geral e indeterminado, ou pluralizados.
Exemplo:

Não vou a festas.

Eu fiz menção a homem, não a criança, tampouco a mulher.

■ Antes de artigo indefinido "uma".
Exemplo: Fui a uma reunião muito importante domingo.

312 Língua Portuguesa e Redação Oficial

Observação

Diante do numeral, crase: Chegarei à uma (hora).

■ Antes de pronomes pessoais, pronomes interrogativos, pronomes indefinidos, pronomes demonstrativos e pronomes relativos.

Exemplo:

Fizemos referência a Vossa Excelência, não a ela. (pessoal)

A quem vocês se dirigiram no Plenário? (interrogativo)

Assisti a toda peça de teatro no RJ. (indefinido)

Levei o documento a esta advogada aqui. (demonstrativo)

A atriz a cuja peça aludi já ganhou um prêmio. (relativo)

Observação

Pode haver crase antes dos pronomes pessoais de tratamento "senhora e senhorita" (e das formas de tratamento dama, madame, doutora etc.), antes dos pronomes indefinidos "demais, mesma(s), outras, tal e várias", antes dos pronomes demonstrativos "aquele(a/s), aquilo" e antes do pronome relativo "a qual".

■ Antes de numerais não determinados por artigo.

Exemplo: O político iniciou visita a duas nações europeias.

(Se as nações forem determinadas, aí haverá crase: O político iniciou visita às duas nações europeias.)

Observação

Daqui **a** uma hora se iniciará o jogo. (Não há artigo antes de "uma hora"; confirme isto, reescrevendo com "duas horas": "daqui a duas horas", portanto, não há crase.)

Regências verbal e nominal. Emprego do acento grave indicativo de crase   313

■ Antes de verbos no infinitivo.
Exemplo: A partir de hoje serei uma pessoa melhor.
Voltei a estudar.

■ Depois de outra preposição (para, normalmente).
Exemplo: Fui para a Inglaterra.

■ Entre palavras repetidas.
Exemplo: Quero que você fique cara a cara e diga a verdade.

Observação

Cuidado com expressões como estas: "É preciso declarar guerra à guerra! / "É preciso dar mais vida à vida!", em que há crase devido à regência do verbo declarar e dar.

Casos especiais

■ Não há crase antes da palavra **casa**, exceto se vier especificada.
Exemplo:
Fui a casa resolver um problema.
Fui **à casa** *dela* resolver um problema.

■ Não há crase antes da palavra **terra** (em oposição a bordo, no contexto frasal); se estiver especificada, há crase; afora isso, pode haver crase na boa.
Exemplo:
Os marinheiros retornaram a terra.
Os marinheiros retornaram à terra natal.
O amor à Terra deve imperar, pois é nosso lar.
Viemos da terra e à terra voltaremos.

314   Língua Portuguesa e Redação Oficial

■ Em **paralelismos sintáticos** (repetição de termos sintáticos) — se houver determinante antes de um termo, haverá artigo no termo seguinte, resultando na crase.

Exemplo:

A loja funciona de segunda à quinta, de 8h as 18h. **Mas,**

A loja funciona **da** segunda à quinta, **das** 8h **às** 18h.

Ela se molhou **dos** pés **à** cabeça.

Trabalho **deste** domingo **à** sexta; depois, férias!

Observação

Observe que há mudança de sentido nestas duas frases: "Trabalho de oito a cinco horas" e "Trabalho das oito às cinco horas".

■ Antes de topônimos (nomes de lugar) que aceitam artigo.

Exemplo:

Fui à Bahia. (Criando uma frase hipotética como esta, percebemos que o topônimo aceita artigo: Eu gosto **da** Bahia.)

Fui a Ipanema (Eu gosto **da** Ipanema? Não, eu gosto de Ipanema, sem artigo, logo, não há crase.)

Agora, se o topônimo que não aceita artigo estiver especificado, crase!

Fui **à** *linda* Ipanema *da canção de Vinícius.*

Observação

Antes de alguns topônimos, a crase é facultativa: Europa, Ásia, África, Espanha, França, Inglaterra, Holanda, Escócia e Flandres.

Regências verbal e nominal. Emprego do acento grave indicativo de crase   315

Casos facultativos

▪ Antes de pronomes possessivos adjetivos femininos.
Exemplo: Enviamos cartas a (à) *nossa* filha que está em Paris.

Observação

Se o pronome possessivo for substantivo (ou seja, aquele que substitui um substantivo), crase obrigatória! Exemplo: Enviaram uma encomenda a (à) nossa residência, não à *sua*.

▪ Antes da locução prepositiva "até a".
Exemplo: Dirija-se *até a (à)* porta.

▪ Antes de nomes próprios femininos.
Exemplo: Sou fiel a (à) *Carolina*.

Observação

Se houver intimidade com a pessoa, a crase é obrigatória. Antes de nomes célebres, famosos, ilustres não há crase.

Em tempo: o uso ou não do acento indicativo de crase pode mudar a função sintática dos termos da oração. Exemplo: O direito à intercomunicação e **à memória coletiva** (complemento nominal) é importante no cenário atual. / O direito à intercomunicação e **a memória coletiva** (parte do sujeito composto) são importantes no cenário atual.

11

Sínclise pronominal: colocação dos pronomes oblíquos átonos

11.1 Colocação pronominal

Também chamada de Topologia Pronominal (ou Sínclise) é o nome que se dá à parte da Gramática que trata, basicamente, da adequada posição dos pronomes oblíquos átonos junto aos verbos.

Relembrando os pronomes oblíquos átonos:

o, a, os, as (que viram *-lo, -la, -los, -las* diante de verbos terminados em *-r, -s* e *-z* ou viram *-no, -na, -nos, -nas* diante de verbos terminados em ditongo nasal (exceto os verbos no futuro do indicativo).

Além desses, também obedecem às regras da sintaxe de colocação pronominal **me, te, se, lhe, nos** e **vos**.

Relembrados os pronomes oblíquos átonos, vamos às regrinhas?

318   Língua Portuguesa e Redação Oficial

11.2 A próclise

É o nome que se dá à colocação pronominal antes do verbo; resumi o emprego dela em clássicos 12 (doze) casos:

a) Palavra de sentido negativo antes do verbo*

Exemplo:

Não *se* esqueça de mim.

Nada *me* separará do amor de Carolina.

* São consideradas palavras de sentido negativo todas aquelas que, de uma forma ou de outra, têm valor de negação, *mesmo que não sejam advérbios*: não, nunca, nada, ninguém, nem, jamais, tampouco, sequer etc.

Observação

Após uma pausa (vírgula, ponto e vírgula...), o pronome deverá vir posposto: Não; esqueça-*se* de mim!

---

b) Advérbio ou palavra denotativa antes do verbo

Exemplo: **Agora** *se* negam a depor.

c) Conjunções subordinativas antes do verbo

Exemplo: Soube **que** *me* negariam.

d) Pronomes relativos antes do verbo

Exemplo: Identificaram-se duas pessoas **que** *se* encontravam desaparecidas.

e) Pronomes indefinidos antes do verbo

Exemplo: **Poucos** *te* deram a oportunidade.

Sínclise pronominal: colocação dos pronomes oblíquos átonos **319**

f) Pronomes interrogativos antes do verbo

Exemplo: **Quem** *te* **fez a encomenda?**

g) Entre a preposição *em* e o verbo no *gerúndio*.

Exemplo: **Em** *se* **plantando tudo dá.**

h) Com certas conjunções coordenativas aditivas e certas alternativas antes do verbo

Exemplo: **Ora** *me* **ajuda, ora** não *me* ajuda. Não foi **nem** *se* lembrou de ir.

i) Orações exclamativas e optativas (exprimem desejo)

Exemplo: Quanto *se* ofendem por nada, ora bolas! **Deus** *te* **proteja, meu filho, que bons ventos** *o* **tragam** logo.

j) Com o infinitivo *flexionado* precedido de preposição

Exemplo: Foram ajudados **por** *nos* **trazerem** até aqui.

k) Com formas verbais proparoxítonas

Exemplo: Nós *lhe* **desobedecíamos** sempre.

l) Com o numeral coletivo *ambos*

Exemplo: **Ambos** *te* **abraçaram** com cuidado.

Vale eu dizer que nem todos os gramáticos defendem unanimemente este último caso, logo, podemos tratar tal doutrina como de uma colocação de caso facultativo.

11.3 A ênclise

É o nome que se dá à colocação pronominal depois do verbo; ela é usada, de forma obrigatória, em menos casos que a próclise (*Ufa!*). Vamos vê-los agora? (Ops, olha aí, usei uma ênclise!)

a) Verbo no início da oração sem palavra atrativa

Exemplo: "**Vou**-*me* embora pra Pasárgada, lá sou amigo do rei..." (Manuel Bandeira)

b) Pausa antes do verbo sem palavra atrativa

Exemplo: Ao saber da aprovação de meus alunos, alegrei-*me* muito.

c) Verbo no imperativo afirmativo sem palavra atrativa

Exemplo: Quando o juiz entrar, **levantem**-*se* todos.

d) Verbo no infinitivo *não flexionado* sem palavra atrativa

Exemplo: Não tinha intenção de **magoar**-*te*.

Importante!

Os pronomes -*o*, -*a*, -*os*, -*as* (e suas variantes -*lo*, -*la*, -*los*, -*las*) virão enclíticos (pospostos) aos verbos em infinitivos não flexionados antecedidos da preposição **A**. Observe:

Estou inclinado *a* **perdoá**-*lo*.

Apesar de tudo, continuo disposto *a* **ajudá**-*la*.

----

e) Verbo no gerúndio sem palavra atrativa

Exemplo: Recusou a proposta **fazendo**-*se* de desentendida.

11.4 A mesóclise

É o nome que se dá à colocação pronominal no meio do verbo quando flexionados em formas do futuro do presente ou do futuro do pretérito do modo indicativo. Vale dizer que tal

Sínclise pronominal: colocação dos pronomes oblíquos átonos   321

emprego é extremamente formal e, para todos os efeitos, está em desuso na linguagem do cotidiano. Porém, formalmente, ela é usada nos seguintes casos:

a) Verbo no futuro do presente do indicativo sem palavra atrativa

Exemplo:

Realizar-*se*-**á**, na próxima semana, um grande evento em prol da paz no mundo.

Alegrar-*me*-**á** saber da aprovação de meus alunos do curso.

Observação

◼ O pronome oblíquo átono sempre ficará entre o "r" do verbo e a terminação desse verbo. Veja:

Daremos um beijo no teu rosto = **Dar**-*te*-**emos** um beijo no rosto.

Comprarei o ingresso do jogo para ele = **Comprar**-*lhe*-**ei** um ingresso do jogo.

◼ Com palavra atrativa, não cabe a mesóclise: **Talvez** *se* realizará, na próxima semana, um grande evento...

---

b) Verbo no futuro do pretérito do indicativo sem palavra atrativa

Exemplo: Não fosse o meu compromisso, **acompanhar**--*te*-**ia** nesta viagem.

11.5 Casos facultativos

Há situações em que a posição do pronome oblíquo átono quanto ao verbo é absolutamente facultativa. Vejamos:

322 Língua Portuguesa e Redação Oficial

a) Pronomes demonstrativos antes do verbo sem palavra atrativa

Exemplo: **Aquilo** *me* deixou triste ou **Aquilo** deixou-*me* triste.

b) Conjunções coordenativas (exceto aquelas mencionadas nos casos de próclise) antes do verbo sem palavra atrativa

Exemplo: Ele chegou **e** dirigiu-*se* a mim ou Ele chegou **e** *se* dirigiu a mim / Corri atrás da bola, **mas** *me* escapou ou Corri atrás da bola, **mas** escapou-*me*.

c) Sujeito explícito com núcleo pronominal (pronome pessoal reto e de tratamento) antes do verbo sem palavra atrativa

Exemplo:

Ele *se* retirou ou **Ele** retirou-*se*. **Eu** *te* considerarei ou **Eu** considerar-*te*-ei.

Sua Excelência *se* queixou de você ou **Sua Excelência** queixou-*se* de você.

Observação

Com verbos monossilábicos, a eufonia ordena que se use a próclise.
Exemplo: *Eu a vi ontem*, e não *Eu vi-a ontem*.

---

d) Sujeito explícito com núcleo substantivo (ou numeral) antes do verbo sem palavra atrativa

Exemplo: **Carolina** *te* ama ou **Carolina** ama-*te*. / Os **três** *se* amam ou Os **três** amam-*se*.

e) Infinitivo não flexionado precedido de palavras atrativas ou das preposições *para, em, por, sem, de, até, a*

Sínclise pronominal: colocação dos pronomes oblíquos átonos   **323**

Veja exemplos de cada uma das possibilidades que elenquei:

Meu desejo era **não** *a* incomodar ou Meu desejo era **não** incomodá-*la*.

Calei-me *para* **não** contrariá-*lo* ou Calei-me *para* **não** *o* contrariar.

Corri **para** *o* defender ou Corri **para** defende-*lo*.

Acabou **de** *se* quebrar a taça ou Acabou **de** quebrar-*se* a taça.

Sem *lhe* dar esperanças, ele ficará mal ou **Sem** dar-*lhe* esperanças, ele ficará mal.

Até *se* formar, vai demorar muito ou **Até** formar-*se*, vai demorar muito.

Erro agora **em** *lhe* permitir que me deixe ou Erro agora **em** permitir-*lhe* que me deixe.

Por *se* fazer de bobo, enganou a muitos ou **Por** fazer-*se* de bobo, enganou a muitos.

Estou pronto **a** *te* acompanhar ou Estou pronto **a** acompanhar-*te*.

11.6 Colocação pronominal nas locuções verbais

Quando se trata de locução verbal, há maneiras específicas de se empregar os pronomes oblíquos átonos. Acompanhe comigo:

a) Quando o verbo principal for constituído por um particípio

■ O pronome oblíquo virá depois do verbo auxiliar.

Exemplo: Haviam-*me* **convidado** para a festa.

324   Língua Portuguesa e Redação Oficial

Observação

O hífen que liga o verbo auxiliar ao pronome oblíquo é *facultativo*.

■ Se, antes do *tempo composto*, houver palavra atrativa, o pronome oblíquo ficará antes do verbo auxiliar.

Exemplo: **Não** *me* haviam convidado para a festa.

Observação

Se o verbo auxiliar estiver no futuro do presente ou no futuro do pretérito, ocorrerá a mesóclise, desde que não haja antes dele palavra atrativa. Confira:

Haver-*me*-iam convidado para a festa.

---

b) Quando o verbo principal for constituído por um infinitivo ou um gerúndio

■ Se **não** houver palavra atrativa, o pronome oblíquo virá depois do verbo auxiliar (com hífen), antes do principal (sem hífen) ou depois do verbo principal (com hífen).

Exemplo: Devo-*lhe*/Devo *lhe* esclarecer o ocorrido ou Devo esclarecer-*lhe* o ocorrido. Estavam-*me*/Estavam *me* chamando pelo rádio ou Estavam chamando-*me* pelo rádio.

■ **Havendo** palavra atrativa, o pronome poderá ser colocado antes do verbo auxiliar ou depois do verbo principal.

Exemplo: Não posso esclarecer-*lhe* o ocorrido ou Não *lhe* posso esclarecer mais nada. / Estavam chamando-*me* ou Não *me* estavam chamando.

Sínclise pronominal: colocação dos pronomes oblíquos átonos   325

Importante!

Os casos facultativos a, c e d, estudados no item 11.5, permitem três colocações pronominais com as locuções verbais: **Ele** *te* vai xingar muito ou **Ele** vai(-)*te* xingar muito ou **Ele** vai xingar-*te* muito.

Alguns bons gramáticos – Domingos Paschoal Cegalla, Celso Cunha & Lindley Cintra e José Carlos de Azeredo – dizem ser possível a colocação do pronome entre os verbos da locução verbal, mesmo com palavra atrativa antes:

Exemplo: Não *me* estavam chamando ou Não estavam *me* chamando ou Não estavam chamando-*me* / Não *te* havia roubado ou Não havia *te* roubado.

Observação

Por motivo de eufonia, elimina-se o "*s*" final dos verbos na 1ª pessoa do plural seguidos do pronome "*nos*": Inscrevemos + nos no concurso = Inscrevemo-nos no concurso; Conservamos + nos jovens = Conservamo-nos jovens.

12

Reescrita de frases e parágrafos. Reescrita de textos de diferentes gêneros e níveis de formalidade

12.1 O que são questões de reescritura?

Os concursos em geral usam questões neste estilo para poder avaliar se o candidato tem domínio dos conteúdos gramaticais de forma ampla e panorâmica, ou seja, se consegue perceber se há desvios gramaticais ou alteração de sentido em possibilidades de reformulação dos enunciados. Os assuntos que mais vejo as bancas explorarem nessas questões são *concordâncias verbal e nominal*, *regências verbal e nominal*, *crase*, *organização sintática* dos períodos simples e compostos, *pontuação*, *significação das palavras*, e, claro, nosso assunto anterior, *colocação pronominal*.

Por se tratar de uma cobrança que defino como "de largo espectro", questões de reescritura têm um índice de ocorrência

328 Língua Portuguesa e Redação Oficial

bem alto nos concursos organizados por essa banca, por isso, vá *com todo gás* no próximo tópico!

12.2 Reescrita e correção na prática

Julgue certo (C) ou errado (E) no que concerne às proposições abaixo:

1. Mantendo-se a correção gramatical do texto, a frase interrogativa que encerra o primeiro parágrafo do texto (*Quais as possibilidades de o cinema exprimir esses sentimentos de forma convincente?*) poderia ser reescrita da seguinte maneira: Se pergunta quais as possibilidades têm o cinema de exprimir esses sentimentos de forma convincente?

Fragmento de texto

Já para o ator de cinema, a ação é fundamental: é o único meio de assegurar a atenção do espectador, e mais, o seu significado e a sua unidade emergem dos sentimentos e das emoções que a determinam.

2. O trecho "o seu significado e a sua unidade emergem dos sentimentos e das emoções que a determinam" poderia ser reescrito, mantendo-se as relações sintáticas originais e o sentido do texto, da seguinte forma: o seu significado e a sua unidade determinam os sentimentos e as emoções que emergem.

3. A supressão da expressão "É (...) que", no trecho "É no auge da emoção no palco que o espectador de teatro recorre aos binóculos", não prejudicaria o sentido original do texto, podendo o segmento ser corretamente reescrito da seguinte forma: No auge da emoção no palco, o espectador de teatro recorre aos binóculos.

4. Não haveria prejuízo para a correção gramatical, e o sentido geral do texto, caso o trecho "No fim do século XIX, o aumento da procura do petróleo decorreu principalmente

da necessidade de querosene para iluminação em substituição ao óleo de baleia, que se tornava cada vez mais caro" fosse assim reescrito: O aumento na procura de petróleo no século XIX se deu principalmente em razão da necessidade de querosene para substituir ao óleo de baleia que tornava-se cada vez mais caro para iluminação.

5. Permanece gramaticalmente correto o trecho "Produtos como a gasolina ou o diesel eram simplesmente descartados", se reescrito da seguinte forma: Simplesmente, descartava-se produtos tais como a gasolina e o diesel.

6. O período "Tais políticas proporcionaram, de forma excepcional, a ampliação da malha rodoviária do país" poderia ser reescrito, com manutenção das ideias originais e preservação da correção gramatical, da seguinte forma: Com relação às políticas adotadas, proporcionaram, de forma excepcional, a ampliação da malha rodoviária do país.

7. A coerência e a correção gramatical do texto seriam prejudicadas caso o trecho "De forma semelhante às universidades corporativas, desenvolvidas por grandes empresas privadas..." fosse reescrito da seguinte forma: De forma semelhante, as grandes empresas privadas desenvolvem universidades corporativas.

8. Seriam preservadas as ideias originais e a correção gramatical do texto, caso o período "Essa prática nos revela uma nova concepção de Estado, que se aproxima da sociedade e a incorpora por meio de atores sociais" fosse reescrito da seguinte forma: Essa prática revela-nos uma nova concepção de Estado que se aproxima e incorpora a sociedade por meio de atores sociais.

9. Sem prejuízo para a coerência e a correção gramatical, os dois primeiros períodos do texto ("A discriminação, como um componente indissociável do relacionamento entre os seres humanos, reveste-se inegavelmente de uma roupagem com-

330 Língua Portuguesa e Redação Oficial

petitiva. Afinal, discriminar nada mais é do que tentar reduzir as perspectivas de uns em benefício de outros") poderiam ser condensados no seguinte período: A discriminação, elemento indissociável do relacionamento entre seres humanos, reveste-se inegavelmente de uma roupagem competitiva, porquanto corresponde a uma tentativa de se reduzirem as perspectivas de uns em benefício de outros.

10. O trecho "apresentar a moderação, ou bom senso, como a virtude suprema" poderia ser corretamente reescrito, sem prejuízo do sentido do texto, da seguinte forma: apresentar a moderação, ou seja, o bom senso, como a virtude suprema; assim como o segmento "dever de respeitar a promessa feita, ou de cumprir o contratado" poderia ser corretamente reescrito da seguinte maneira: dever de respeitar a promessa feita, isto é, de cumprir o contratado.

11. O período "Dos que responderam saber o seu significado, 54% o definiram como o ato de consumir produtos ou serviços que não agridam o meio ambiente nem a saúde humana" poderia ser reescrito, sem alterar o sentido do texto nem incorrer em erro gramatical, da seguinte forma: 54% dos que responderam saber o significado do termo definiram-no como o ato de consumir produtos ou serviços que não agridam o meio ambiente nem a saúde humana.

12. Atendendo-se à norma gramatical, o trecho "proteção às criações industriais, à propriedade das marcas, aos nomes de empresas e a outros signos distintivos" poderia ser reescrito do seguinte modo: proteção a criações industriais, propriedade das marcas, nomes de empresas e outros signos distintivos.

13. Mantendo-se a correção gramatical e os sentidos originais do texto, o trecho "No inciso XXIX, define que a lei assegurará aos autores de inventos industriais privilégio temporário para sua utilização..." poderia ser reescrito da seguinte forma: O inciso XXIX determina que é garantido

aos autores a autorização temporária para utilizarem as criações industriais.

14. O trecho "aos autores pertence o direito exclusivo de utilização, publicação ou reprodução de suas obras, transmissível aos herdeiros pelo tempo que a lei fixar" poderia ser corretamente reescrito da seguinte forma: pelo tempo que a lei permitir pertence, aos autores, o direito exclusivo de utilização, de publicação ou de reprodução de suas obras, o qual é transmissível a seus herdeiros.

15. Mantendo-se a correção gramatical e o nível de formalidade do texto, seu primeiro período ("A Constituição Federal, em seu artigo 5°, que tratados direitos e deveres individuais e coletivos, estabelece o direito à proteção das criações intelectuais") poderia ser reescrito da seguinte maneira: No artigo 5° tratando dos direitos e deveres dos indivíduos e da sociedade, a Constituição Federal instituiu o direito a proteção da propriedade intelectual.

16. O trecho "A assistência gratuita inclui orientação e defesa jurídica, divulgação de informações sobre direitos e deveres, prevenção da violência e patrocínio de causas perante o Poder Judiciário" pode ser reescrito, mantendo-se a correção e as ideias do texto, da seguinte forma: A assistência gratuita inclui: orientação, defesa jurídica, divulgação de informações sobre direitos e deveres, prevenção da violência e patrocínio de causas frente ao Poder Judiciário.

I – Cada um dos itens a seguir apresenta uma proposta de reescrita de trecho do texto – indicado entre aspas – que deve ser julgada certa se estiver gramaticalmente correta e mantiver o sentido original do texto, ou errada, em caso contrário.

17. "No entanto, foi somente depois da Segunda Guerra Mundial que a afirmação da cidadania se completou": Mas, apenas depois da Segunda Guerra Mundial é que a cidadania solidificou-se.

332 Língua Portuguesa e Redação Oficial

18. "O direito de ir e vir, de trabalhar e de estudar é a mola mestra da inclusão de qualquer cidadão": O direito de ir e vir, o de trabalhar e o de estudar são a mola mestra da inclusão de qualquer cidadão.

19. "Desses trabalhadores, espera-se profissionalismo, dedicação, assiduidade, enfim, atributos ínsitos a qualquer empregado": Esperam-se desses trabalhadores profissionalismo, dedicação, assiduidade, enfim, atributos imanentes a qualquer empregado.

20. "A mera declaração formal das liberdades nos documentos e nas legislações esboroava diante da inexorável exclusão econômica da maioria da população": A simples declaração formal das liberdades nos documentos e nas legislações ruíam frente à fatal exclusão econômica da maior parte da população.

21. O trecho "os sujeitos do processo tomem conhecimento dos atos acontecidos no correr do procedimento e se habilitem a exercer os direitos que lhes cabem e a suportar os ônus que a lei lhes impõe" poderia ser corretamente reescrito da seguinte forma: cada um dos sujeitos do processo tome conhecimento dos atos acontecidos no correr do procedimento e se habilite a exercer os direitos que lhes cabe e a suportar os ônus que a lei lhes impõe.

Fragmento de texto

O processo penal moderno, tal como praticado atualmente nos países ocidentais, deixa de centrar-se na finalidade meramente punitiva para centrar-se, antes, na finalidade investigativa. O que se quer dizer é que, abandonado o sistema inquisitório, em que o órgão julgador cuidava também de obter a prova da responsabilidade do acusado (que consistia, a maior parte das vezes, na sua confissão), o que se pretende no sistema acusatório é submeter ao órgão julgador provas suficientes ao esclarecimento da verdade.

22. O segundo período do primeiro parágrafo do texto estaria gramaticalmente correto se fosse reescrito da seguinte forma: Quer se dizer que, não mais vigorando o sistema inquisitório (no qual o órgão julgador cuidava também de obter a prova da responsabilidade do acusado — a qual consistia, no mais das vezes, na sua confissão), o que se almeja no sistema acusatório é fornecer ao órgão julgador provas bastantes ao esclarecimento da verdade.

23. O trecho "Tempos atrás era tido como legítimo espancarem-se mulheres e crianças, escravizarem-se povos" poderia ser corretamente reescrito da seguinte forma: Há tempos, considerava-se legítimo que se espancassem mulheres e crianças, que se escravizassem povos.

24. Sem prejuízo para o sentido original do texto, o trecho "esses comportamentos são publicamente condenados na maior parte do mundo" poderia ser corretamente reescrito da seguinte forma: publicamente, esses comportamentos consideram-se condenados em quase todo o mundo.

25. A correção gramatical e o sentido do texto seriam mantidos se o segmento "Por contribuir para a elevação do valor agregado" fosse assim reescrito: Por contribuir, juntamente com a elevação do valor agregado.

Fragmento de texto

Entretanto, o descobrimento da escrita e, mais tarde, das técnicas de impressão teve profundo impacto sobre a cultura: destribalizou a humanidade, rompeu a associação entre os sentidos e modificou a maneira de o homem perceber o mundo e com este se relacionar, tornando-a solitária, técnica, fria e impessoal.

26. Se a frase "tornando-a solitária, técnica, fria e impessoal" fosse substituída por **tornando-o solitário, técnico, frio e impessoal**, a correção gramatical do texto seria mantida, e a alteração facultaria ao leitor atribuir ao "mundo" ou ao

334 Língua Portuguesa e Redação Oficial

"homem" as qualidades relacionadas a solidão, tecnicidade, frieza e impessoalidade.

27. O período que inicia o terceiro parágrafo do texto ("Nesse cenário, fez-se necessário repensar o modelo de administração da máquina pública") poderia ser corretamente reescrito, sem prejuízo das informações originais, da seguinte forma: Devido ao cenário, fez necessário repensar-se o modelo administrativo da máquina pública.

28. Haveria prejuízo da correção gramatical do texto caso o primeiro período do terceiro parágrafo ("A análise do IDEB apontou a necessidade de aperfeiçoamento da metodologia de obtenção desse índice") fosse assim reescrito: Na análise do IDEB, foi atestado a necessidade de aperfeiçoar a metodologia que obtém esse índice.

29. A correção gramatical e o sentido original do texto seriam preservados caso o trecho "Esses homens têm uma força de vontade incrível. Fizeram com o próprio esforço uma classe, impuseram-na" fosse reescrito do seguinte modo: Esses trabalhadores eram de uma força de vontade extraordinária, porquanto estabeleceram uma associação independente que se tornou de afiliação obrigatória.

30. Sem prejuízo para o sentido original do texto e para sua correção gramatical, o segundo período ("Desde que o homem pôde vingar a ofensa a ele dirigida e verificou que tal vingança o satisfazia e atemorizava a reincidência, só deixou de exercer sua força perante uma força maior") pode ser reescrito da seguinte forma: Assim que pôde se vingar da ofensa sofrida e perceber que essa vingança lhe era agradável e útil para repelir novos ofensores, o ser humano nunca deixou de impor sua força as pessoas mais fracas.

31. O último período do texto ("Por isso, estão sendo realizados esforços para que as necessidades das mulheres e negros sejam consideradas de forma explícita e efetiva nas

estratégias de redução da pobreza e nas políticas de geração de emprego e renda") pode ser reescrito, sem prejuízo do seu sentido original e da correção gramatical, da seguinte forma: Esse é o motivo da realização dos esforços com vistas ao atendimento das necessidades imediatas de mulheres e negros que reduzirão a pobreza devido as políticas de geração de emprego e renda.

II – Os fragmentos que constituem os itens seguintes foram adaptados de trechos de notícias do sítio da OIT na Internet. Julgue-os no que se refere à correção gramatical.

32. As taxas de desemprego das mulheres são mais altas do que às dos homens em escala, mundial e não se prevê melhoras desse quadro nos próximos anos, segundo relatório da OIT que analisa as desigualdades de gênero em matéria de desemprego, emprego, participação na força de trabalho, vulnerabilidade e segregação setorial e profissional.

33. Antes da crise mundial, as diferenças entre homens e mulheres, no que diz respeito ao desemprego e à relação emprego-população haviam se atenuado. Nas economias avançadas, a crise parece haver afetado aos homens nos setores que dependam do comércio mais do que as mulheres, que trabalham em saúde e educação. Nos países em desenvolvimento, as mulheres foram particularmente afetadas nos setores relacionados com o comércio.

34. Estariam mantidos o sentido original e a correção gramatical do texto caso o trecho "a educação tem como objetivo a formação cidadã, que abrange um conhecimento qualificado fomentador da construção da moral e do comportamento individual e social infanto-juvenil" fosse assim reescrito: a educação pretende formar o cidadão, de modo a abarcar um conhecimento qualificado que fomente à constituição moral e comportamental do indivíduo e da sociedade infanto-juvenil.

336 Língua Portuguesa e Redação Oficial

35. Manteria a correção gramatical do texto a seguinte reescrita do trecho "Na mídia e em reuniões cotidianas, discutem-se os motivos da baixa frequência escolar, problema
que parece não ter ainda uma solução definitiva": São discutidos, tanto na mídia quanto em reuniões cotidianas, os
motivos da baixa frequência escolar, problema para o qual
parece não haver, ainda, uma solução definitiva.

12.2.1 Verificando as reescrituras. Revisando os conteúdos

Muito bem, meus amigos e minhas amigas! Produzi os
comentários a seguir com muito carinho e com a intenção de
revisar tudo o que abordamos. Vamos nessa?

1. GABARITO: ERRADO.

   COMENTÁRIO: A frase reescrita está errada, porque nunca se
   inicia frase com pronome oblíquo átono! Além disso, note que
   o sujeito do verbo "ter" é "cinema", logo, o verbo não pode ficar
   no plural, com acento circunflexo (têm), e sim no singular (tem).
   Colocando o sujeito antes do verbo e já corrigindo a frase, ela
   fica assim: "**Pergunta-se:** quais as possibilidades de exprimir
   esses sentimentos de forma convincente o cinema **tem**?".

2. GABARITO: ERRADO.

   COMENTÁRIO: Na reescrita, houve mudança de sentido,
   pois, na frase original, o que emerge é "o seu significado e a
   sua unidade", e não "os sentimentos e as emoções". Portanto,
   por causa da disposição das palavras na paráfrase, não se
   mantêm as mesmas relações sintáticas e o sentido do texto.

3. GABARITO: CERTO.

   COMENTÁRIO: A expressão formada por "ser + que" é
   uma expressão expletiva, ou seja, é uma expressão que

Reescrita de frases e parágrafos. Reescrita de textos de diferentes gêneros... 337

pode ser retirada da frase sem prejuízo sintático ou semântico. Sua eliminação não altera o sentido da frase! Portanto, dá no mesmo dizer ou escrever "É no auge da emoção no palco **que** o espectador de teatro recorre aos binóculos" ou "No auge da emoção no palco, o espectador de teatro recorre aos binóculos". Informação importante: o verbo "ser" dessa expressão de realce, ou expressão expletiva, não é contado como oração.

4. GABARITO: ERRADO.

COMENTÁRIO: Há erro gramatical e mudança de sentido. Note que, na reescritura, a expressão "No fim do século XIX" mudou para "no século XIX". Isso por si só já altera o sentido original. Além disso, há dois erros gritantes no trecho: "... substituir ao óleo de baleia que tornava-se...". O verbo "substituir" não exige a preposição "a", portanto há um erro de regência verbal; ademais, o pronome relativo "que" atrai o pronome oblíquo átono "se", que deve ficar antes do verbo. Tome muito cuidado ao analisar a parte gramatical de uma frase reescrita!

5. GABARITO: ERRADO.

COMENTÁRIO: A concordância está inadequada, pois o sujeito de "descartava" é "produtos". Note que o verbo "descartar" vem acompanhado da partícula apassivadora "se": "descartava-se". Como o sujeito está no plural, o verbo tem de ficar no plural: "descartavam-se produtos", que equivale a "produtos eram descartados".

6. GABARITO: ERRADO.

COMENTÁRIO: Na frase original, sabe-se o que praticou a ação de "proporcionar": "Tais políticas". Na frase reescrita, não se sabe quem "proporcionou", pois o verbo está na 3ª pessoa do plural, sem sujeito explícito. Colocando a frase reescrita na ordem direta, temos: "Proporcionaram a ampliação da malha rodoviária do país de forma excepcional com relação às políticas adotadas". Note que a reescritura altera o sentido original, portanto, a afirmação da banca não procede.

7. GABARITO: CERTO.

COMENTÁRIO: Note que há uma relação entre o adjetivo "semelhante" e "universidades corporativas" (... semelhante às universidades corporativas...) no texto original. Na reescrita, a coerência seria prejudicada, pois o sentido seria alterado, uma vez que a relação entre o adjetivo "semelhante" e "universidades corporativas" seria eliminada.

8. GABARITO: ERRADO.

COMENTÁRIO: Há um erro de regência em "que se aproxima e incorpora a sociedade", pois não pode haver um complemento (a sociedade) para verbos com regências diferentes ("aproximar-se" é transitivo indireto e exige a preposição "de"; "incorporar" é transitivo direto e não exige preposição alguma). O certo é "que se aproxima da sociedade e a incorpora", como está na frase original.

9. GABARITO: CERTO.

COMENTÁRIO: Compare os dois trechos e veja o que mudou: "A discriminação, como um componente indissociável do relacionamento entre os seres humanos, reveste-se inegavelmente de uma roupagem competitiva. Afinal, discriminar nada mais é do que tentar reduzir as perspectivas de uns em benefício de outros" (trecho original). "A discriminação, elemento indissociável do relacionamento entre seres humanos, reveste-se inegavelmente de uma roupagem competitiva, porquanto cor-

Reescrita de frases e parágrafos. Reescrita de textos de diferentes gêneros... **339**

responde a uma tentativa de se reduzirem as perspectivas de uns em benefício de outros" (trecho reescrito). O trecho *elemento indissociável do relacionamento entre seres humanos* é um aposto explicativo, que pode ou não ser iniciado por "como", logo não houve alteração no sentido nem na correção gramatical. O trecho *discriminar nada mais é do que tentar reduzir as perspectivas de uns em benefício de outros* é uma explicação sobre o período anterior, por isso na reescritura foi colocado um conectivo explicativo (porquanto) para introduzir a mesma ideia. Note que, na reescritura, o sujeito oculto de "corresponde" tem como referente a palavra "discriminação". A ideia da expressão "nada mais é do que" equivale a "corresponde", logo, não há mudança de sentido nem erro gramatical. Por fim, há uma mudança entre "tentar reduzir" (formas verbais) e "tentativa de se reduzirem" (o verbo "tentar" foi transformado em substantivo abstrato, que manteve o sentido original). Enfim, não há mudança de sentido, tampouco erro gramatical.

10. GABARITO: CERTO.

COMENTÁRIO: Note que a conjunção "ou", nos dois casos, introduz um termo que repete a ideia de um termo anterior, explicando ou ampliando melhor o termo anterior. Note também que o termo anterior à conjunção "ou" tem o mesmo sentido que o termo posterior, isso se dá porque a conjunção "ou" liga termos numa relação sinonímica. Por isso, é possível retirar o "ou" e colocar uma expressão explicativa/reiterativa, como "ou seja" ou "isto é". Sendo assim, a afirmação da banca procede, pois "moderação" ou "bom senso" são sinônimos, e "de respeitar a promessa feita" ou "de cumprir o contratado" também o são.

340   Língua Portuguesa e Redação Oficial

11. GABARITO: CERTO.

COMENTÁRIO: No trecho original, observe que o adjunto adnominal que se refere a "54%" está deslocado, por isso foi usada uma vírgula para indicar tal deslocamento (na ordem direta, ficaria como na reescrita está: "54% dos que responderam saber o significado do termo" [ou "o seu significado", o que dá no mesmo!]). Não há alteração do sentido original nem erro gramatical na reescritura, pois a frase se manteve inalterada, exceto pelo detalhe da vírgula e pela substituição de pronome por substantivo, e vice-versa. Em nada essas mudanças prejudicaram o trecho original.

12. GABARITO: CERTO.

COMENTÁRIO: Note que o substantivo "proteção" exige a preposição "a", que introduz termos enumerados (às criações industriais, à propriedade das marcas, aos nomes de empresas e a outros signos distintivos). Só que existem quatro maneiras de reescrever termos preposicionados (craseados ou não) numa enumeração:

- *proteção às criações industriais, à propriedade das marcas, aos nomes de empresas e a outros signos distintivos* (preposição + artigo introduzindo todos os termos);
- *proteção às criações industriais, a propriedade das marcas, os nomes de empresas e outros signos distintivos* (preposição + artigo só no primeiro termo da enumeração, nos demais só fica o artigo ou o pronome);
- *proteção a criações industriais, a propriedade das marcas, a nomes de empresas e a outros signos distintivos* (preposição introduzindo todos);
- *proteção a criações industriais, propriedade das marcas, nomes de empresas e outros signos distintivos* (preposição só no primeiro termo).

Por isso a reescrita proposta pela banca procede!

Reescrita de frases e parágrafos. Reescrita de textos de diferentes gêneros... 341

13. GABARITO: ERRADO.

COMENTÁRIO: Há um erro de concordância. Deveria ser "é garantidA... a autorização...". Observe que o núcleo do sujeito de "é garantido" é "autorização", logo o particípio deve ficar no feminino. Colocando a frase na ordem direta, fica mais fácil: *O inciso XXIX determina que* **a autorização** *temporária para utilizarem as criações industriais* **é garantida** *aos autores*.

14. GABARITO: ERRADO.

COMENTÁRIO: Note que nada se fala sobre o sentido ser alterado! A banca só fala o seguinte: "poderia ser corretamente reescrito". Ou seja, a banca quer saber se você tem a capacidade de olhar para o trecho reescrito e julgar se há erros gramaticais... na boa... há muitos!!! A expressão adverbial de tempo deslocada "pelo tempo que a lei permitir" deveria ser separada por vírgula. Além disso, não se separa verbo (pertence) de seu complemento (aos autores). Portanto, o trecho deveria ser reformulado para atender às prescrições gramaticais: pelo tempo que a lei permitir, pertence aos autores o direito exclusivo de utilização, de publicação ou de reprodução de suas obras, o qual é transmissível a seus herdeiros.

15. GABARITO: ERRADO.

COMENTÁRIO: Observe que a oração subordinada adjetiva explicativa reduzida de gerúndio "tratando dos direitos e deveres dos indivíduos e da sociedade" deveria ficar entre vírgulas; além disso, faltou o acento indicativo de crase em "direito à proteção". Reformulando a frase, temos: *No artigo 5°, tratando dos direitos e deveres dos indivíduos e da sociedade, a Constituição Federal instituiu o direito à proteção da propriedade intelectual*.

342 Língua Portuguesa e Redação Oficial

16. GABARITO: ERRADO.

COMENTÁRIO: Há uma alteração de sentido na mudança ocorrida entre "orientação e defesa jurídica" e "orientação, defesa jurídica". Na primeira, há "orientação jurídica e defesa jurídica"; na segunda, há apenas "defesa jurídica". Além disso, não se pode trocar "perante" por "frente a", pois, segundo 99% dos gramáticos (exceto Celso Pedro Luft), a expressão "frente a" não é culta, devendo ser redigida assim: "em frente a" ou "em frente de".

17. GABARITO: ERRADO.

COMENTÁRIO: O segmento "apenas depois da Segunda Guerra Mundial" é um adjunto adverbial intercalado, logo, deve vir entre vírgulas: *Mas, apenas depois da Segunda Guerra Mundial, é que a cidadania solidificou-se*. Além disso, a maioria dos gramáticos exige que o pronome oblíquo átono fique antes do verbo, por estar atraído pelo "que" antes de "a cidadania": ... *é que a cidadania se solidificou*.

18. GABARITO: CERTO.

COMENTÁRIO: Na frase original, o verbo "ser" está no singular, pois concorda com o núcleo do sujeito simples (O direito de ir e vir, de trabalhar e de estudar). Note que "de ir e vir, de trabalhar e de estudar" são adjuntos adnominais coordenados. Não viaje na maionese pensando que há algum núcleo implícito. Na reescrita, há mais de um núcleo, por isso o verbo "ser" está no plural; note: "O direito de ir e vir, o (direito) de trabalhar e o (direito) de estudar **são**...".

19. GABARITO: CERTO.

COMENTÁRIO: Os vocábulos "ínsitos" e "imanentes" são sinônimos e significam: inerente, natural, inato. Note que tanto se pode usar "espera-se" quanto "esperam-se", pois

Reescrita de frases e parágrafos. Reescrita de textos de diferentes gêneros... **343**

o sujeito composto está posposto ao verbo: *espera-se pro-fissionalismo, dedicação, assiduidade* (concordância atrativa, em que o verbo concorda com o termo mais próximo); *esperam-se... profissionalismo, dedicação, assiduidade* (concordância gramatical, em que o verbo concorda com todos os núcleos do sujeito composto).

20. GABARITO: ERRADO.

COMENTÁRIO: Há dois erros gramaticais: *A simples declaração formal das liberdades nos documentos e nas legislações ruíam frente à fatal exclusão econômica da maior parte da população*. Deveria ser "A simples declaração (núcleo do sujeito no singular) formal das liberdades nos documentos e nas legislações ruía (verbo no singular) em frente à fatal exclusão econômica da maior parte da população". Tome muito cuidado quando o verbo estiver distanciado do núcleo do sujeito!

21. GABARITO: ERRADO.

COMENTÁRIO: Há um erro no uso de "lhes", no plural. Note que tais pronomes se referem a "**cada um** dos sujeitos do processo". Logo, o pronome deve ficar no singular: cada um dos sujeitos do processo tome conhecimento dos atos acontecidos no correr do procedimento e se habilite a exercer os direitos que lhes cabem e a suportar os ônus que a lei lhe impõe.

22. GABARITO: CERTO.

COMENTÁRIO: Houve leves alterações no texto, sem que isso comprometesse o sentido original ou a correção gramatical. Compare e perceba as mudanças:

"O que se quer dizer é que(1), abandonado o sistema inquisitório(2), em que o órgão julgador cuidava também de obter

344 Língua Portuguesa e Redação Oficial

a prova da responsabilidade do acusado(3) (que consistia, a maior parte das vezes, na sua confissão)(4), o que se pretende no sistema acusatório é(5)submeter ao órgão julgador(6) provas suficientes ao esclarecimento da verdade(7)".

"Quer-se dizer que(1), não mais vigorando o sistema inquisitório(2) (no qual o órgão julgador cuidava também de obter a prova da responsabilidade do acusado(3) – a qual consistia, no mais das vezes, na sua confissão)(4), o que se almeja no sistema acusatório é(5) fornecer ao órgão julgador(6) provas bastantes ao esclarecimento da verdade(7)".

23. GABARITO: CERTO.

COMENTÁRIO: "Há tempos" e "Tempos atrás" dão ideia de tempo decorrido, por isso se usa "Há", e não "A". Saiba também que "Há tempos atrás" é uma redundância, pois "Há" e "atrás" apresentam a mesma ideia, a de tempo decorrido, portanto, não é linguagem culta. As expressões "era tido como legítimo" e "considerava-se legítimo" têm o mesmo sentido. Por fim, note que as orações reduzidas "espancarem-se mulheres e crianças" e "escravizarem-se povos" foram desenvolvidas na reescrita: "que se espancassem mulheres e crianças" e "que se escravizassem povos".

24. GABARITO: ERRADO.

COMENTÁRIO: Há uma mudança de sentido substancial entre "são condenados" e "consideram-se condenados", pois a primeira dá ideia de certeza, de fato; a segunda passa uma ideia de opinião.

25. GABARITO: ERRADO.

COMENTÁRIO: É fácil perceber que há mudança de sentido na reescritura nas partes "contribuir para" e "contribuir, juntamente com". Além disso, há um erro de pontuação,

Reescrita de frases e parágrafos. Reescrita de textos de diferentes gêneros... **345**

pois não se separa verbo de seu complemento, logo, o trecho "Por contribuir(verbo), juntamente com a elevação do valor agregado(complemento)" deveria estar sem vírgula.

26. GABARITO: CERTO.

COMENTÁRIO: O que a banca propõe é esta reescrita:

"Entretanto, o descobrimento da escrita e, mais tarde, das técnicas de impressão teve profundo impacto sobre a cultura: destribalizou a humanidade, rompeu a associação entre os sentidos e modificou a maneira de **o homem** perceber **o mundo** e com este se relacionar, **tornando-o solitário, técnico, frio e impessoal**".

Note que temos de concordar com a banca quando ela diz que a alteração facultaria ao leitor atribuir ao "mundo" ou ao "homem" as qualidades relacionadas a solidão, tecnicidade, frieza e impessoalidade, ou seja, não se sabe quem se tornou solitário, técnico, frio e impessoal: o homem ou o mundo? Ambas as interpretações são possíveis com essa mudança no texto!

27. GABARITO: ERRADO.

COMENTÁRIO: Há uma mudança de sentido na troca de "Nesse cenário" (lugar) por "Devido ao cenário" (causa) e no deslocamento do pronome "se" ("fez-se" e "repensar--se"). No caso do "se", note que o sujeito da frase original é oracional: *repensar o modelo de administração da máquina pública*. Na reescrita, já não se sabe quem é o sujeito de "fez", parecendo estar oculto. Isso altera a estrutura sintática do trecho e o sentido.

28. GABARITO: CERTO.

COMENTÁRIO: Erro de concordância: foi atestad**o** a necessidade > foi atestad**a** a necessidade. Observe que o sujeito

346   Língua Portuguesa e Redação Oficial

de "foi atestado" é feminino, logo, o particípio deve ficar no feminino: A NECESSIDADE de aperfeiçoar a metodologia que obtém esse índice FOI ATESTADA. Para ampliar um pouco, vale dizer que, quando houver a estrutura "ser + adjetivo/particípio", o adjetivo/particípio só vai concordar com o núcleo do sujeito se este estiver acompanhado de um determinante, normalmente artigo ou pronome. Veja:

■ É proibido entrada aqui. (certo)
■ É proibida a entrada aqui. (certo)

29. GABARITO: ERRADO.

COMENTÁRIO: O sentido original foi alterado, pois em nenhum momento do trecho original se diz que há "uma associação independente que se tornou de afiliação obrigatória". Além disso, está claro no trecho original que "Esses homens têm uma força de vontade" (no presente). Na reescrita, houve uma troca de tempo verbal, que altera substancialmente o sentido original: "Esses trabalhadores eram de uma força de vontade" (passado).

30. GABARITO: ERRADO.

COMENTÁRIO: O trecho original em relação ao restante da frase teve seu sentido alterado, compare: "só deixou de exercer sua força perante uma força maior", "o ser humano nunca deixou de impor sua força as pessoas mais fracas". Além disso, há erros gramaticais em "Assim que pôde se vingar" e "impor sua força as pessoas". No primeiro caso, o "que" é uma palavra atrativa, logo, quando há uma palavra atrativa antes de uma locução verbal com verbo principal no gerúndio ou no particípio, o pronome só pode ficar antes do auxiliar ou depois do principal: "Assim que se pôde vingar" ou "Assim que pôde vingar-se". No segundo caso, deveria haver crase: "impor sua força às pessoas", afinal, quem impõe... impõe algo A alguém (impõe sua força a + as = às pessoas)!

Reescrita de frases e parágrafos. Reescrita de textos de diferentes gêneros... 347

31. GABARITO: ERRADO.

COMENTÁRIO: Sem olharmos para a questão do sentido, há um erro claro de crase: "devido as políticas". A locução "devido a" termina em preposição "a" + "as políticas" = "às políticas".

32. GABARITO: ERRADO.

COMENTÁRIO: Há um erro de crase neste trecho, pois nada justifica o uso do acento indicativo de crase: "As taxas de desemprego das mulheres são mais altas do que às dos homens em escala mundial". Tal trecho equivale a "As taxas de desemprego das mulheres são mais altas do que as taxas de desemprego dos homens em escala mundial". Além disso, o sujeito do verbo "prever" é "melhoras", logo o verbo deveria estar no plural: "não se preveem melhoras".

33. GABARITO: ERRADO.

COMENTÁRIO: A expressão adverbial intercalada deveria estar entre vírgulas: "Antes da crise mundial, as diferenças entre homens e mulheres, **no que diz respeito ao desemprego e à relação emprego população,** haviam se atenuado". A regência do verbo "afetar" está inadequada (afetado aos homens), deveria ser sem preposição: "afetado os homens", pois tal verbo é transitivo direto!

34. GABARITO: ERRADO.

COMENTÁRIO: Há um erro de regência em "fomente à constituição", pois o verbo "fomentar" é transitivo direto, ou seja, não exige preposição alguma! Deveria ser "fomente a constituição", sem crase!

35. GABARITO: CERTO.

COMENTÁRIO: As construções "Na mídia e em reuniões cotidianas" e "tanto na mídia quanto em reuniões cotidianas" são sinônimas, pois ambas têm conectivos de valor aditivo ("e" e "tanto... quanto"). Houve uma mudança na voz verbal entre "discutem-se" (voz passiva sintética) e "São discutidos" (voz passiva analítica). Do mais, houve apenas troca de expressões sinônimas, o que manteve o sentido e a correção gramatical.

Parte II

FUNDAMENTOS DE REDAÇÃO OFICIAL

13

Correspondência Oficial

13.1 O que é Correspondência Oficial?

Antes de tudo, lembre-se de que as questões de prova que envolvem este assunto exigem do candidato uma boa capacidade de memorização, ok?

Outra "coisa" que vale o meu ressalto: o *Manual de Redação Oficial da Presidência da República* (MRPR) – referencial obrigatório para qualquer pessoa que estude o tema Correspondência Oficial – foi (finalmente!) revisto e atualizado em 27.12.2018, no "apagar das luzes" do governo do ex-presidente Michel Temer. Isso, por si só, evidencia a necessidade de você conhecer o MRPR e bem! Se eu fosse escrever um material apenas sobre Redação Oficial, certamente ele teria mais de 100 páginas.

Correspondência Oficial é a maneira pela qual o Poder Público redige atos normativos e comunicações, para destinatários internos e externos da administração pública direta, indireta ou fundacional, de qualquer dos Poderes da União, dos Estados, do Distrito Federal e dos Municípios, conforme prevê o art. 37 da Constituição Federal (CF/1988).

13.2 Características da Correspondência Oficial

Decorrentes da CF/1988, os atributos da Correspondência Oficial são:

Impessoalidade: é o que baliza a comunicação do Poder Público, isentando-a de impressões individuais ou qualquer tipo de marca de pessoalidade, formatando tratamento homogêneo e impessoal ao destinatário.

Uso do padrão culto de linguagem: cumprimento estrito da gramática normativa e seleção lexical única, a fim de evitar regionalismos, gírias, vícios de linguagem, ou modismos vocabulares, uma vez que o objetivo da correspondência oficial é, antes de tudo, a total compreensão por parte do receptor.

Clareza: com o fito de evitar ambiguidades ou interpretações diversas da pretendida pela mensagem.

Concisão: transmissão do máximo de informações com o mínimo de palavras.

Formalidade: observação das formas adequadas de tratamento, polidez e cidadania.

Uniformidade: atenção a todas as características da redação oficial e cuidado com a apresentação dos textos (clareza da digitação, uso de papéis uniformes para o texto definitivo e correta diagramação do texto).

Emissor: apenas um – o Serviço Público.

Receptor: públicos interno e externo – há correspondências cujos destinatários são outros órgãos do próprio Poder Público, e há aquelas destinadas aos cidadãos ou grupos de cidadãos.

Correspondência Oficial   353

13.3 Emprego de pronomes e vocativos

13.3.1 Concordância dos pronomes de tratamento

As concordâncias verbal, nominal e pronominal, embora se refiram à segunda pessoa gramatical (à pessoa com quem se fala ou a quem se dirige a comunicação), devem ser feitas pela terceira pessoa.

Exemplo:

"Vossa Excelência leu o despacho?"

"Vossa Senhoria assinará a exoneração de seu assessor."

Observação

Os adjetivos referidos a esses pronomes concordam o gênero gramatical com o sexo da pessoa a que se refere.

Exemplo:

"Vossa Excelência está atrasado."

"Vossa Excelência está atrasada."

Quanto ao emprego dos pronomes de tratamento:

Vossa Excelência se usa para:

a) Autoridades do Poder Executivo (Presidente da República; Vice-Presidente da República; Ministros de Estado, Governadores e Vice-Governadores de Estado e do Distrito Federal; Oficiais-Generais das Forças Armadas; Embaixadores; Secretários-Executivos de Ministérios e demais ocupantes de cargos de natureza especial; Secretários de Estado dos Governos Estaduais; Prefeitos Municipais).

b) Autoridades do Poder Legislativo (Deputados Federais e Senadores; Ministro do Tribunal de Contas da União; Deputados Estaduais e Distritais; Conselheiros dos Tribunais de Contas Estaduais; Presidentes das Câmaras Legislativas Municipais).

c) Autoridades do Poder Judiciário (Ministros dos Tribunais Superiores; Membros de Tribunais; Juízes; Auditores da Justiça Militar, Delegados.

Importante!

No caso de vereadores, conforme o *Manual de Redação da Presidência da República*, não é dispensado o mesmo tratamento protocolar que recebem as autoridades legislativas. Logo, o pronome a ser usado é "Vossa Senhoria".

Quanto ao vocativo correspondente a "Vossa Excelência", observa-se:

No caso de Chefes de Poder – ***Excelentíssimo Senhor***, seguido do cargo respectivo.

Exemplo: "Excelentíssimo Senhor Presidente da República" / "Excelentíssimo Senhor Presidente do Congresso Nacional" / "Excelentíssimo Senhor Presidente do Supremo Tribunal Federal"

No caso das demais autoridades – Senhor, seguido do cargo respectivo.

Exemplo: Senhor Senador / Senhor Juiz / Senhor Ministro / Senhor Governador.

Vossa Senhoria se usa para:

Todas as demais autoridades e para particulares, empregando-se o vocativo "Senhor".

Vossa Magnificência se usa para:

Os reitores de universidades são assim tratados, e o vocativo correspondente a "Vossa Magnificência" é *Magnífico Reitor,* em função de uma tradição comum no Brasil.

Vocativos religiosos: empregam-se conforme a hierarquia eclesiástica

Vossa Santidade: Papa. Vocativo – Santíssimo Padre.

Vossa Eminência ou Vossa Eminência Reverendíssima: Cardeais. Vocativo – Eminentíssimo Senhor Cardeal ou Eminentíssimo e Reverendíssimo Senhor Cardeal.

Vossa Excelência Reverendíssima: Arcebispos e Bispos.

Vossa Reverendíssima ou Vossa Senhoria Reverendíssima: Monsenhores, Cônegos e superiores religiosos.

Vossa Reverência: sacerdotes, clérigos e demais religiosos.

Importante!

O *Manual de Redação da Presidência da República* **não** apresenta vocativo para Arcebispo, Bispo, Monsenhor, Cônego, Sacerdote, Clérigo e demais religiosos.

13.4 Considerações gerais

■ *Abreviaturas dos pronomes de tratamento empregados em correspondências oficiais*
Usadas para se dirigir a Vossa Alteza

V. A. (singular) VV. AA. (plural) para príncipes e duques.

Usadas para se dirigir a Vossa Eminência

V. Em. a (singular) V. Em. as (plural) para cardeais.

Usadas para se dirigir a Vossa Excelência

V. Ex. a (singular) V. Ex. as (plural) para altas autoridades.

Usadas para se dirigir a Vossa Magnificência

V. Mag. A (singular) V. Mag. as (plural) para Reitores de universidades

Usadas para se dirigir a Vossa Majestade

V. M. (singular) VV. MM. (plural) para Reis e Imperadores.

Usadas para se dirigir a Vossa Senhoria

V. S. a (singular) V. S. as (plural) para tratamento cerimonioso.

Observação

■ O "a" pode ser substituído por "ª" e sua flexão.

■ Não se abreviam os pronomes de tratamento quando os destinatários são o Presidente da República e o Papa.

■ Abrevia-se a palavra senhor(a) apenas quando for seguida de substantivo próprio ou personalizado, como em Sr. Andre Ben Noach ou Sra. Carolina Ben Noach.

■ *Fechos para comunicações*

☐ Para autoridades superiores, inclusive o Presidente da República, emprega-se "Respeitosamente".

☐ Para autoridades de mesma hierarquia ou de hierarquia inferior, emprega-se "Atenciosamente".

É importante ressaltar que **não** se usa "Cordialmente", "Graciosamente", "Agradecidamente", "Fraternalmente" e afins; ademais, é vedado abreviar os fechos, como se vê em muitas correspondências.

Correspondência Oficial **357**

Importante!

As correspondências cujos destinatários sejam autoridades estrangeiras seguem um rito especial e a redação destas está devidamente disciplinada no *Manual de Redação do Ministério das Relações Exteriores*.

■ *Identificação do signatário*

Excluídas as comunicações assinadas pelo Presidente da República, todas as demais comunicações oficiais devem trazer o nome e o cargo da autoridade que as expede, abaixo do local de sua assinatura.

Para evitar equívocos, recomenda-se não deixar a assinatura em página isolada do expediente, sendo aconselhável transferir para essa página uma pequena parte do texto imediatamente ao fecho.

Quando o documento for assinado por dois signatários, o chefe cuja hierarquia for superior assinará à esquerda do documento, cabendo a assinatura à direita do signatário de hierarquia inferior.

■ *Usos indevidos*

É vedado o emprego de palavras raras, arcaicas, muito antigas, ou em desuso, bem como os neologismos.

É vedado o uso de quaisquer expressões que insinuem familiaridade.

Não se utilizam expressões que constituam redundância ou jargões.

É vedado o uso de traço para a assinatura.

Deve-se evitar a prolixidade ou a verborragia nas correspondências oficiais.

358 Língua Portuguesa e Redação Oficial

13.5 Tipos de documentos da Correspondência Oficial

O padrão ofício, até a segunda edição do *Manual de Redação da Presidência da República*, previa três tipos de expedientes que se diferenciavam antes pela finalidade do que pela forma: o ofício, o aviso e o memorando. Com o objetivo de uniformizá-los, deve-se adotar nomenclatura e diagramação únicas, que sigam o que chamamos de *padrão ofício*.

A distinção básica anterior entre os três era:

a) aviso: era expedido exclusivamente por Ministros de Estado, para autoridades de mesma hierarquia;

b) ofício: era expedido para e pelas demais autoridades; e

c) memorando: era expedido entre unidades administrativas de um mesmo órgão.

Na nova edição do MRPR, em fins de 2018, ficou *abolida a distinção* e passou-se a utilizar o termo ofício nas três hipóteses.

A seguir, será apresentada a estrutura do padrão ofício, de acordo com a ordem com que cada elemento aparece no documento oficial.

■ *Cabeçalho*

O cabeçalho é utilizado apenas na primeira página do documento, centralizado na área determinada pela formatação. No cabeçalho deverão constar os seguintes elementos:

a) Brasão de Armas da República: no topo da página. Não há necessidade de ser aplicado em cores. O uso de marca da instituição deve ser evitado na correspondência oficial para não se sobrepor ao Brasão de Armas da República.

b) Nome do órgão principal.

c) Nomes dos órgãos secundários, quando necessários, da maior para a menor hierarquia.

d) Espaçamento: entrelinhas simples (1,0).

Observação

Os dados do órgão, tais como endereço, telefone, endereço de correspondência eletrônica, sítio eletrônico oficial da instituição, podem ser informados no rodapé do documento, centralizados.

■ *Identificação do expediente*
Os documentos oficiais devem ser identificados da seguinte maneira:

a) nome do documento: tipo de expediente por extenso, com todas as letras maiúsculas;

b) indicação de numeração: abreviatura da palavra "número", padronizada como N°;

c) informações do documento: número, ano (com quatro dígitos) e siglas usuais do setor que expede o documento, da menor para a maior hierarquia, separados por barra (/); e

d) alinhamento: à margem esquerda da página. Exemplo: OFÍCIO N° 652/2018/SAA/SE/MT.

■ *Local e data do documento*
Na grafia de datas em um documento, o conteúdo deve constar da seguinte forma:

a) Composição: local e data do documento.

b) Informação de local: nome da cidade onde foi expedido o documento, seguido de vírgula. Não se deve utilizar a sigla da unidade da Federação depois do nome da cidade.

360   Língua Portuguesa e Redação Oficial

c) Dia do mês: em numeração ordinal se for o primeiro dia do mês e em numeração cardinal para os demais dias do mês. Não se deve utilizar zero à esquerda do número que indica o dia do mês.

d) Nome do mês: deve ser escrito com inicial minúscula.

e) Pontuação: coloca-se ponto-final depois da data.

f) Alinhamento: o texto da data deve ser alinhado à margem direita da página.

■ **Endereçamento**

O endereçamento é a parte do documento que informa quem receberá o expediente. Dele deverão constar os seguintes elementos:

a) Vocativo: na forma de tratamento adequada para quem receberá o expediente.

b) Nome: nome do destinatário do expediente.

c) Cargo: cargo do destinatário do expediente.

d) Endereço: endereço postal de quem receberá o expediente, dividido em duas linhas: primeira linha: informação de localidade/logradouro do destinatário ou, no caso de ofício ao mesmo órgão, informação do setor; segunda linha: CEP e cidade/unidade da Federação, separados por espaço simples. Na separação entre cidade e unidade da Federação pode ser substituída a barra pelo ponto ou pelo travessão. No caso de ofício ao mesmo órgão, não é obrigatória a informação do CEP, podendo ficar apenas a informação da cidade/unidade da Federação.

e) Alinhamento: à margem esquerda da página.

O pronome de tratamento no endereçamento das comunicações dirigidas às autoridades tratadas por Vossa Excelência terá a seguinte forma: "A Sua Excelência o Senhor" ou "A Sua Excelência a Senhora". Quando o tratamento destinado ao receptor for Vossa Senhoria, o endereçamento a ser empregado é "Ao Senhor" ou "À Senhora". Ressalte-se que não se utiliza a expressão "A Sua Senhoria o Senhor" ou "A Sua Senhoria a Senhora".

■ *Assunto*

O assunto deve dar uma ideia geral do que trata o documento, de forma sucinta. Ele deve ser grafado da seguinte maneira:

a) título: a palavra Assunto deve anteceder a frase que define o conteúdo do documento, seguida de dois-pontos;

b) descrição do assunto: a frase que descreve o conteúdo do documento deve ser escrita com inicial maiúscula, não se deve utilizar verbos e sugere-se utilizar de quatro a cinco palavras;

c) destaque: todo o texto referente ao assunto, inclusive o título, deve ser destacado em negrito;

d) pontuação: coloca-se ponto-final depois do assunto; e

e) alinhamento: à margem esquerda da página.

■ *Texto do documento*

O texto do documento oficial deve ter a seguinte padronização de estrutura:

I – nos casos em que não seja usado para encaminhamento de documentos, o expediente deve conter a seguinte estrutura:

a) introdução: em que é apresentado o objetivo da comunicação. Evite o uso das formas: Tenho a honra de, Tenho o prazer de, Cumpre-me informar que. Prefira empregar a forma direta: Informo, Solicito, Comunico;

b) desenvolvimento: em que o assunto é detalhado; se o texto contiver mais de uma ideia sobre o assunto, elas devem ser tratadas em parágrafos distintos, o que confere maior clareza à exposição; e

c) conclusão: em que é afirmada a posição sobre o assunto.

II – quando forem usados para encaminhamento de documentos, a estrutura é modificada:

a) introdução: deve iniciar com referência ao expediente que solicitou o encaminhamento. Se a remessa do documento não tiver sido solicitada, deve iniciar com a informação do motivo da comunicação, que é encaminhar, indicando a seguir os dados completos do documento encaminhado (tipo, data, origem ou signatário e assunto de que se trata) e a razão pela qual está sendo encaminhado; e

b) desenvolvimento: se o autor da comunicação desejar fazer algum comentário a respeito do documento que encaminha, poderá acrescentar parágrafos de desenvolvimento. Caso contrário, não há parágrafos de desenvolvimento em expediente usado para encaminhamento de documentos.

III – tanto na estrutura I quanto na estrutura II, o texto do documento deve ser formatado da seguinte maneira:

a) alinhamento: justificado;

b) espaçamento entre linhas: simples;

c) parágrafos:

i. espaçamento entre parágrafos: de 6 pontos após cada parágrafo;

ii. recuo de parágrafo: 2,5 cm de distância da margem esquerda;

iii. numeração dos parágrafos: apenas quando o documento tiver três ou mais parágrafos, desde o primeiro parágrafo. Não se numeram o vocativo e o fecho.

d) fonte: Calibri ou Carlito;

i. *corpo do texto: tamanho 12 pontos;*

ii. *citações recuadas: tamanho 11 pontos; e*

iii. *notas de rodapé: tamanho 10 pontos.*

e) símbolos: para símbolos não existentes nas fontes indicadas, pode-se utilizar as fontes *Symbol e Wingdings*.

■ **Fechos para comunicações**

O fecho das comunicações oficiais objetiva, além da finalidade óbvia de arrematar o texto, saudar o destinatário. Os modelos para fecho anteriormente utilizados foram regulados pela Portaria nº 1, de 1937, do Ministério da Justiça, que estabelecia 15 padrões.

Com o objetivo de simplificá-los e uniformizá-los, este *Manual* estabelece o emprego de somente dois fechos diferentes para todas as modalidades de comunicação oficial:

a) Para autoridades de hierarquia superior à do remetente, inclusive o Presidente da República: Respeitosamente,

b) Para autoridades de mesma hierarquia, de hierarquia inferior ou demais casos: Atenciosamente,

Ficam excluídas dessa fórmula as comunicações dirigidas a autoridades estrangeiras, que atendem a rito e tradição próprios.

O fecho da comunicação deve ser formatado da seguinte maneira:

a) alinhamento: alinhado à margem esquerda da página;

b) recuo de parágrafo: 2,5 cm de distância da margem esquerda;

c) espaçamento entre linhas: simples;

d) espaçamento entre parágrafos: de 6 pontos após cada parágrafo; e

364   Língua Portuguesa e Redação Oficial

e) não deve ser numerado.

■ **Identificação do signatário**

Excluídas as comunicações assinadas pelo Presidente da República, todas as demais comunicações oficiais devem informar o signatário segundo o padrão:

a) Nome: nome da autoridade que as expede, grafado em letras maiúsculas, sem negrito. Não se usa linha acima do nome do signatário.

b) Cargo: cargo da autoridade que expede o documento, redigido apenas com as iniciais maiúsculas. As preposições que liguem as palavras do cargo devem ser grafadas em minúsculas.

c) Alinhamento: a identificação do signatário deve ser centralizada na página. Para evitar equívocos, recomenda-se não deixar a assinatura em página isolada do expediente. Transfira para essa página ao menos a última frase anterior ao fecho.

■ **Numeração das páginas**

A numeração das páginas é obrigatória apenas a partir da segunda página da comunicação. Ela deve ser centralizada na página e obedecer à seguinte formatação:

a) posição: no rodapé do documento, ou acima da área de 2 cm da margem inferior; e

b) fonte: Calibri ou Carlito.

■ **Formatação e apresentação**

Os documentos do padrão ofício devem obedecer à seguinte formatação:

a) tamanho do papel: A4 (29,7 cm x 21 cm);

b) margem lateral esquerda: no mínimo, 3 cm de largura;

c) margem lateral direita: 1,5 cm;

d) margens superior e inferior: 2 cm;

e) área de cabeçalho: na primeira página, 5 cm a partir da margem superior do papel;

f) área de rodapé: nos 2 cm da margem inferior do documento;

g) impressão: na correspondência oficial, a impressão pode ocorrer em ambas as faces do papel. Nesse caso, as margens esquerda e direita terão as distâncias invertidas nas páginas pares (margem espelho);

h) cores: os textos devem ser impressos na cor preta em papel branco, reservando-se, se necessário, a impressão colorida para gráficos e ilustrações;

i) destaques: para destaques deve-se utilizar, sem abuso, o negrito. Deve-se evitar destaques com uso de itálico, sublinhado, letras maiúsculas, sombreado, sombra, relevo, bordas ou qualquer outra forma de formatação que afete a sobriedade e a padronização do documento;

j) palavras estrangeiras: palavras estrangeiras devem ser grafadas em itálico;

k) arquivamento: dentro do possível, todos os documentos elaborados devem ter o arquivo de texto preservado para consulta posterior ou aproveitamento de trechos para casos análogos. Deve ser utilizado, preferencialmente, formato de arquivo que possa ser lido e editado pela maioria dos editores de texto utilizados no serviço público, tais como DOCX, ODT ou RTF;

l) nome do arquivo: para facilitar a localização, os nomes dos arquivos devem ser formados da seguinte maneira: tipo do documento + número do documento + ano do documento (com 4 dígitos) + palavras-chaves do conteúdo. Exemplo: Ofício 123_2018_relatório produtividade anual

Ainda conforme o MRPR, verificamos, que os documentos oficiais podem ser identificados de acordo com algumas possíveis variações:

a) [NOME DO EXPEDIENTE] + CIRCULAR: quando um órgão envia o mesmo expediente para mais de um órgão receptor. A sigla na epígrafe será apenas a do órgão remetente.

b) [NOME DO EXPEDIENTE] + CONJUNTO: quando mais de um órgão envia, conjuntamente, o mesmo expediente para um único órgão receptor. As siglas dos órgãos remetentes constarão da epígrafe.

c) [NOME DO EXPEDIENTE] + CONJUNTO CIRCULAR: quando mais de um órgão envia, conjuntamente, o mesmo expediente para mais de um órgão receptor. As siglas dos órgãos remetentes constarão da epígrafe.

Os exemplos que o MRPR apresenta são:

a) OFÍCIO CIRCULAR N° 652/2018/MEC

b) OFÍCIO CONJUNTO N° 368/2018/SECEX/SAJ

c) OFÍCIO CONJUNTO CIRCULAR N° 795/2018/CC/MJ/ MRE

Observação

Nos expedientes circulares, por haver mais de um receptor, o órgão remetente poderá inserir no rodapé as siglas ou os nomes dos órgãos que receberão o expediente.

Outras correspondências oficiais:

■ *Exposição de motivos*

Exposição de motivos (EM) é o expediente dirigido ao Presidente da República ou ao Vice-Presidente para:

a) propor alguma medida;

b) submeter projeto de ato normativo à sua consideração; ou

c) informá-lo de determinado assunto.

A exposição de motivos é dirigida ao Presidente da República por um Ministro de Estado. Nos casos em que o assunto tratado envolva mais de um ministério, a exposição de motivos será assinada por todos os ministros envolvidos, sendo, por essa razão, chamada de interministerial. Independentemente de ser uma EM com apenas um autor ou uma EM interministerial, a sequência numérica das exposições de motivos é única. A numeração começa e termina dentro de um mesmo ano civil.

Ainda segundo o MRPR, as exposições de motivos devem, obrigatoriamente:

a) apontar, na introdução: o problema que demanda a adoção da medida ou do ato normativo proposto; ou informar ao Presidente da República algum assunto;

b) indicar, no desenvolvimento: a razão de aquela medida ou de aquele ato normativo ser o ideal para se solucionar o problema e as eventuais alternativas existentes para equacioná-lo; ou fornecer mais detalhes sobre o assunto informado, quando for esse o caso; e

c) na conclusão: novamente, propor a medida a ser tomada ou o ato normativo a ser editado para solucionar o problema; ou apresentar as considerações finais no caso de EMs apenas informativas.

As Exposições de Motivos que encaminham proposições normativas devem seguir o prescrito no Decreto n° 9.191, de 1° de novembro de 2017. Em síntese, elas devem ser instruídas com parecer jurídico e parecer de mérito que permitam a adequada avaliação da proposta.

Vale ressaltar que o atendimento dos requisitos do Decreto nº 9.191, de 2017, nas exposições de motivos que proponham a edição de ato normativo, tem como propósito:

a) permitir a adequada reflexão sobre o problema que se busca resolver;

b) ensejar avaliação das diversas causas do problema e dos efeitos que podem ter a adoção da medida ou a edição do ato, em consonância com as questões que devem ser analisadas na elaboração de proposições normativas no âmbito do Poder Executivo;

c) conferir transparência aos atos propostos;

d) resumir os principais aspectos da proposta; e

e) evitar a devolução a proposta de ato normativo para complementação ou reformulação da proposta.

A exposição de motivos é a principal modalidade de comunicação dirigida ao Presidente da República pelos ministros. Além disso, pode, em certos casos, ser encaminhada cópia ao Congresso Nacional ou ao Poder Judiciário.

Sobre o *Sistema de Geração e Tramitação de Documentos Oficiais* (Sidof), diz o MRPR que ele é uma ferramenta eletrônica utilizada para a elaboração, a redação, a alteração, o controle, a tramitação, a administração e a gerência das exposições de motivos com as propostas de atos a serem encaminhadas pelos Ministérios à Presidência da República. Ao se utilizar o Sidof, a assinatura, o nome e o cargo do signatário são substituídos pela assinatura eletrônica que informa o nome do ministro que assinou a exposição de motivos e do consultor jurídico que assinou o parecer jurídico da Pasta.

Mensagem

Mensagem é o instrumento de comunicação oficial entre os Chefes dos Poderes Públicos, notadamente as mensagens enviadas pelo Chefe do Poder Executivo ao Poder Legislativo para informar sobre fato da administração pública; para expor o plano de governo por ocasião da abertura de sessão legislativa; para submeter ao Congresso Nacional matérias que dependem de deliberação de suas Casas; para apresentar veto; enfim, fazer comunicações do que seja de interesse dos Poderes Públicos e da Nação.

As mensagens contêm:

a) brasão: timbre em relevo branco;

b) identificação do expediente: MENSAGEM Nº, alinhada à margem esquerda, no início do texto;

c) vocativo: alinhado à margem esquerda, de acordo com o pronome de tratamento e o cargo do destinatário, com o recuo de parágrafo dado ao texto;

d) texto: iniciado a 2 cm do vocativo; e

e) local e data: posicionados a 2 cm do final do texto, alinhados à margem direita.

A mensagem, como os demais atos assinados pelo Presidente da República, não traz identificação de seu signatário.

Correio eletrônico (e-mail)

A utilização do *e-mail* para a comunicação tornou-se prática comum, não só em âmbito privado, mas também na administração pública. O termo *e-mail* pode ser empregado com três sentidos. Dependendo do contexto, pode significar gênero textual, endereço eletrônico ou sistema de transmissão de mensagem eletrônica.

370 Língua Portuguesa e Redação Oficial

Como gênero textual, o *e-mail* pode ser considerado um documento oficial, assim como o ofício. Portanto, deve-se evitar o uso de linguagem incompatível com uma comunicação oficial.

Como endereço eletrônico utilizado pelos servidores públicos, o *e-mail* deve ser oficial, utilizando-se a extensão ".gov. br", por exemplo.

Como sistema de transmissão de mensagens eletrônicas, por seu baixo custo e celeridade, **transformou-se na principal forma de envio e recebimento de documentos na administração pública.**

Vale ressaltar que nos termos da Medida Provisória n° 2.200-2, de 24 de agosto de 2001, para que o *e-mail* tenha valor documental, isto é, para que possa ser aceito como documento original, é necessário existir certificação digital que ateste a identidade do remetente, segundo os parâmetros de integridade, autenticidade e validade jurídica da **Infraestrutura de Chaves Públicas Brasileira** – ICP Brasil.

O destinatário poderá reconhecer como válido o *e-mail* sem certificação digital ou com certificação digital fora ICP-Brasil; contudo, caso haja questionamento, será obrigatória a repetição do ato por meio de documento físico assinado ou por meio eletrônico reconhecido pela ICP-Brasil.

Salvo lei específica, não é dado ao ente público impor a aceitação de documento eletrônico que não atenda os parâmetros da ICP-Brasil.

Quanto à formatação e à estrutura dos *e-mails*, devem--se observar algumas orientações.

No campo "Assunto", este deve ser preenchido da forma mais clara e específica possível, fazendo com que esteja relacionado ao conteúdo global da mensagem. Assim, quem irá receber a mensagem identificará rapidamente do que se trata; quem a envia poderá, posteriormente, localizar a mensagem na caixa do correio eletrônico. Deve-se assegurar que o assunto reflita claramente o conteúdo completo da mensagem para que não pareça, ao receptor, que se trata de mensagem não solicitada/lixo eletrônico. Em vez de "Reunião", um assunto mais preciso seria "Agendamento de reunião sobre a Reforma da Previdência".

São desnecessários no corpo da mensagem pôr o local e a data, uma vez que o próprio sistema apresenta essa informação.

Quanto à saudação inicial e vocativo, observa-se que o texto dos correios eletrônicos deve ser iniciado por saudação e, quando endereçado para outras instituições, para receptores desconhecidos ou para particulares, deve-se utilizar o vocativo conforme os demais documentos oficiais, ou seja, "Senhor" ou "Senhora", seguido do cargo respectivo, ou "Prezado Senhor", "Prezada Senhora".

Quanto ao fecho, emprega-se "Atenciosamente", que é o fecho padrão em comunicações oficiais. Com o uso do *e-mail*, popularizou-se o uso de abreviações como "Att.", e de outros fechos, como "Abraços", "Saudações", que, apesar de amplamente usados, *não* são fechos oficiais e, portanto, *não* devem ser utilizados em *e-mails* profissionais.

O correio eletrônico, em algumas situações, aceita uma saudação inicial e um fecho menos formais. No entanto, *a linguagem do texto dos correios eletrônicos deve ser formal*, como a que se usaria em qualquer outro documento oficial.

Sugere-se que todas as instituições da administração pública adotem um padrão de texto de assinatura. A assinatura do *e-mail* deve conter o nome completo, o cargo, a unidade, o órgão e o telefone do remetente.

A possibilidade de anexar documentos, planilhas e imagens de diversos formatos é uma das vantagens do *e-mail*. A mensagem que encaminha algum arquivo deve trazer informações mínimas sobre o conteúdo do anexo. Antes de enviar um anexo, é preciso avaliar se ele é realmente indispensável e se seria possível colocá-lo no corpo do correio eletrônico. Deve-se evitar o tamanho excessivo e o reencaminhamento de anexos nas mensagens de resposta. Os arquivos anexados devem estar em formatos usuais e que apresentem poucos riscos de segurança. Quando se tratar de documento ainda em discussão, os arquivos devem, necessariamente, ser enviados, em formato que possa ser editado.

Recomendações finais sobre o uso de *e-mail*:

- Sempre que necessário, deve-se utilizar recurso de confirmação de leitura. Caso não esteja disponível, deve constar da mensagem pedido de confirmação de recebimento.

- Apesar da imensa lista de fontes disponíveis nos computadores, mantém-se a recomendação de tipo de fonte, tamanho e cor dos documentos oficiais: Calibri ou Carlito, tamanho 12, cor preta.

- Fundo ou papéis de parede eletrônicos não devem ser utilizados, pois não são apropriados para mensagens profissionais, além de sobrecarregar o tamanho da mensagem eletrônica.

- A mensagem do correio eletrônico deve ser revisada com o mesmo cuidado com que se revisam outros documentos oficiais.

- O texto profissional dispensa manifestações emocionais. Por isso, ícones e *emoticons* não devem ser utilizados.

- Os textos das mensagens eletrônicas não podem ser redigidos com abreviações como "vc", "pq", usuais das conversas na internet, ou neologismos, como "naum", "eh", "aki".

- Não se deve utilizar texto em caixa alta para destaques de palavras ou trechos da mensagem pois denota agressividade de parte do emissor da comunicação.

- Evite-se o uso de imagens no corpo do *e-mail*, inclusive das Armas da República Federativa do Brasil e de logotipos do ente público junto ao texto da assinatura.

- Não devem ser remetidas mensagens com tamanho total que possa exceder a capacidade do servidor do destinatário.

Referências

ACADEMIA BRASILEIRA DE LETRAS. *Vocabulário Ortográfico da Língua Portuguesa*. Disponível em: http://www. academia.org.br/abl. Acesso em: 4 jun. 2022.

ALMEIDA, Napoleão Mendes. *Gramática Metódica da Língua Portuguesa*. 17. ed. São Paulo: Saraiva, 1952.

ANDRÉ, Hildebrando Affonso de. *Curso de Redação*. 2. ed. São Paulo: Moderna, 2002.

ANDRÉ, Hildebrando Affonso de. *Gramática Ilustrada*. 1. ed. São Paulo: Moderna, 1978.

AZEREDO, José Carlos. *Gramática Houaiss da Língua Portuguesa*. 2. ed. São Paulo: Publifolha, 2008.

BECHARA, Evanildo. *Gramática Escolar da Língua Portuguesa*. 1. ed. Rio de Janeiro: Lucerna, 2004.

BECHARA, Evanildo. *Lições de Português pela Análise Sintática*. 17. ed. Rio de Janeiro: Lucerna, 2005.

BECHARA, Evanildo. *Moderna Gramática Portuguesa*. 37. ed. Rio de Janeiro: Lucerna, 1999.

BRASIL. *Manual de Redação da Presidência da República*. 3. ed. revista, atualizada e ampliada. Brasília: Presidência da República, 2018.

CÂMARA JR., Joaquim Mattoso. *Dicionário de Linguística e Gramática*. 18. ed. Rio de Janeiro: Vozes, 1997.

CÂMARA JR., Joaquim Mattoso. *Estrutura da Língua Portuguesa*. Petrópolis: Vozes, 1970.

CEGALLA, Domingos Paschoal. *Dicionário de Dificuldades da Língua Portuguesa*. 1. ed. Rio de Janeiro: Lexicon; Porto Alegre: L&PM, 2007.

CEGALLA, Domingos Paschoal. *Novíssima Gramática da Língua Portuguesa*. 43. ed. São Paulo: Nacional, 2000.

CIPRO NETO, Pasquale; INFANTE, Ulisses. *Gramática da Língua Portuguesa*. 3. ed. São Paulo: Scipione, 2008.

CUNHA, Celso; CINTRA, Lindley. *Nova Gramática do Português Contemporâneo*. 3. ed. Rio de Janeiro: Nova Fronteira, 2001.

DICIONÁRIO ONLINE CALDAS AULETE. Disponível em: https://www.aulete.com.br/dicionario. Acesso em: 4 jun. 2022.

DICIONÁRIO ONLINE HOUAISS DA LÍNGUA PORTUGUESA. Disponível em: https://www.dicio.com.br/houaiss/. Acesso em: 4 jun. 2022.

FERNANDES, Francisco. *Dicionário de Verbos e Regimes*. 29. ed. Rio de Janeiro: Globo, 1979.

FILHO, Leodegário Amarante de Azevedo. *Para uma Gramática Estrutural da Língua Portuguesa*. 1. ed. Rio de Janeiro: Gemasa, 1971.

FIORIN, José Luiz; PLATÃO SAVIOLI, Francisco. *Lições de Textos*: Leitura e Redação. 5. ed. São Paulo: Ática, 2006.

GARCIA, Othon Moacyr. *Comunicação em Prosa Moderna*. 27. ed. Rio de Janeiro: Fundação Getulio Vargas, 2015.

JAMILK, Pablo. *Redação Oficial e Discursiva*. 1. ed. Salvador: JusPodivm, 2016.

KOCH, Ingedore Grunfeld Villaça. *A Coesão Textual*. 18. ed. São Paulo: Contexto, 2003.

KOCH, Ingedore Grunfeld Villaça; TRAVAGLIA, Luiz Carlos. *Texto e Coerência*. 13. ed. São Paulo: Cortez, 2011.

KURY, Adriano da Gama. *Para Falar e Escrever Melhor o Português*. 2. ed. Rio de Janeiro: Nova Fronteira, 1989.

KURY, Adriano da Gama. *Novas Lições de Análise Sintática*. 4. ed. São Paulo: Ática, 1987.

Referências 377

LIMA, Carlos Henrique da Rocha. *Gramática Normativa da Língua Portuguesa.* 50. ed. Rio de Janeiro: José Olympio, 2012.

LUFT, Celso Pedro. *A Vírgula.* 2. ed. São Paulo: Ática, 1998.

LUFT, Celso Pedro. *Dicionário Prático de Regência Nominal.* 3. ed. São Paulo: Ática, 2007.

LUFT, Celso Pedro. *Dicionário Prático de Regência Verbal.* 3. ed. São Paulo: Ática, 2001.

LUFT, Celso Pedro. *Grande Manual de Ortografia.* 4. ed. São Paulo: Globo, 1989.

LUFT, Celso Pedro. *Moderna Gramática Brasileira.* Ed. revista e atualizada. São Paulo: Globo, 2002.

MACIEL, Maximino. [1894] *Grammatica Descriptiva.* 12. ed. Rio de Janeiro/São Paulo: Livraria Francisco Alves, 1931.

NASCENTES, Antenor. *Dicionário de Dúvidas e Dificuldades do Idioma Nacional.* 3. ed. Rio de Janeiro: Freitas Bastos, 1952.

NEVES, Maria Helena de Moura. *Gramática de Usos do Português.* 1. ed. São Paulo: UNESP, 2000.

OITICICA, José. *Manual de Análise Léxica e Sintática.* 11. ed. refundida, Rio de Janeiro: Livraria Francisco Alves; Ed. Paulo de Azevedo Ltda., 1950.

PESTANA, Fernando. *A Gramática para Concursos Públicos.* 1. ed. Rio de Janeiro: Elsevier, 2013.

SACCONI, Luiz Antonio. *Nossa Gramática Completa*: Teoria e Prática. 31. ed. Rio de Janeiro: Saraiva, 2011.

SARMENTO, Leila Lauar. *Oficina de Redação.* 5. ed. São Paulo: Moderna, 2003.

SARMENTO, Leila Lauar. *Gramática em Textos.* São Paulo: Moderna, 2005.

TERRA, Ernani; NICOLA, José de. *Práticas de Linguagem*: Leitura e Produção de Textos. São Paulo: Scipione, 2001.